평강의 주께서 친히

때마다 일마다

평강을 주시기를 기도하며

특별히 _____ 님께

이 소중한 책을 드립니다.

♣ 어제와 다른 내일 만들기 ♣

내일은 잘된다는 보장이 있다

노먼 라이트 지음 / 이영란 옮김

도서출판 나침반사

MEMBER OF THE
EVANGELICAL CHRISTIAN PUBLISHERS ASSOCIATION
● 본사는 세계적으로 권위있는 출판사들의 모임인 「국제 기독교 복음주의 출판인 협회」의 회원사입니다.

종합선교-나침반社/그리스도인들의 성장을 돕습니다.
110-616 서울·광화문우체국 사서함 1641호 ☎(02)279-6321~3/주문처 (02)606-6012~4

COMPASS HOUSE PUBLISHERS
A DIVISION OF NACHIMBAN (=COMPASS) MINISTRIES
KWANGHWAMOON P.O. BOX 1641, SEOUL 110-616, KOREA

『*Your Tomorrows Can Be Different from Your Yesterdays*』
Copyright ⓒ by Norman Wright
Translated and published by permission of Baker Book House Company
이 책은 허락을 받아 번역, 출판한 것입니다.

차 례

제 1 부 / 새로운 "나"를 창조하라　　　　7
1. 희망 찾기　　　　9
2. 축복 누리기　　　　31
3. '새로운 나' 발견하기　　　　51

제 2 부 / 과거를 잊어라　　　　73
4. 삐뚤어진 생각 버리기　　　　75
5. 강하고 담대한 자세 갖추기　　　　89
6. 진정한 자유 누리기　　　　109

제 3 부 / 목표를 세우라　　　　125
7. 꿈을 향한 달리기　　　　127
8. 모험 쌓기　　　　145
9. 수렁 건너뛰기　　　　165
10. 희망 만들기　　　　181
11. '생존자'의 특징 닮기　　　　205

제 4 부 / 내일에 대한 기대를 가지라　　　　225
12. 사랑 만들기　　　　227
13. 끝없는 사랑 베풀기　　　　251
14. 눈높이 사랑 베풀기　　　　271

제 1 부
새로운 "나"를 창조하라

1. 희망 찾기
2. 축복 누리기
3. '새로운 나' 발견하기

1
희망 찾기

■ 적막감, 그것은 마치 한 조각 구름처럼 공중에 걸려 있었다. 소란했던 하루는 고요해지고 사람들도 대부분 가고 없었다. 아직도 미련을 버리지 못한 몇몇 사람들만이 서성거리고 있었다.

 한 남자가 하루 종일 지키고 있었던 그 자리에 아직도 남아 있었다. 어차피 다른 사람들이 자기를 데리고 가 줄 때까지 기다려야 했으므로 굳이 서둘러야 할 필요도 없었다. 그리고 이 사람이 그 자리를 떴을 때, 그것은 집으로 갔다가 내일 다시 이 자리로 오기 위함이었다. 그렇다. 자신이 내일 다시 이 자리로 올 것임을 이 사람은 알고 있었다. 언제나 그랬으니까. 이 자리에 오는 것이야말로 그가 가진 유일한 희망이었다. 그러나 사실인즉슨 그가 가진 희망은 실오라기같은 그런 희망이었다.

 이 사람이 매일같이 찾아오는 이 곳을 사람들은 베데스다 연못이라고 불렀다. 『베데스다』는 "자비의 집" 혹은 "인자의 집"이라는 뜻이다. 베데스다는 큰 축복을 받는 곳이어야 했다. 다리를 저는 자, 눈먼 자, 온갖 질병을 가진 자 등, 수많은 사람들이 이곳으로 몰려오는 것도 무리가 아니었다. 오로지 은혜를 받아 병고침을 받으려는 희망에 이끌려 온 사람들이었다.

 이 앉은뱅이 남자는 몇 년 전부터 이곳에 오기 시작했다. 처음에는 이따금 오더니, 얼마가 지나고부터는 날마다 이곳에 나타났다. 몇 날은 몇 주가 되었고, 몇 주는 몇 달이 되었다. 그 몇 달은 또한 몇 년이 되었다. 어제는 이 사람, 오늘은 저 사람, 다른 사람들은 몸을 굴려서라도 이 연못에 들어갔지만, 오직 이 사람만은 아무런 변화도 아무런 축복도 경험할 수가 없었다. 38년이 지난 오늘, 축복을 기대하는 이 사람의 희망은 그의 저는 다리만큼이나 절룩거리고 있었다.

 잔잔했던 연못 수면이 팔랑팔랑 물결이 일더니 이내 거품이 부글부글 일어나는 광경을 이 사람은 수도 없이 보아 왔다. 천사가 그렇게 만드는 것이라고 사람들은 말했다. 자기 주변에 있던 환자들이 그 순간에 나타나는 치료의 능력을 받기 위하여 물 속으로 첨벙 첨벙 뛰어 들어갔다. 하나님이 자기에게 복을 주셔서 이제 자유롭게 되었노라고 간증하는 사람들도 있었다.

"왜 나는 그런 복을 받지 못할까?"
이 남자는 속이 상하였다. 그러나 하루가 지나고 이틀이 지나도 달라진 것은 아무것도 없었다. 오늘도 내일도 어제와 똑같을 것이다. '나는 축복받지 못한 인간이다'는 기분을 이 남자는 떨쳐버릴 수가 없었다(요한복음 5장 1~9절을 참고할 것).

 이 이야기는 그 사람만의 이야기가 아니다. 오늘날 삶에 치여서 축복을 누리지 못하는 채 살아가는 사람들이 상당히 많이 있다. 그들의 희망도 사그라들어서 인생이란 다 그런거지 하는 체념 속에 살아가고 있다.

 나는 자신의 인생에 아무런 희망도 없고, 목적도 없으며, 축복도 받지 못하고 있다고 생각하는 사람들과 매주 만나 이야기를 나눈다. 지금 베데스다 연못가의 그 불쌍한 남자같이 그렇게 형편이 나쁜 사람들을 말하고 있는 것이 아니다. 사실, 상담을 받으러 내게 오는 사람들은 대부분 모든 것을 다 가진 사람들처럼 보인다. 건강하고, 능력이 있으며, 경제적으로도 안정되어 있다. 가족과 친구들이 있고, 좋은 직장과 멋진 집들도 가지고 있는 사람들이다. 교회에 출석도 잘 하고 있으며, 주일학교 교사로 봉사도 하고, 성가대 대원으로 수고도 한다. 그렇지만 마음속에는 어쩐지 공허하며, 축복을 받지 못한 것 같은 기분이 늘 남아 있다. 연못가의 그 남자처럼 이 사람들도 '다른 사람들은 하나님의 축복의 손길을 받고 있는데 나한테는 왜 그런 일이 일어나지 않을까' 하고 이상하게 생각한다. 당신도 이 사람들 중 한 사람과 같을지도 모르겠다.

풀죽은 모습으로 켄이 내 사무실에 앉아 있었다. 켄이 입을 열었다.

"박사님, 도무지 이해가 되질 않아요. 어째서 하나님은 다른 사람들은 그렇게나 많이 축복을 하시면서 나한테는 그러시지 않는지 모르겠어요. 버림받은 기분입니다. 내가 아무리 애써 보았자 되는 일이 없어요. 다른 사람들은 집을 팔려고 내놓으면 금방 팔리는데, 우리 집은 내놓은 지가 벌써 1년 반이나 되었어요. 직장에서도 다른 사람들 못지 않게 15년 동안 뼈빠지게 일해 왔는데, 만년 과장입니다. 하나님의 축복이 바로 내 코앞에 와 있다고 사람들이 말합디다만 내 눈에는 그게 보이지를 않아요. 하나님의 축복을 받으려면 어떻게 해야 합니까?"

한 부인이 내게 한탄을 늘어 놓았다.
"나는 결혼 생활을 통해 이렇다 할 성취감을 느끼지 못하고 있어요. 이젠 재미도 없고 시들해졌습니다. 남편과 나는 그저 덤덤하게 살고 있을 뿐입니다. 함께 기도하고 교회 생활하는 것만큼은 열심히 하고 있습니다. 그리스도인 부부로 결혼하면 훨씬 행복할 줄 생각했는데 하나님이 우리를 잊어버리셨나 봐요. 하나님의 계획을 따라가서 얻는 유익이 어디 있나요? 하나님이 우리 결혼 생활에 복 주신 게 뭐가 있지요? 나는 도무지 이해가 안 가요."

다른 사람은 자기의 공허함을 또 이런 식으로 표현하였다.
"박사님, 나는 마치 내 인생이 헛간에 방치된 낡은 항아리 같다는 기분이 들어요. 하나님은 날 잊어버리셨고, 인생은 날

스쳐 지나가고 있어요. 나는 너무나 틀에 박힌 생활에 젖어 있어서 나를 여기서 꺼내줄 만큼 그렇게 긴 사다리는 없을 거예요. 나는 매일 하나님께「이게 인생의 전부인가요?」하고 묻곤 한답니다. 언젠가 한번은「왜 내게 거짓말하셨습니까?」하고 물은 적도 있답니다.
「하나님, 저를 축복하시겠다고 말씀하셨잖아요? 제 차례가 오기도 전에 축복이 바닥이 났나요? 나의 현실 생활 형편은 하나님이 말씀하신 것하고는 영 다르지 않아요? 왜지요?」"

지금까지 말한 이 사람들처럼, 당신을 향한 하나님의 계획 자체를 의심하게 할 만한 인생의 여러 어려움들을 당신도 아마 겪고 있을 것이다. 아니면 뭐라고 꼭 꼬집어 말할 수는 없지만, 주님과의 관계에서 마땅히 체험하고 있어야 할 것들을 체험하지 못하고 있을런지도 모른다. 겉보기는 하나님의 복을 받은 것 같은데, 마음속에서는 그렇게 느껴지지가 않는다. 이따금 이러다 내 인생이 다 지나가버리는 것은 아닐까 의심스러울 때도 있으며, 다른 사람들을 축복하시느라 바쁘신 동안 나 혼자 버둥거리게 나를 방치하시는 것은 아닐까 생각될 때도 있다. 텅빈 마음을 쓸면서 이렇게 자문해 보기도 한다.
'나라는 존재의 목적을 잃어버리기라도 한 것은 아닐까?'

나는 상담을 하면서 공허감을 느끼거나 하나님의 복을 받지 못하고 있다고 생각하는 많은 사람들로 하여금 하나님이 그들에게 복 주셨으며 지금도 복 주시고 계시다는 사실을 깨닫도록 도움을 주어 왔다. 그 사람들이 하나님의 복을 깨닫지 못한 것은 무엇을 추구해야 하는지 알지 못하고 있었기 때문이거나, 아니면 자신의 과거에 있었던 어떤 일들이 하나님의 복을 알아차리고 감사하는 일을 방해하고 있었기 때문이었다. 이 책에서 함께 나누고자 하는 생각들이 당신 인생 속에 나타난 하나님의 끝없는 복의 풍성하심을 깨달으며, 감사하고 포용하는 데 도움이 될 줄로 믿는다.

내가 하나님을 아는 것과 하나님이 나를 아시는 것

당신은 왜 태어났는가? 이상한 질문이라고 할 것이다. 하지만 이런 것을 생각해 보지 않은 사람이 누가 있겠는가? 분명히 당신은 당신 부모님이 개입된 하나의 결과이다. 그 외에 또 무엇이 있을까? 당신이라는 존재에는 그 이상의 의미가 있지 않을까?

　그렇다. 당신은 하나님을 알기 위해서 태어났다. 그것 때문에 당신은 지금 이 땅에서 살고 있는 것이다.
"사람의 제일되는 목적이 무엇인가?"
"하나님을 영화롭게 하며 영원토록 그분을 즐기는 것이다."
웨스트민스터 소요리 문답 첫번째 조항은 이렇게 묻고 이렇게 대답한다. 하나님이 계신다는 것을 인정하는 사람은 많다. 그러나 하나님을 진정으로 알기 위하여 배우며 또한 하나님을 즐기는 사람은 적다. 그 이유는 하나님이 누구신지 잘못 알고 있기 때문이며, 자신을 하나님이 어떤 존재로 창조하셨는지 제대로 모르고 있기 때문이다. 하나님에 대한 인식이 명확하지 못하며, 하나님의 자녀로서의 우리 자신에 대한 인식이 올바르지 못할 때, 하나님의 복이 우리를 스쳐 지나가버렸다고 느끼기가 쉽다.

성경은 우리에게 이렇게 말씀한다.
"영생은 곧 유일하신 참 하나님과 그의 보내신 자 예수 그리스도를 아는 것이니이다"(요 17:3).
하나님에 대한 우리의 지식이 자라갈수록, 우리에게 아낌없이 부어주기 원하시는 하나님의 선하심과 은혜를 더욱 깨달아 알 수 있게 된다. 우리가 하나님을 알면 알수록 우리가 받은 축복의 기업을 더욱 잘 알게 된다.

우리가 인생길을 걸어가면서 하나님을 배워나갈 때, 우리는 놀라운 진리를 발견하게 된다. 하나님은 우리를 완벽하게 알고 계시며 우리의 있는 모습 그대로 우리를 사랑하신다는 사실을 깨닫게 된다. 하나님은 당신을 하나부터 열까지 모두 알고 계신다. 하나님은 예레미야에게 이렇게 말씀하셨다.
"내가 너를 복중(腹中)에 짓기 전에 너를 알았고 네가 태에서 나오기 전에 너를 구별하였다"(렘 1:5).
또 하나님은 모세에게 이렇게 말씀하셨다.
"너의 말하는 이 일도 내가 하리니 너는 내 목전에 은총을 입었고 내가 이름으로도 너를 앎이니라"(출 33:17).
그리고 예수께서는 제자들에게 "나는 선한 목자라 내가 내 양을 알고 양도 나를 안다"(요 10:14)라고 말씀하셨다.

우리는 목이 곧은가? 그럴 때가 많다. 우리는 거역하는가? 그럴 때도 있다. 그러나 우리의 그런 속성에도 불구하고, 우리가 의심하고 두려워함에도 불구하고, 우리의 연약함을 누구보다도 잘 아시는 하나님께서는 그리스도 안에서 우리에게 복 주시기 위하여 자기 자신을 바치셨다. 하나님께 자신의 결점을 숨기기 위해 전전긍긍할 필요는 전혀 없다. 당신이 누구이며, 무슨 짓을 하였고, 무엇을 생각하며, 어떻게 느끼고 있는지 하나님은 이미 다 알고 계시기 때문이다. 불행스럽게도, 어떤 사람들은 하나님이 자신을 속속들이 다 알고 계시다는 말을 들으면 언짢아 하거나 심지어는 두려워하기까지 한다. 그것은 마치 자기에게 못된 짓을 한 소꿉친구를 그 집까지 쫓아가서 "너 하나님께 일러버릴 거야!" 하고 으름장을 놓는 계집아이와 같다. 우리는 하나님의 반응을 두려워할 필요가 없다. 왜냐하면 지금까지의 우리 생각이나 행동 그 어느 것도 하나님에게 충격을 주거나, 우리에게 등을 돌리게 만들지는 않기 때문이다.

하나님이 우리를 알고 계신다는 사실의 중요성은 패커의 고전 중의 하나인 『하나님을 아는 지식』(*Knowing God*)이라는 책(37쪽)에 가장 잘 표현되어 있다.

> 그러므로 지금까지의 분석에서 살펴볼 때, 가장 중요한 것은 내가 하나님을 알고 있다는 사실이 아니라 하나님이 나를 알고 계신다는 사실이다. 나는 하나님의 손바닥에 새겨져 있다. 나는 하나님 마음 밖에 벗어나 본 적이 없는 사람이다. 하나님을 아는 나의 지식은 모두, 하나님이 먼저 나를 알고 계신다는 사실에 의존하고 있다…
> 나에 대한 하나님의 사랑은 아주 실재적(實在的)이라는 사실을 알고 있으면 대단히 위안이 된다. 그 사랑은 나에 대한 가장 나쁜

것까지도 이미 낱낱이 알고 계시는 것을 전제로 한 사랑이다. 설사 하나님이 나에 대해 어떤 새로운 사실을 알았다고 해서, 나 자신이 자주 나에 대해 환멸을 느끼는 것처럼 그렇게 나에 대해 환멸을 느끼시는 것이 결코 아니다. 그리고 나에게 복 주시겠다는 그분의 결심이 꺾이시는 것도 아니다.

이런 생각들이 당신 속에 소망을 주고 있는가? 안도감과 평안한 마음을 주고 있는가? 그런 목적으로 이 말을 하는 것이다. 당신이 알고 있는 것보다 당신은 훨씬 더 소중한 존재이고 중요한 의미를 가진 존재이다. 하나님은 당신을 위해 많은 것을 쌓아 놓고 계신다. 당신은 복 받기 위해 선택된 존재인 것이다.

당신이 매일 할 수 있는 일을 몇 가지 제안하고자 한다. 그것을 하는 데는 2, 3 분 밖에 걸리지 않지마는, 그러나 이러한 생각들은 당신의 인생을 변화시키는 신조(信條)와 자세로 삼게 만들어 줄 것이다. 다음 두 주간 동안 패커의 글을 소리내어 아침 저녁으로 읽으라. 이렇게 실행하지 못할 구실을 얼마든지 찾아낼 수 있겠지만, 아무튼 해보라. 부디 이 진리가 당신 삶 속에 역사할 기회를 주기를 바란다.

선택받았다는 것의 의미

하나님은 당신을 알고 계실 뿐만 아니라 또한 아브라함의 예(例)에서 보는 것처럼 당신을 선택하셨다. 하나님과 사람 사이에 상호 관계가 별로 없어 보이는 그 때에 아브라함은 태어났다. 그러던 어느 날, 마른하늘에 날벼락 같이 하나님은 아브라함에게 말씀하셨다. 그 때 그 충격이 얼마나 컸겠는가! 그러나 의심은 없었다. 아브라함은 그분이 하나님임을 알고 있었다. 하나님은 이렇게 말씀하셨다.
"너는 너의 본토 친척 아비 집을 떠나 내가 네게 지시할 땅으로 가라"(창 12:1).

하나님이 말을 걸어 온 것만으로도 기적이었다. 그러나 그것만이 아니었다. 하나님은 아브라함이 특별한 존재라고 그에게 말씀하셨다. 아브라함은 선택받은 자였으며, 축복의 족장이었다.
"내가 너로 큰 민족을 이루고 네게 복을 주어 네 이름을 창대케 하리니 너는 복의 근원이 될지라 너를 축복하는 자에게는 내가 복을 내리고 너를 저주하는 자에게는 내가 저주하리니 땅의 모든 족속이 너를 인하여 복을 얻을 것이니라"(2,3절).
그리고 우리는 그리스도 안에 있으므로 우리는 "아브라함의 씨(자손)"이고 축복의 약속을 유업으로 받은 사람들이다(갈 4:29).

사도 바울은 말하기를 "하나님 곧 우리 주 예수 그리스도의 아버지께서 그리스도 안에서 하늘에 속한 모든 신령한 복으로 우리에게 복 주시되 곧 창세 전에 그리스도 안에서 우리를 택하사 우리로 사랑 안에서 그 앞에 거룩하고 흠이 없게 하시려고"(엡 1:3,4) 했다고 한다. 당신은 하나님의 선택을 받았다. 하나님이 당신을 선택하신 것은 당신의 특성이나 자질과는 아무 상관도 없는 일이다. 당신의 장점에 상관없이, 또한 당신의 결점에도 불구하고, 하나님은 당신이 하나님 앞에서 거룩하고 흠이 없는 사람임을 선포하시기로 작정하셨다. 완전해지라고 당신이 선택받은 것은 아니다. 하나님과 함께 있게 하려고 하나님은 당신을 선택하신 것 뿐이다. 어째서 하나님은 그렇게 하셨을까? 하나님이 당신을 사랑하고 계시기 때문이다.

어릴 때로 돌아가서 초등학교 다니던 시절에 편놀이를 하게 되었다고 해보자. 그 편의 대장이 되는 것 다음으로 제일 근사한 일이 무엇이겠는가? 대장이 제일 먼저 뽑는 사람이 되는 것 아니었는가? 대장은 눈을 지그시 감고 손가락으로 가리키며 "너를 뽑을께" 하고 말한다. 그 순간, 선택받은 사람이 된다는 것이 얼마나 신나는 일인지를 당신은 알았을 것이다. 물론 제일 먼저 뽑힌 사람이 당신이 아니었을 수도 있다. 어쩌면 언제나 당신이 꼴찌로 뽑혔을지도 모른다. 반가운 소식은 그런 시절이 끝났다는 것이다. 이제 아브라함처럼 당신은 하나님의 관심의 대상이다. 당신은 운명이 정해져 있다. 축복을 받기 위해 선택된 것이다.

앞으로 우리는 하나님이 우리를 위해 가지고 계신 축복에는 어떤 것이 있나 살펴보게 될 것이고, 하나님 안에서 우리가 누리는 우리의 새로운 모습들을 살펴보게 될 것이다. 지금으로서는 우리에게도 선택권이 있다는 사실을 아는 것이 중요하다. 우리 자신의 신분을 스스로 창조해서 우리 자신의 힘으로 축복을 만들어 가든지, 아니면 하나님이 우리를 위해 이미 예비해 두신 신분과 축복을 받아들이든지 둘 중의 하나를 택할 수 있다. 하나님이 자기에게 주신 신분을 아브라함은 받아들였고 그래서 축복을 받았다. 마이런 매든(Myron Madden)의 말과 같이, "아브라함은 자기 자신을 자기의 축복으로 받아들였다. 환언하면, 아브라함이 받은 축복이 아브라함에게 자기가 누구인가를 깨닫게 해 주었다 해도 될 것이다"[『축복: 능력의 은사를 줌』(Blessing: Giving the Gift of Power), 33쪽].

하나님을 아는 축복과 그리스도 안에서 우리가 어떤 사람인지를 알게 되는 축복은 성공적인 인생을 살아가는 데 대단히 중요하다. 매든은 덧붙여 말하기를, "우리가 누구인지를 알게 되는 데는 축복이라는 선물이 꼭 필요하다. 그래서 우리가 지금 어디로 가고 있는지 말할 수 있기 전에 먼저 그 사실을 알아야 한다. 자기 자신의 운명을 알고 있지 못하면 목적지가 어디인지 분간할 수 없는 것이다"(16쪽)라고 한다.

하나님은 당신을 기뻐하신다

하나님이 우리 삶에 복을 베풀기를 좋아하신다는 것을 우리가 깨달았을 때, 하나님이 누구시며 어떻게 우리 삶에 복 주시기를 원하시는지 더욱 잘 알 수 있게 된다. 하나님의 말씀을 잘 생각해 보라.
"나의 평생에 선하심과 인자하심이 정녕 나를 따르리니 내가 여호와의 집에 영원히 거하리로다"(시 23:6).
"내가 그들에게 복을 주기 위하여 그들을 떠나지 아니하리라 하는 영영한 언약을 그들에게 메우고 나를 경외함을 그들의 마음에 두어 나를 떠나지 않게 하고 내가 기쁨으로 그들에게 복을 주되 정녕히 나의 마음과 정신을 다하여 그들을 이 땅에 심으리라"(렘 32:40,41).

  몇 년 전에 우리 교회 성가대가 스바냐서 3장 17절을 토대로 해서 만든 찬송을 부른 적이 있었다. 그 가사가 교회 주보에 인쇄가 되어 있어서 나는 그것을 몇 번이고 읽어 보았다. 그 노랫말이 내게 힘을 주었고, 영감(靈感)을 주었으며, 내가 하나님께 얼마나 중요한 존재인지를 일깨워 주었기 때문이었다.

>하나님 아버지는 너를 인해 기뻐 춤을 추시리라
>하나님은 사랑하는 너를 기뻐하시리라
>하나님을 찬양하는 저 노래 소리는 찬양대의 소리가 아닌가
>아니, 그것은 너를 기뻐하여 부르는 하나님 자신의 노래 소리
>너로 인하여 기뻐 노래를 부르시네
>내 영혼이 하나님을 찬양하리
>나의 모든 부르짖음에 응답하셨음을 찬양하리
>나에 대한 그분의 신실하심은
>새 날의 새벽이 찾아옴 같이 너무도 확실하여라
>내 영혼아 깨어 노래하라
>내 영혼아 하나님을 기뻐하라
>시온의 딸이여
>네 온 마음을 다하여 찬양하라
>너는 이제 회복되었으니 두려움일랑 쫓아 내어라
>절기 때처럼 찬미의 옷을 입으라
>영광과 기쁨의 노래를 하나님 아버지와 함께 부르자
>하나님이 너를 인하여 기쁨의 노래를 부르신다.

『하나님의 기쁨』(The Pleasure of God)이라는 책에서 존 파이퍼(John Piper)는, 하나님께 소망을 두는 자들에게 하나님이 어떻게 복 주기를 원하시는지를 매우 아름답게 표현하고 있다. 파이퍼 박사는 노래하시는 하나님을 말하면서 "만약에 하나님이 노래를 부르신다면, 그것은 어떤 노래일까?" 하고 묻고 있다.

노래 부르는 하나님의 음성을 상상하고 있으면 어떤 소리가 들리는가?

나이아가라 폭포의 그 웅장한 폭음이 졸졸졸 이끼낀 산골짜기 시냇물 소리와 어울려 내는 그 소리가 들린다. 세인트 헬렌스 산의 휘몰아치는 바람이 아기 고양이의 숨소리와 어울려 내는 그 소리가 들린다. 동부 해안의 그 무시무시한 태풍의 위력과 숲속 한밤중 들릴듯 말듯 싸락싸락 눈 내리는 소리를 듣는다. 지름이 865,000 마일이요, 지구보다 130만 배나 더 크며, 가장 서늘한 표면이 섭씨 100만 도나 되는 온통 불덩이뿐인 태양의 이글이글 타오르는 그 화염 소리가 들린다. 그러나 이 상상을 초월하는 이 불길 소리가 어느 아늑한 겨울 밤 거실의 벽난로에서 타닥타닥 타고 있는 장작더미의 그 부드럽고 따스한 소리와 어울려 내는 그 소리를 나는 또한 듣고 있다.

나로 인하여 하나님이 노래하고 있다는 사실에 나는 그만 할 말을 잃고 멍하니 서 있다. 셀 수도 없을 정도로 그분을 욕되게 하였고 온갖 모양으로 그분의 이름을 더럽혔던 나를 인하여 노래하신다니 얼마나 감격스러운가! 내가 축복받는 것을 하나님은 진실로 기뻐하시고 있다. 나에게 복을 베푸시려 새로 길을 나서실 때에 그분은 실제로 노래를 시작하신다 (앞의 책 188쪽).

하나님이 당신에게 대하여 느끼시는 감정이 어떤 것인지, 또 당신이 어떻게 되기를 바라시는지 그 깊은 의미를 알겠는가? 당신이 축복을 받기 위하여 지음 받았으며 선택받았다는 생각이 드는가?

우리와 하나님의 관계를 파이퍼 박사는 결혼 생활에 비유를 하였다. 파이퍼 박사는 이어서, 달콤한 신혼 기간이 대부분의 부부에게 어떻게 끝나는지를 언급하고 있다. 생활의 현실이 끼어들게 되면 신혼 기간의 다정했던 애정의 강도(强度)도 점점 사그러지고 만다. 두 사람 다 변하게 되고, 결점들이 점점 드러나 보이게 되는 것이다. 그러나 하나님의 경우는 다르다.

자기 백성에 대한 하나님의 기쁨은 마치 신랑이 신부를 사랑함과 같다고 하나님은 말씀하신다. 이런 말씀을 하실 때 하나님은 신혼의 열렬한 애정과 신혼의 쾌락과 정력과 흥분과 열정과 즐거움을 말씀하고 계시는 것이다. 하나님이 온 마음을 다하여 우리를 기뻐하신다고 말씀하실 때 하나님은 그 의미 그대로를 우리 마음속에 집어넣어 주려고 애를 쓰고 계시는 것이다.

더 부연하자면, 하나님에게는 신혼 생활이 결코 끝나는 법이 없다. 하나님은 능력과 지혜와 창조력과 사랑이 무한하시다. 그래서 신혼 수준의 애정의 강도를 유지하시는 데 전혀 어려움이 없다. 우리의 인간 됨됨이가 장차 어떻게 될 것을 미리 다 내다보실 수 있기 때문에 우리에게 유익한 것은 보존하고 우리에게 유익하지 못한 것은 변경시키기로 이미 작정을 하신 것이다(앞의 책 195쪽).

당신이 얼마나 귀중하고 가치있는 존재인지 이 글이 당신에게 무엇인가 말하고 있지 않은가? 당신이 살아가면서 하는 여러 가지 선택이 소망스러운 것이 되게 하며 결국에는 변화와 축복이 될 수 있는 어떤 가능성의 문이 활짝 열리는 것 같지 않은가? 얼마든지 그렇게 될 수가 있다.

당신의 인생이 의미있는 것들로 가득 차게 하려고 애써 왔지만 여전히 공허하다면, 거기에는 이유가 한 가지 있다. 오직 하나님의 축복만이 당신의 마음에 평안을 줄 것이고 지속적인 성취감을 느끼게 해 줄 것이다. 다음 과부터는 하나님이 주시는 축복이란 어떤 것이며 또 그 축복을 받고 어떻게 살아가야 하는지 배우게 될 것이다. 매일매일 주시는 하나님의 축복을 당신이 어떤 선택을 하면 빼앗길 수도 있는지, 또 믿음이 추진력을 얻으려면 어떤 모험을 해야 하고 또 어떻게 달라져야 하는지도 알게 될 것이다.

무엇보다도 하나님의 축복을 알아차리기 시작했을 때, 당신과 다른 사람들과의 관계에 변화가 일어날 것이다. 당신이 그 사람들을 축복할 수 있게 될 것이다. 그것은 당신이 축복을 받았기 때문이다.

축복받고 싶은가?

어느 날 예수께서 베데스다 연못가에 오셨다. 연못 둘레에 앉아 고생하는 수많은 사람들의 번민에 찬 표정을 예수님은 보셨다. 그 때 예수께서 느끼셨던 감정은, 우리가 병원에 있는 아동 병실을 방문했을 때나 장애자 가정을 찾아 갔을 때, 혹은 고통하는 우리 주변의 많은 사람들을 보았을 때 우리가 느끼는 그런 감정과 같은 것이었으리라. 그럴 때 우리는 마음이 안쓰러워 어쩔 줄을 모르며, 우리가 할 수만 있다면 손을 내밀어 고쳐주고 싶은 심정이 된다.

연못가의 그 앉은뱅이 남자에게는 시간이 정지되어 있었다. 예수께서 오셔서 다 낡아빠진 거적 위에 누워 있는 그 사람을 바라보시기 전까지는 적어도 그랬다. 그 남자의 문제를 예수께서는 알고 계셨다. 그분은 언제나 알고 계신다. 동정과 연민의 마음으로 예수께서는 성경에서 가장 이상한 질문, 그러나 가장 통찰력이 있는 질문을 던지셨다.
"네가 낫고자 하느냐?"(요 5:6)
사실은 이 남자에게 예수님은 축복의 소망을 불어넣어 주시고 계시는 것이다. 그것은 마치 이렇게 말씀하시는 것처럼 들린다.
"네 상처와 너의 절망적인 마음을 내가 보았노라. 그래서 너를 축복하러 내가 왔노라. 축복받기를 너는 원하고 있느냐?"

당신 인생의 바로 이 순간 예수께서 이 질문을 당신에게 하신다면, 당신은 뭐라고 대답하겠는가? 큰 소리로 "예" 하고 대답할 것인가? 아니면, "예, 하지만 …" 하고 조건부 대답을 할 것인가? 혹은 이러저러한 이유로 당신 인생은 도대체 달라질 가능성은 전혀 없다고 그 이유를 둘러댈 것인가?

불치의 병에 걸려서 아주 훌륭한 병원에를 갔다고 한번 상상을 해 보자. 그 분야에서는 최고 전문가인 의사를 만나게 되었는데, 그 의사가 "제가 당신 병을 고쳐 드리지요. 낫고 싶으십니까?" 하고 말했다 치자. 그런데 "예" 하는 대답 대신 당신은 내 병은 이러저러 해서 고칠 수도 없거니와 낫지도 않을 것이라고 여러 가지 구실을 늘어 놓기만 한다.

자기를 연못에 넣어 줄 사람이 없다고 연못가의 그 사람이 예수께 말씀드린 것은 꼭 이 경우가 아닌가? 그 사람은 이제까지, 일어날 수 있는 경우보다는 일어날 수 없는 쪽에 더 많은 생각을 쏟아 왔으며, 가능한 것보다는 불가능한 것에 생각을 더 집중해 왔던 것이다.

축복의 기회를 만났을 때 요즈음 사람들에게도 똑같은 일이 벌어지고 있다. 우리들 중에도 연못가의 그 남자같이 되는 사람들이 많이 있다. 불가능만을 생각하는 사람들이다. "…하기 때문에 그런 일은 생기지 않을 것입니다" 하고 대답할 때 우리는 엄청난 손해를 보는 것이다.

몇 년씩이나 쌓이고 쌓여서 습관이 되다시피 한 우리 머리 속의 핑계거리들이 얼른 입 밖으로 튀어나오기가 쉽다. 게다가 우리는 흔히 우리의 상황을 다른 사람의 탓으로 돌리려는 경향이 있다.
"우리 아버지 때문이예요."
"내 문제의 원인은 우리 어머니입니다."
"나쁜 환경이 나를 이렇게 만들었어요."
자신의 불행한 형편을 다른 사람들 탓으로 돌리면, 우리는 이내 절망적이 된다. 그러면 희망이 사라지고 결국은 분노만 쌓이게 되는 것이다. 마음속에 쌓인 분노는 위대한 마취제이다. 그것은 우리의 마음을 꼼짝 못하게 마비시켜 버린다.

그 절름발이의 변명을 예수께서는 인정하지 않으셨다. 그 문제에 대해 이야기를 나누지도 않았다. 그 변명에 대해 좀더 명확하게 따져 보자고 하시지도 않았고 설명을 하려고 하지도 않았다.
만일 예수께서 그렇게 하셨다면, 그것이 하등의 도움이라도 되었을까? 아니다.
만일 예수께서 그렇게 하셨다면, 무언가 일이 빨리 진척되었을까? 아니다.
만일 예수께서 그렇게 하셨다면, 그 앉은뱅이가 다시 희망을 갖게 되었을까? 아니다.
우리가 어째서 축복을 받고 있지 못하다고 생각하는지 그 이유를 찾아 내는 데 그것은 아무런 도움이 안 된다. 우리는 이 자리에 꼼짝 못하고 갇혀 있어서 오도가도 못한다는 우리 믿음만 더 강화시킬 뿐이다.

주님이 고쳐 주신 것을 보니, 결국 그 앉은뱅이는 틀림없이 이렇게 대답하였을 것이다.
"예, 낫고 싶습니다."
그 불쌍한 사람은 왜 이제까지 자기가 축복을 받지 못하였는지, 왜 이제까지 자기가 축복을 받을 수 없었는지 그 이유에 집착하기를 거부하였던 것이다. 그 사람은 축복의 소망을 손을 뻗어 잡기로 선택하였다.

희망을 가지고 믿기로 선택하면 다른 가능성과 대안들이 생겨난다. 희망을 가지면 다른 방법으로는 일어날 수 없었을 여러 가지 변화들이 생겨나곤 한다. 희망을 가지면 변화가 일어나지 않을 수도 있는 것들을 받아들일 줄 알게 된다. 이것 자체가 개선을 위한 하나의 변화인 것이다. 희망을 가지는 것은 축복을 잡기로 선택하는 것이다. 당신이 이런 선택을 할 준비가 되어 있기를 바란다.

사랑하는 하나님,
　내가 축복받기 위하여 선택된 사람이라는 사실을 잊지 않도록 도와주시옵소서. 내가 하나님께 선택받았다는 인식에서 오는 안도감과 자유를 경험하게 하여 주시옵소서.
　내가 하나님께 속한 사람이라는 확신을 주시니 감사합니다. 다른 사람들이 나를 인정하느냐 안 하느냐에 나의 인생이 달려 있는 것이 아니라 오직 하나님께 달려 있음을 알고, 또 그렇게 생각하고 처신할 수 있게 도와주시옵소서.
　나를 축복해 주심을 감사합니다. 다른 사람들에게도 축복이 될 수 있는 잠재력이 내게 있음을 인정해 주시니 참으로 감사합니다. 내가 하나님의 인치심을 받았사온즉 내 마음이 다른 사람의 성장을 축복하도록 도와주시옵소서.
　예수님의 이름으로 기도합니다. 아멘.

2
축복 누리기

■ 사람들에게 "축복"이라는 말의 뜻이 무엇인지 아느냐고 물어보라. 그러면 아마도 사람 숫자만큼이나 많은 각양각색의 대답을 듣게 될 것이다. 많은 사람들에게 축복이란 경제적인 안정을 의미한다. 또 어떤 사람들에게 축복은 건강을 의미한다. 또 다른 사람들에게는 그것이 자기 인생에 중요한 사람들과의 의미있는 관계를 뜻하기도 한다. 심지어 성경에서조차도 이 말은 수많은 서로 다른 생각을 표현하기 위해 쓰여지고 있다.

다음 말 중 귀에 익숙한 말은 어떤 것인가? 다른 사람이 이 말을 쓰는 것을 들어본 적이 있거나 자기 자신이 이 말을 해 본 적이 있는가?
"사랑하는 하나님, 이 식탁에 축복하여 주옵소서."

"사랑하는 하나님, 이 일에 축복하여 주옵소서."
"사랑하는 하나님, 이번 주간에도 우리 가정을 축복하여 주옵소서."

"축복을 받는다"는 말은 어떤 뜻을 가지고 있을까? 하나님이 아브라함을 축복하셨을 때 그의 인생에 어떤 변화가 일어났는가?(창 12:1~4) 예수께서 어린아이들을 축복하셨을 때(막 10:13~16) 그것 때문에 그 아이들의 삶이 더 풍성해졌는가? 우리는 크리스마스 때나 부활절 때 서로 축복의 인사를 나눈다. 우리가 그런 축복의 인사를 나누어서 무슨 별다른 일이 일어나는가? 아니면 그것은 예전부터 해오던 하나의 뜻없는 전통에 불과한 것인가?

축복은 인류가 살아오는 동안 환경에 상관없이 행해져 왔다. 말로 행해졌건 글로 쓰어졌건 수많은 축복들이 성경에는 나타나 있다. 예를 들어 보자.

> "양의 큰 목자이신 우리 주 예수를 영원한 언약의 피로 죽은 자 가운데서 이끌어 내신 평강의 하나님이 모든 선한 일에 너희를 온전케 하사 자기 뜻을 행하게 하시고 그 앞에 즐거운 것을 예수 그리스도로 말미암아 우리 속에 이루시기를 원하노라 영광이 그에게 세세무궁토록 있을지어다 아멘"(히 13:20,21).

"은혜와 긍휼과 평강이 하나님 아버지와 아버지의 아들 예수 그리스도께로부터 진리와 사랑 가운데서 우리와 함께 있으리라"(요이 3절).

갓 결혼한 부부들을 축복하는 영국 성공회(聖公會)의 기도문을 일부분 소개해 본다.

전능하신 하나님이 그 입의 말씀으로 그대들을 축복하사 언제까지나 순수한 사랑의 결합으로 그대들의 마음과 마음을 연합시켜 주시기를 원하노라. 그리스도의 평강이 그대들의 마음과 가정에 언제까지나 거하기를 비노라. 슬플 때나 기쁠 때나 그대들의 친우들이 그대들 곁에 항상 있기를 축복하노라.

한 가정을 축복하는 영국 성공회의 기도문은 다음과 같다.

오 전능하신 하나님, 이 가정을 축복하옵소서. 이 가정에 건강을 주옵시고, 순결한 생활을 하며 죄를 이기게 하옵시고, 강건하고 겸손하게 하옵시며, 선한 마음과 친절한 마음을 나타내게 하옵시며, 하나님의 법을 온전히 지키게 하옵시고, 성부, 성자, 성령 하나님께 감사하는 가정이 되게 하여 주옵소서.

다음은 교회 회중을 축복하는 축도이다.

모든 지식을 능가하는 하나님의 평강이 하나님과 그분의 아들 우리 주 예수 그리스도의 지식과 사랑 안에서 너희 마음과 정신을 지키시기를 원하노라. 또한 성부, 성자, 성령 전능하신 하나님의 축복이 너희 가운데 있으며 항상 너희와 함께 있기를 원하노라. 아멘.

이러한 축복 속에 담긴 말의 힘은 대단히 크다. 우리가 다 똑같은 공기로 호흡을 하듯이 우리의 공통된 소망을 이 말씀들이 축복하고 있기 때문이다. 평강과 희락을 원하지 않는 자가 누가 있으며 수많은 다른 좋은 것들을 원하지 않는 자가 누가 있겠는가? 하나님이 우리 인생을 어루만져 주시기를 간절히 바라는 마음을 우리가 지니도록 하나님은 특별한 욕구를 가진 존재로 우리를 창조하셨다. 하나님이 우리 인생을 보살피시지 않는다면 우리는 영원히 만족을 모르는 상태로 남아 있게 된다. 축복은, 특별히 하나님의 축복은 인생에서 가장 귀중한 재산이다.

"축복을 받았다"는 말은 무슨 뜻일까?

일반적으로 "축복한다"는 말은 다른 사람에게 좋은 말을 해주거나 좋은 일을 해주는 것을 의미한다. 성경에는 네 가지 종류의 축복이 나타나 있다.

첫째 / 하나님이 인간들에게 말씀하시는 축복

하나님이 아브라함에게 "내가 너로 큰 민족을 이루고 네게 복을 주어 네 이름을 창대케 하리니 너는 복의 근원이 될지라"(창 12:2)고 말씀하시며 축복하셨다. 하나님의 은혜를 약속하면서 축복을 선포하시고 있는 것이다.

둘째 / 사람이 하나님께 대하여 하는 송축(頌祝)

시편 103편 1,2절에서 다윗 왕은 "내 영혼아 여호와를 송축하라 내 속에 있는 것들아 다 그 성호(聖號)를 송축하라 내 영혼아 여호와를 송축하며 그 모든 은택을 잊지 말지어다"라고 읊음으로써 하나님을 송축하고 있다. 하나님을 자랑하는 말을 하거나 찬미하는 표현을 하는 것이 하나님을 송축하는 것이다. 우리가 하나님을 송축할 때 그것은, 하나님이 우리가 가진 모든 것들의 근원임을 인정하는 것이 된다.

셋째 / 하나님이나 사람이 사물에 대해서 하는 축복

이것의 좋은 예가 신명기 28장 4,5절이다.
"네 몸의 소생과 네 토지의 소산과 네 짐승의 새끼와 네 우양의 새끼가 복을 받을 것이며 네 광주리와 떡반죽 그릇이 복을 받을 것이며."
세상적인 면에서 보더라도, 어촌에서 해마다 출어기가 시작되면 배를 축복하는 의식을 행하는 것은 흔히 보는 일이다.

넷째 / 한 사람이 다른 한 사람에게 말하는 축복

이런 경우 흔히 하나님의 이름으로 하는 것이 대부분이다. 야곱이 창세기 47장 7절에서 애굽 왕 바로를 축복할 때처럼 우리가 우리보다 높은 사람을 축복하는 것은 그 사람에 대한 존경을 나타내는 것이다.

구약성경에서 "축복"이라는 말의 히브리어의 뜻은 하나님의 선하심이나 은혜의 능력을 전달하거나 수여하는 것을 의미한다. 그리하여 우리가 받는 혜택이나 안녕의 근원은 하나님이라는 사실을 구약은 확인하고 있는 것이다. 축복은 상당히 중요한 것임에 틀림없다. 왜냐하면 구약에서만도 축복이라는 말은 415회나 언급되고 있기 때문이다.

하나님의 축복은 여러 가지 모양으로 나타날 수 있다. 구약에서 축복은 흔히 자식을 많이 낳는 것과 관계가 있다(창 1:22, 28). 창세기에서는 여러 번 반복하여서 하나님이 아브라함의 자손을 하늘의 별들처럼 많게 하시겠다는 약속이 나온다. 자식을 많이 생산하여서 후손을 유산으로 남겨 주는 것이야말로 그 당시에는 축복의 제일차적 정의(定義)였다.

구약 시대에는 대적을 이기는 힘 또한 하나님께서 주시는 축복으로 생각하였다(창 24:60 / 27:29). 성공적인 인생으로 이끌어 주는 하나님께서 주시는 지혜도 하나의 축복이었다(이 9:6 / 11:2). 그 시절에는 인간 관계 또한 축복이 개입하였다. 사람들이 만나고 헤어질 때에는 서로를 축복하였던 것이다. 서로 나누는 축복의 말들은 우정을 더욱 돈독히 해 주었다.

이생에서의 축복을 하나님과의 친밀한 관계와 연결짓는 말씀들이 구약에는 많이 있다. 시편 기자는 사람들이 하나님의 법을 지킬 때(119:1,2), 하나님의 연단을 받을 때(94:12), 그리고 올바르고 의롭게 살아갈 때(106:3) 하나님의 축복을 받는다고 말하고 있다.

때로는 축복이 하나님께 순종하는 것과 관계가 있어서, 그런 축복은 신체적인 건강과 물질적인 축복과 연결되어 있다. 하나님의 율법이 주어졌을 때 그 목적의 일부는, 사람들이 어떻게 해야 행복하고 성취감이 있는 삶을 살아갈 수 있으며, 또한 어떻게 해야 하나님께 불순종하는 삶을 살아갈 때 돌아오는 불행과 고통을 방지할 수 있는지를 계시해 주고자 하는 것이었다(신 11:26~28). 한 개인의 행복은 하나님께 순종하는 삶을 살아가느냐 하는 것에 직결되어 있다. 이러한 축복은 그 사람의 순종 여부에 따른 조건적인 축복인 것이다.

구약에서는 축복을 흔히 물질적인 것으로 보고 있다. 자녀가 없거나, 토지와 가축떼가 없거나, 싸움에서 이기는 군대가 없으면, 하나님께 축복받았다는 기분을 느끼지 못하는 것이다. 오늘날도 많은 사람들이 이런 식으로 생각한다. 돈을 많이 가지고 있지 못하다거나, 편안한 생활을 하고 있지 못하고 건강이 특별히 좋지 않으면 축복받았다고 생각하지 않는 것이다.

축복의 핵심

물질적인 풍성함과 상관없이도 하나님의 축복을 우리가 경험할 수 있을까? 물론 할 수 있다. 사실, 진정한 축복이란 단순히 사업 번창이나 재산 증식, 성공을 일컫는 것이 아니다. 신약성경에서 "축복"이라는 말의 헬라어에서 영어의 "찬미"(eulogy), "칭송하다"(eulogize)라는 말이 나왔다. 그 말은 문자 그대로 "칭찬한다", "찬미한다"는 의미를 가지고 있다. 이러한 종류의 축복은 흔히 하나님의 은혜로운 능력이 다른 사람의 삶에 역사해 주기를 한 사람이 언어로 표현하는 행위를 가리킨다.

마태복음 5장의 산상수훈에서 예수께서 약속하신 축복들은 기본적으로 영적인 것이지 물질적인 것은 아니다. 축복의 진짜 상급들은 나와 하나님과의 관계에서 발견할 수가 있고, 또 하나님을 섬기는 일에서 나타나는 것이다. 더 나아가, 신약의 축복 속에는 그리스도의 죽으심과 부활을 통해 우리를 구원하시는 하나님의 구원의 역사(役事)가 포함되어 있다.

축복의 핵심을 가장 강력하게 묘사한 것은 아마도 하나님께서 이스라엘 백성들에게 고하라고 제사장들에게 명하신 그 말씀 속에 들어있지 않나 생각된다. 우리에게 친숙한 이 성경 말씀은 우리 모두가 마음속으로 바라고 있는 것들을 잘 표현해 주고 있으며, 우리가 창조될 때 이 축복을 받아 누리라고 하신 바로 그 하나님의 은혜를 잘 드러내 주고 있다. 게다가 이 축복은 하나님으로부터 직접 주어지는 것이기 때문에, 기꺼이 주시고자 하는 하나님의 심정과 또 그것을 수행하실 수 있는 하나님의 능력도 잘 표현해 주고 있다.

"여호와는 네게 복을 주시고 너를 지키시기를 원하며 여호와는 그 얼굴로 네게 비취사 은혜 베푸시기를 원하며 여호와는 그 얼굴을 네게로 향하여 드사 평강 주시기를 원하노라"(민 6:24~26).

하나님의 축복의 본질은 우리가 하나님의 것이며 하나님은 우리를 기뻐하신다는 확신이다.

하나님은 우리를 만드셨고 우리를 날마다 지키신다. 우리는 축복받았다!
하나님은 그 아들 예수 그리스도를 통하여 우리를 구속(救贖)하셨다. 우리는 축복받았다!
하나님은 우리를 성령으로 충만하게 하시며 평생 동안 우리를 능력있게 하신다. 우리는 축복받았다!
하나님은 우리에게 미소를 보내시며, 결단코 무서운 얼굴로 우리를 노려보시지 않는다. 우리는 축복받았다!
하나님은 우리에게 얼굴을 향하시지 등을 돌리시지 않는다. 우리는 축복받았다!

『뉴 인터내셔널 신약신학 사전』(The New International Dictionary of New Testament)은 하나님의 축복을 이렇게 요약하고 있다.
"만일 여호와께서 인간에게서 돌아서신 자신의 얼굴을 숨기시지 아니하고 높이 드신다면, 만일 하나님이 인간을 향하여 그 얼굴을 진노로 어둡게 하시지 아니하고 밝게 비추이신다면, 그렇다면 여호와의 축복이란 바로 하나님이 인간을 환영하는 따뜻한 성품을 가지고 계심을 의미하는 것이다. 축복의 내용은, 보호와 은혜 그리고 가장 포괄적인 의미의 행복이라는 개념으로 말할 수 있다"(211쪽).

로이드 오길비(Lloyd Ogilvie) 박사는 "축복받은 사람이 된다는 것은 하나님의 확증과 보장, 수용과 인정을 알고 느끼며 맛보아 아는 것이다. 그것은 선택받고, 사랑을 받으며, 귀중히 여김을 받고, 기뻐함을 받는 것이다"라고 말한다[『불가능을 가능하게 하는 하나님』(Lord of the Impossible), 28쪽].

구약에서는 이 확증이 아브라함의 직계 자손이며 하나님의 선민인 이스라엘 자손들에게 해당되는 것이었다. 신약에서는 믿음으로 예수 그리스도를 영접한 사람 모두에게 해당되는 것이 되었다.
"이는 그리스도 예수 안에서 아브라함의 복이 이방인에게 미치게 하고 또 우리로 하여금 믿음으로 말미암아 성령의 약속을 받게 하려 함이니라"(갈 3:14).
당신은 그리스도로 말미암아 하나님께 속한 사람이다. 하나님은 당신을 기뻐하신다. 당신은 축복받은 것이다.

우리 삶에서 하나님의 축복을 받는다는 것은 얼마나 중요한 일인가? 하나님의 축복 없이 우리가 살아갈 수 있을까? 그렇지 못하다. 오길비 박사는 이렇게 말하고 있다.

> 우리 모두는 필사적으로 축복을 필요로 하고 있다. 우리 모두가 공통으로 공유하고 있는 하나의 커다란 욕구가 있다면 그것은 축복이다. 우리는 그것을 위해 태어났고, 그래서 그것 없이는 영원한 기쁨이란 있을 수 없다. 산소가 폐에 필요하고 단백질이 우리 몸에 필요하듯이 축복은 우리 영혼에 꼭 필요한 것이다. 축복이 있어야 우리는 마음이 쾌활해지고 자

유로워진다. 축복이 없으면 우리는 고집불통이 되고 겁이 많아진다. 축복은 사람들이 우리에게서 가장 원하는 것이지만, 우리가 그것을 받아 가지고 있기 전에는 주고 싶어도 줄 수가 없는 것이다. 축복은 인생의 가장 소중한 재산이다(앞의 책 28, 29쪽).

당신은 이렇게 말할는지도 모르겠다.
"박사님, 박사님은 지금 두 종류의 축복을 말하고 있는 것 아닌가요. 우리는 그리스도 안에 있기 때문에 축복을 받았다 하고, 또 매일 매일 우리의 삶 속에서 하나님께 순종할 때 축복을 받는다 하기도 하는군요. 어느 쪽이 진짜 정확한 축복의 정의(定義)인가요."

둘 다 정확하다. 그렇기는 하나, 한 쪽은 일차적(우선적)인 것이고, 다른 하나는 이차적인 것이다. 당신의 믿음을 당신의 구주인 예수 그리스도 안에 두었을 때, 당신은 "그리스도 안에서 하늘에 속한 모든 신령한 복으로"(엡 1:3) 축복을 받은 것이다. 그리스도 안에 있는 당신의 신령한 복은 이미 확보되었으며 변함이 없다. 당신은 영생의 축복을 받은 것이다(요 3:16). 당신의 이름은 어린양의 생명책에 기록되어 있다(계 3:5, 21~27). 신령한 축복이 먼저요 가장 중요한 것이다.

그리스도인으로서 당신이 아무리 일을 잘했건 못했건 간에, 이 축복은 감소되거나 빼앗기지 않는다. 예를 들어 보자. 아브라함이라고 항상 하나님께 순종만 했던 것은 아니다. 그러나 아브라함은 하나님을 믿었기 때문에 영원한 축복을 받았던 것이다(롬 4:1~3). 당신 또한 언제나 순종만 하는 사람은 아니다. 그러나 예수 그리스도를 믿는 믿음으로 말미암아 하나님의 은혜를 받았으면, 축복은 항상 당신의 것이다(엡 2:8,9). 우리가 하나님께 속하였고 또한 하나님 안에서 영원한 축복을 받았다는 이 확증이 이 책의 중심 주제이다.

그런데 이 축복 이외에 다른 축복을 더 받아 누릴 수가 있는데, 그것은 우리가 하나님께 순종할 때에 현실화되는 것들이다. 그리스도인으로서 우리는 순종하도록 부름을 받았다. 우리가 하나님께 순종하지 못할 때, 하나님께서 우리에게 부어 주시려고 예비해 두신 그 날 그 날의 축복을 우리는 놓치고 만다. 예수께서는 다음과 같이 말씀하심으로써 제자들을 가르치시는 사역을 결론지으셨다.
"너희가 이것을 알고 행하면 복이 있으리라"(요 13:17).
"내가 아버지의 계명을 지켜 그의 사랑 안에 거하는 것 같이 너희도 내 계명을 지키면 내 사랑 안에 거하리라 내가 이것을 너희에게 이름은 내 기쁨이 너희 안에 있어 너희 기쁨을 충만하게 하려 함이니라"(요 15:10,11).

그리스도 안에 있음으로 당신은 이미 축복을 받은 것이다. 그러나 그리스도 안에서 순종하는 생활을 함으로써 이보다 더 큰 축복과 기쁨을 경험하게 될 것이다. 그렇다고 해서 이것이 꼭 부자가 되거나, 건강해지거나, 평생 동안 고통이 없으리라는 것을 의미하는 것은 아니다. 오히려 순종이란, 당신이 물질적으로나 신체적으로 어떤 상태에 처해 있게 되든지 상관없이 하나님께서 준비하신 축복을 받아들이게 하는 관문인 것이다. 순종은 위대한 평강의 축복을 가져다 준다. 로저 팜즈 (Roger Palms)는 그의 책 『하나님의 친밀성을 즐김』 (Enjoying the Closeness of God)에서 다음과 같이 말했다.

"예수 그리스도께 순종하는 자는 재산의 많고 적음에 상관없이 편안한 마음으로 살아갈 수 있고 또 즐거워할 수 있다. 하나님의 말씀과 지혜를 통하여 또 기도로 분별력 있게 하나님이 원하시는 것을 행하고 있기 때문이다"(246쪽).

순종하는 곳에 만족감이 있다. 우리는 더 이상 다른 사람들의 기대감에 따라 살 필요가 없으며 세상에서 요구하는 기준과 경쟁해야 할 필요가 없다. 순종에는 자유함이 있다. 우리의 안정감, 만족감, 행복감 등은 우리의 순종이 성장해 감에 따라 점점 증가하는 것이다. 몇 년 전 토마스 켈리(Thomas Kelly)는 그의 책 『헌신의 약속』(A Testament of Devotion)에서 다음과 같이 말했다.

"온전히 순종하고 전심으로 복종하며 온 마음으로 청종하고자 하는 삶은 그 성취감이 놀라울 정도이다. 그 기쁨은 한량없으며, 그 평강은 깊으며, 그 겸손은 깊고 깊다. 그 능력은 세상을 흔들며, 그 사랑은 모든 것을 감싸며, 그 단순성은 어린아이의 그것과 같다. 그것은 많은 선지자들과 사도들이 살았던 삶이다. 그것은 예수님의 삶과 능력이다"(25쪽).

잘못된 곳에서 축복을 찾는 사람들

하나님의 축복을 받지 못하고 있다고 느낄 때, 사람들은 흔히 다른 사람들의 인정을 받으려고 함으로써 자기 삶의 빈 공간을 채우려고 한다. 이러한 수고는 다른 사람의 인정을 찾아 헤매는 사람으로 하여금 거부당하는 것이 두려워서 진정한 자기 모습을 타협하게 만든다. 팥죽 한 그릇에 자기 장자권을 팔아버린 에서와 같이, 이런 사람들은 잠깐의 어려움을 덜기 위해 더 큰 유익을 상실해 버리는 것이다.

남의 인정을 받아야 직성이 풀리는 사람들은 이렇게 믿는다.
"내가 다른 사람의 인정을 받고 있어야 만족스러운 것이고 또 축복을 받은 것이다. 그래야 내 인생이 온전해질 것이다."
그러나 사람의 칭찬은 아무리 받아도 영원한 만족감을 주지 못한다. 그런 것들은 잠깐의 이야기꺼리로 지나가버리고, 거부당하는 것을 두려워하는 마음은 남의 인정을 더 받고 싶게 만든다.

현실적으로 볼 때 우리 모두는 칭찬을 받고 싶어하는 각양 각색의 욕구를 가지고 있다. 그리고 이러한 욕구의 정도는 오르락 내리락 한다. 다른 사람들로부터 거부를 당해도 그것들을 잘 처리하고 있다는 의미에서 당신은 "칭찬 중독자"는 아닐지 모른다. 그러나 특별히 당신에게 중요한 의미가 있는 사람들로부터의 한두 번의 거부가 당신을 무너뜨릴 수 있고 황폐화시켜 버릴 수가 있다.

다른 사람의 칭찬이나 인정을 받아야 마음이 편하게 되어버린 사람들은 그만한 대가를 치른다. 그 대가란 주변에 있는 사람들의 주관적인 의견과 그 변덕에 심한 상처를 입기가 쉽다는 것이다. 다른 사람들이 당신의 약점을 이용해서 당신을 악용할 수가 있다. 그러면 그것은 당신에게 더 큰 상처를 안겨 줄 것이다.

남에게 거부당하는 것을 두려워하는 그 마음은 또한 다른 사람들 앞에서 공연히 수줍어하거나, 겁을 먹거나, 불안해 하는 사람으로 보일 수가 있다. 이런 사람들은 다른 사람들과의 친밀한 관계를 피하려는 경향이 있는데, 흔히는 "누가 다른 사람이 필요하대?" 하는 식의 반문의 말을 하곤 한다. 그러나 대부분의 경우 이 말은 "나는 거부당하는 것이 두려워요"라는 뜻으로 해석될 수 있다. 또 어떤 사람들은 냉정해 보이거나, 고립되어 있거나, 독야청청 스타일이거나, 거리감을 두거나, 아니면 무관심한 사람들로 보일 수가 있다. 이렇게 해서 결과적으로 얻는 득이 무엇일까? 그것은 다른 사람들과의 관계가 전혀 없게 되고, 다른 사람들을 통해서 얻는 축복을 전혀 받지 못하게 되며, 또한 다른 사람들에게 축복을 전해 주지도 못하게 되는 것이다.

다른 사람들이 우리를 어떻게 보느냐에 따라 우리 인생을 성취해 가려고 할 때, 우리는 하나님의 축복의 문을 닫아 버리는 것이 되며, 일상 생활에서 우리가 경험할 수 있는 하나님이 주시는 확신을 차단해 버리는 것이 된다. 그리고 또 그것은 복을 다른 사람들에게 전달해 주는 것도 어렵게 만든다. 남편이 자기 아내와의 관계를 소홀히 할 때, 아내가 자기 남편과의 관계를 소홀히 할 때, 부모가 자기 자녀들과의 관계를 소홀히 할 때, 이런 일이 생기는 것을 볼 수 있다. 관계의 확신을 갖지 못한 다른 사람들에게 우리가 이런 유산을 넘겨 주는 것은 참으로 허망한 일이어서 그 사람들 또한 잘못된 곳에서 인정을 받으려고 할 것이다. 그래서 결국 악순환은 계속되는 것이다.

축복을 사모하는 열정

야곱은 처음 태어날 때부터 엉뚱한 데서 축복을 받으려고 했던 사람이었다. 야곱은 불안했고, 마음이 안절부절 안정되지를 못했으며, 고집이 센 사람이었다. 장자인 그의 형 에서가 아버지 재산의 첫번째 상속자였다. 축복을 받고 싶어 안달하던 나머지 야곱은 자기 형 에서를 속여 팥죽 한 그릇에 장자권을 자기에게 팔게 하였다(창 25:29~34). 나중에 야곱은 어머니 리브가의 도움으로 연로한 자기 아버지 이삭으로부터 에서의 축복을 훔쳤다(창 27장). 그랬음에도 불구하고 야곱은 여전히 가진 것이 없는 것 같았고 축복을 받은 것 같지가 않았다.

야곱이 정말로 가지고 싶었던 것은 "하나님의" 축복이었다. 꿈에 하나님은 야곱에게 확신을 주었다.
"나는 여호와니 너의 조부 아브라함의 하나님이요 이삭의 하나님이라 너 누운 땅을 내가 너와 네 자손에게 주리니 네 자손이 땅의 티끌 같이 되어서 동서남북에 편만할지며 땅의 모든 족속이 너와 네 자손을 인하여 복을 얻으리라 내가 너와 함께 있어 네가 어디로 가든지 너를 지키며 너를 이끌어 이 땅으로 돌아오게 할지라 내가 네게 허락한 것을 다 이루기까지 너를 떠나지 아니하리라"(창 28:13~15).

축복을 간절히 사모했던 사람이 있었다면, 그 사람은 바로 야곱이었다. 야곱이 축복을 얼마나 사모하였는지는 부인할 수 없는 사실이었다. 마침내 창세기 32장에서 야곱이 하나님과 씨름으로 대결하는 모습을 우리는 보게 된다. 하나님과의 이 직접적인 대면 이후 야곱은 "이스라엘"이라는 새 이름을 받게 되는데, 이 후로는 전혀 다른 사람으로 변하게 되었다. 드디어 자기가 누구인가를 확실히 알게 되었다. 마침내 두려움도 사라져 버렸다. 야곱 일행이 에서에게 점점 가까워지게 되었을 때 야곱은 자기 죄를 깨닫게 되었다. 어떻게 해서 이런 일들이 일어나게 되었을까? 하나님의 손길이 그의 인생에 닿았기 때문이었다. 하나님의 축복이 야곱의 인생에 임했기 때문이었다.

야곱과 꼭 마찬가지로 우리 모두도 하나님의 충만하신 축복이 우리 인생의 빈 곳을 채워주시기를 간절히 원하고 있다. 자기는 하나님의 축복을 받을 자격이 전혀 없다고 생각하는 사람들과 이야기를 나눌 때가 있다. 사실 우리는 하나님의 축복을 받을 만한 자격이 없다. 하나님의 은혜를 받을 자격이 없는 것과 마찬가지이다. 그래도 어쨌든 하나님은 우리에게 복을 주신다. 그래서 그것은 은혜가 되는 것이다. 기억하라. 하나님의 은혜를 받을 자격을 획득하기 위해서 우리가 한 일도 없고 할 수 있는 일도 없다는 사실을. 하나님의 기쁨도 우리는 거저 받고, 하나님의 축복의 미소도 우리는 거저 받는

다. 하나님의 성품 때문에 우리에게 복을 주시는 것이다. 잊지 말라. 우리가 잘나서가 아니라 하나님의 성품 때문에 복을 주시는 것이다.

"적은 무리여 무서워 말라 너희 아버지께서 그 나라를 너희에게 주시기를 기뻐하시느니라"(눅 12:32)고 예수께서 말씀하셨으며, 또한 "너희가 악한 자라도 좋은 것으로 자식에게 줄 줄 알거든 하물며 하늘에 계신 너희 아버지께서 구하는 자에게 좋은 것으로 주시지 않겠느냐"(마 7:11)고 말씀하셨다. 사도 바울은, "이는 그리스도 예수 안에서 아브라함의 복이 이방인에게 미치게 하고 또 우리로 하여금 믿음으로 말미암아 성령의 약속을 받게 하려 함이니라"(갈 3:14)고 했으며, "찬송하리로다 하나님 곧 우리 주 예수 그리스도의 아버지께서 그리스도 안에서 하늘에 속한 모든 신령한 복으로 우리에게 복 주시되"(엡1:3)라고 했다. 하나님이 당신을 선택하셨다. 하나님이 당신과 함께하신다. 하나님이 당신을 사랑하신다. 하나님의 축복은 당신의 것이니 받아 누리라.

우리 삶을 하나님이 축복하신다는 첫번째 증거는 바로 그리스도 안에서 우리가 어떤 사람이 되었는가를 보면 알 수 있다. 다음 과에서 하나님 아버지의 축복을 받은 우리가 어떤 신분을 가진 사람들인지 살펴보기로 하자.

사랑하는 하나님,
　내가 축복을 받을 자격이 생길 때까지 하나님의 축복을 유보해 두지 않으셨으니 참으로 감사합니다. 내가 그리스도 안에서 하나님의 것이며 그래서 하나님은 나를 보고 기뻐하신다는 확신이 하나님의 축복의 핵심이라니 또한 감사합니다. 나에게 미소를 지어 주시니 감사하옵고, 나에게 그 얼굴을 향하여 주시니 감사하옵나이다.
　잘못된 데서 하나님의 축복을 구하지 않도록 도와주시옵소서. 다른 사람들의 인정과 칭찬을 구하는 것이 아니라, 하나님의 인정을 사모하면서 인생을 살아가기를 원합니다. 내 속에 하나님의 축복을 사모하는 열정을 심어 주시옵소서. 하나님의 성품이신 축복을 매일 매일 맛보면서 살기를 원하나이다.
　예수님의 이름으로 기도합니다. 아멘.

3
'새로운 나' 발견하기

우리는 우리의 정체감(identities)이 쉽게 깨어지는 시대에 살아가고 있다. 사람들이 이런 말을 하는 것을 우리는 어렵지 않게 들을 수가 있다.

- "나는 큰 기업체의 사장입니다"(그러나 그 다음 주 그 사람은 파산을 당하였다).
- "나는 승승장구하고 있는 대학 축구팀의 코치입니다"(그러나 이번 씨즌에 그 팀은 여섯 게임이나 져서 이 사람은 그 자리를 물러나야 했다).
- "나는 큰 백화점 체인 스토어의 모델입니다"(그러나 이 사람은 자기 나이의 절반 밖에 안 되는 젊은 모델과 어느 날 갑자기 교체되었다).
- "나는 행복한 엄마랍니다"(그런데 바로 얼마 전에 아들이

가출했다).
- "나는 한창 잘나가는 피아노 연주자입니다"(얼마 전 어떤 사고에서 손가락 두 개가 절단되었다).

이제 이렇게 되었으니 이 사람들의 신분이 어떻게 되었겠는가? 산산조각이 난 것이 아닌가? 너무나 깨지기 쉬운 것이 아닌가? 이들의 신분의 기반은 사회에서 보는 기준에 근거한 것이 아니었는가? 갑작스럽고도 예기치 못했던 인생의 지진을 견뎌 낼 만한 기반이 없지 않았는가?

어느 날 세미나를 열고 있던 중, 먹고 살기 위해서 하고 있는 자기 직업을 말하지 않고서 자기를 자기 주변에 있는 사람들에게 소개해 보라고 하였다. 많은 사람들이 자기를 어떻게 소개해야 좋을지 몰라서 우물쭈물거렸다. 왜냐하면 자기가 누구인가 하는 것이 주로 자기 직업, 가정에서의 자기 역할, 교회에서의 직책 등 자기가 하고 있는 일에 연관된 것이었기 때문이었다.

당신도 당황할 것 같은가? 당신이 누구냐 하는 것이 당신이라는 존재의 물리적인 요소, 물질적인 요소에 근거하고 있는가? "깨지기 쉬움, 취급 주의, 나는 당신이 생각하는 것보다 더 쉽게 부숴질 수 있음"이라는 쪽지를 달고 있지 않으면 안 될 그런 사람인가? 잘 모르겠는가? 그렇다면 다음 질문을 한 번 잘 생각해 보기 바란다.

- 당신이 더 이상 누구의 배우자가 아니고 누구의 부모가 아

닌 사람이 되었을 때 당신은 누가 될 것인가?
- 당신이 더 이상 직장인이 아니고, 사회사업을 하는 사람도 아니며, 목사도 아니고, 목수도 아니고, 가게 직원도 아니고, 운동선수도 아닐 때, 당신은 누가 될 것인가?
- 당신이 더 이상 뛸 수도 없고 걸을 수도 없을 때, 당신은 누가 될 것인가?

우리 신체적인 능력과 우리가 생업을 유지하면서 감당하는 역할 그 이상으로 우리가 누구인가 하는 이해를 가지고 있지 못하면, 우리는 자기가 누구인지 아직도 제대로 파악하지 못한 상태에 머물러 있는 것이다. 게다가 우리가 누구인지 제대로 알고 있지 못하면, 하나님의 축복을 누리며 살아가기가 어렵게 되는 것이다.

우리 모습의 핵심은 무엇인가?

당신이 누구인가 하는 당신의 신분이 어디에 근거를 두고 있는가를 확실하게 규명해 보면 이러한 혼란을 피할 수가 있다. 다음 질문에 당신 스스로 대답을 해보라.

- 당신이 누구인가를 결정하는 데 가장 영향을 끼칠 사람 가운데 당신이 제일 가까이하고 있는 사람(배우자, 부모, 스승, 친구 등)은 누구인가?
- 당신이 누구인가를 결정하는 데 가장 영향을 끼칠 사물은 무엇인가? 예를 들자면, 집, 직업, 사회 지위, 자동차, 옷 등이 당신이 누구인가를 나타내는 데 얼마나 중요한가?

- 당신의 외모는 어떤가? 내가 잘 생겼다, 못 생겼다 생각하는 바에 따라 당신이 생각하는 본연의 모습이 달라지는가?
- 당신의 일 처리 능력은 어떤가? 배우자로서, 부모로서, 사장으로서 아니면 종업원으로서 당신이 일을 얼마나 잘 하고 있다고 생각하느냐에 따라서 당신이 생각하는 당신의 모습이 달라지는가?

변할 수 있는 가능성을 가지고 있는 어떤 것에 우리 존재의 근거를 둘 때, 그것이 우리의 자기 인식에 어떤 영향을 주리라고 생각하는가? 그렇게 하게 되면 우리가 그 변화와 상실 그 자체들을 경험하게 될 뿐만 아니라, 내가 누구인가 하는 자기 인식조차 상실해 버릴 가능성이 있다.

 자기를 보잘것없는 사람으로 생각하는 아름다운 여성과 잘 생긴 남성들을 나는 많이 보아왔다. 진정한 자기 인식이 없는 것이다.
 공허함을 느끼고 있는 부유한 사람들을 나는 알고 있다. 진정한 자기 가치가 없는 것이다.
 권력과 사회적 위엄을 가지고 있는 사람들이 텅빈 가슴을 쓸고 있는 것을 나는 보아왔다. 진정한 자기 발견이 없는 것이다.
 세상적인 관점에서 볼 때, 이 사람들은 모든 것을 가지고 있는 사람들이다. 그러나 그것은 중요한 것이 아니었다. 그 사람들이 정말로 원하는 자기 인식은 이 사람들을 교묘히 빠져 나가 버린 것이다. 그 사람들은 모두 이 노래에 나오는 사람처럼 느끼고 있는 것이다.

만일 내가 구름이라면, 주저앉아 울리라
만일 내가 태양이라면, 주저앉아 한숨 지으리라
그러나 구름도 아니고 태양도 아니며
나는 다만 여기 이렇게 앉아 있는 무명인이다

만일 내가 바람이라면, 여기 저기 불려 가리라
만일 내가 빗방울이라면, 아무 데고 떨어지리라
그러나 나는 바람도 아니고 빗방울도 아니며
다만 고통하는 무명인이다

만일 내가 눈송이라면, 어디고 사뿐히 내리리라
만일 내가 바다라면, 파도가 내 위를 밀려가리라
그러나 눈송이도 아니고 파도도 아니며
나는 다만 무명인일 뿐 …

　우리가 하나님께 속한 사람인 것에 대해서 진실로 감사하며, 하나님이 그리스도 안에서 우리를 무조건적으로 사랑하시며 우리에게 매일 매일 미소를 지으시고 계신다는 사실에 대해 우리가 진실로 감사하기 위해서는, 우리가 누구인가에 대해, 그리고 하나님의 자녀로서 우리가 어떤 사람이 되어 가고 있는가에 대해 좀더 깊은 이해를 가질 필요가 있다. 하나님의 가족 안에서 우리가 어떤 존재인지 에베소서 1장을 통해 알아보기로 하자.

당신은 하나님 가족의 일원이다

우리는 이미 에베소서 1장 3,4절에서, 하나님이 우리를 하나님의 소유로 택하심으로써 그리스도 안에서 우리를 영원토록 복 주셨다는 기쁜 소식에 대해 이야기를 나눈 바가 있다. 우리가 하나님과 얼마나 가까운 관계인지 4절은 이렇게 말씀하고 있다.
"우리를 예정하사 예수 그리스도로 말미암아 자기의 아들들이 되게 하셨으니."
당신은 하나님께 대하여 낯선 존재가 아니다. 당신은 먼 친척도 아니다. 하나님은 당신을 택하사 하나님의 자녀가 되게 하셨다. 당신은 복 받은 존재인 것이다!

이런 장면을 한번 상상해 보자. 어느 주일 아침 예배를 마치고 교회 밖에 서 있는데, 어떤 사람이 다가와서는 말하기를, "당신과 나는 같은 입양 기관 출신이라는 것 알고 계시나요? 언제 입양되셨어요?" 하는 것이다.

당신이 이 사람에게 어떤 반응을 보일지 여러 모습이 머리에 떠오른다. 한 가지 반응은 놀라움인데, 이 사람이 도대체 어느 행성에서 날아 들어온 사람인가 하고 당신은 의아해 할 것이다. 어쩌면 이렇게 대꾸할는지도 모르겠다.
『무슨 말씀을 하고 계시는지 모르겠군요. 나는 입양된 적이 없어요. 나는 우리 생부모 집에서 자랐고 그 분들은 아직도 생존해 계시는데요. 그러니 당신과 내가 같은 입양 기관 출신이라는 말은 터무니없는 일이예요.』
이 낯선 사람은 또 이렇게 말한다.
"하지만 그건 사실입니다. 우리는 같은 입양 기관 출신이고 말고요. 언제 입양되셨어요?"

 현실적으로 볼 때 당신 두 사람 다 옳은 말을 하고 있는 것이다. 그러나 두 사람은 두 개의 다른 경험을 이야기하고 있다. 만일 두 사람이 다 예수 그리스도를 자기의 구주로 알고 있으면, 두 사람 다 하나님의 권속으로 입양이 된 것이다. 사도 요한은 이렇게 말하고 있다.
"영접하는 자 곧 그 이름을 믿는 자들에게는 하나님의 자녀가 되는 권세를 주셨으니"(요 1:12).
또한 로마서 8장 16절은 "성령이 친히 우리 영으로 더불어 우리가 하나님의 자녀인 것을 증거하신다"고 선언하고 있다. 당신이 하나님의 자녀가 된 것을 온전히 이해하고 있으면 당신의 생각이 달라질 것이고 인생에 대한 당신의 반응도 달라질 것이다. 당신이 하나님의 자녀가 된 것은 전적으로 하나님의 은혜이다. 이렇게 해서 당신은 복을 받기로 선택된 것이다.

 신약 시대 당시 로마의 법에는, 자녀가 없는 사람이 상속자를 두고 싶으면 성년(成年)이 된 남자를 자기 아들로 입양하는 것이 흔히 있는 관습이었다. 우리 역시 하나님의 상속자고 하나님께 입양이 된 것이다. 사도 바울은 이렇게 쓰고 있다.
"자녀이면 또한 후사 곧 하나님의 후사요 그리스도와 함께 한 후사니 우리가 그와 함께 영광을 받기 위하여 고난도 함께 받아야 될 것이니라"(롬 8:17).

"그러므로 네가 이 후로는 종이 아니요 아들이니 아들이면 하나님으로 말미암아 유업을 이을 자니라"(갈 4:7).

영화 『벤허』를 기억하고 있는가? 유다 벤허는 로마 장군 아리아스가 벤허를 입양할 때까지는 유대인 종에 불과하였다. 그러나 입양이 된 후에는 완전한 아들로서 모든 권리와 특권이 벤허에게 주어졌다. 마치 그 집안에 새로 태어난 사람처럼 아리아스에게 인정을 받은 것이었다. 마찬가지로 예수 그리스도를 구주로 영접하였을 때, 당신은 하나님의 가족으로 입양이 된 것이며 따라서 완전한 상속자로서 모든 권리와 특권을 받게 되는 것이다. 당신은 축복을 받은 것이다.

당신이 물려받은 권리와 특권에는 어떤 것들이 있을까? 에베소서에는 많은 것들이 나열되어 있다.

- 당신은 영생이 보장되어 있다. 이것은 당신 삶 속에 성령이 임재해 계시는 것으로 증명된다(1:14).
- 당신의 영광스런 기업이신 그리스도 안에서 당신에게는 소망이 있다(1:18).
- 죽은 자 가운데서 예수 그리스도를 살리사 하나님 우편에 앉히신 놀라운 능력을 당신은 이미 체험하였다(1:19,20).
- 당신이 지금까지 어떤 일을 하였느냐 또는 앞으로 어떤 일을 할 수 있느냐에 상관없이 당신을 구원하신 하나님의 놀라운 은혜를 당신은 이미 받았다(2:8,9).
- 성령을 통하여 당신은 언제든지 하나님 아버지께 가까이 나아갈 수 있게 되었다(2:18).

• 하나님의 완전하신 능력과 사랑을 받을 수 있게 하는 그리
  스도의 사랑을 당신은 체험할 수가 있다(3:19).

　어렸을 때 입양이 된 사람들을 나는 많이 상대해 왔다. 자기가 입양아였다는 사실을 처음 알게 되었을 때 기분이 어땠는지를 그들은 나에게 털어 놓았다. 몇몇 사람들은 누군가 자기들을 선택해서 돌보아 주었다는 사실을 알았기 때문에 기뻤다고 말한 사람들도 있었다. 그러나 다른 사람들은 자기를 버린 친부모들에 대해 화가 나고 분개했다고 하였다. 양쪽 부모 모두에게 화가 났다고 말한 사람들도 있었다.

　우주의 대왕(大王)이신 분에게 입양이 되었다는 사실에 대해서, 또 어둠의 나라에서 구출을 받았다는 사실(골 1:13)에 대해서 당신은 어떤 기분이 드는가? 이것이 복음이 당신에게 제시한 최고 축복 중의 하나이다. 당신은 하나님의 권속 안에 받아들여져서 함께 교제를 하게 되었다. 그리고 하나님의 자녀요 상속자로서 당신의 지위가 확고해지게 되었다. 당신은 불우한 가정 출신이었을지도 모르며, 어쩌면 당신의 원래 가정에서 정서적인 학대와 신체적인 학대를 당해 왔는지도 모른다. 그러나 하나님은 하나님의 속성 때문에 그리고 당신을 위해 하신 모든 사역으로 인하여, 당신 인생에서 생긴 모든 갈라진 틈들을 채우실 수 있는 아버지이신 것이다. 그리고 당신이 한 식구로 들어온 이상, 친밀함과 애정, 관대함은 당신과 아버지 사이의 관계에 기본이 되는 것이다. 당신은 아버지의 사랑을 받으며 돌보심을 받게 된다. 상속자로서의 당신의 관계는 그리스도인으로서의 삶과 일상 생활의 경험 속에서 받는

다른 축복들을 위한 기초가 된다.
 하나님의 양자로서의 우리의 관계는 우리 삶을 살아가는 데 많은 의미를 가지게 된다. 아이가 자기 아버지와 어머니를 닮아가면서 자라나듯이, 우리도 우리 아버지 하나님을 점점 닮아가게 되는 것이다.

 예를 들어, 그리스도께서 우리 아버지 하나님을 닮아가라고 가르치고 계시는 산상수훈에서 우리는 이것을 본다.
"나는 너희에게 이르노니 너희 원수를 사랑하며 너희를 핍박하는 자를 위하여 기도하라 … 그러므로 하늘에 계신 너희 아버지의 온전하심과 같이 너희도 온전하라"(마 5: 44, 48).

 또한 우리는 우리 아버지 하나님을 영화롭게 하기 위하여 부르심을 받았다.
"이같이 너희 빛을 사람 앞에 비춰게 하여 저희로 너희 착한 행실을 보고 하늘에 계신 너희 아버지께 영광을 돌리게 하라"(마 5:16).

 우리는 우리 아버지를 기쁘시게 하기 위하여 부르심을 받았다.
"너는 구제할 때에 오른손의 하는 것을 왼손이 모르게 하여 네 구제함이 은밀하게 하라 은밀한 중에 보시는 너의 아버지가 갚으시리라 … 너는 기도할 때에 네 골방에 들어가 문을 닫고 은밀한 중에 계신 네 아버지께 기도하라 은밀한 중에 계시는 네 아버지께서 갚으시리라"(마 6:3, 4, 6).

우리 아버지를 닮아가고, 아버지를 영화롭게 하며, 아버지를 기쁘시게 할 때, 우리가 창조된 그 목적에 참여하는 짜릿한 느낌을 맛보기 시작하는 것이다. 하나님의 자녀 된 축복을 누릴 뿐만 아니라 우리는 또한 하나님의 자녀로서 처신하는 데서 오는 개인적인 유익도 얻게 된다. 하나님이 우리를 아시고 사랑하시는 것을 인식해 감에 따라 하나님에 대한 우리의 지식도 자라간다. 하나님의 양자 된 신분으로서 매일 매일을 살아감에 따라 우리는 인격적으로도 변화되어 간다. 우리 인생의 목적을 이루어 가고 있다는 인식의 복을 우리는 받은 것이다.

당신은 하나님의 용서와 구원을 받았다

당신은 하나님의 선택을 받아 양자가 되는 복을 받았을 뿐 아니라, 당신이 누구냐는 질문을 받았을 때 "나는 하나님의 용서를 받은 사람입니다"라고 대답할 수 있는 사람이 되었다. 예수 그리스도의 죽으심으로 당신이 지은 모든 죄의 값은 완전히 청산되었다.
"우리가 그리스도 안에서 우리에게 거저 주시는 바 그의 은혜의 영광을 찬미하게 하려는 것이라 … 그 안에서 너희도 진리의 말씀 곧 너희의 구원의 복음을 듣고 그 안에서 또한 믿어 약속의 성령으로 인치심을 받았으니 이는 우리의 기업에 보증이 되사 그 얻으신 것을 구속(救贖)하시고 그의 영광을 찬미하게 하려 하심이라"(엡 1:7,13,14).

"문제 없다. 내가 너의 형량을 그냥 면제해 주마" 하고 하나님이 우리 죄를 간단하게 사면해 주기로 결정하신 것이 아니다. 우리 죄의 값은 치뤄져야만 하였다. 그리스도 안에서 영원한 신분을 당신에게 보장해 주시기 위해서는 아까운 것이 하나님께는 아무것도 없었다. 하나님과 영원토록 함께 있을 수 있는 권리를 당신에게 주시기 위해 하나님은 당신의 가장 아끼는 아들을 기꺼이 내어주신 것이다. 그뿐 아니라 당신은 하나님의 안전한 돌보심을 영원히 받게 된 것이다.

우리가 누리는 안전 보장을 어떻게 하면 잘 설명할 수 있을까. 그것은 아마도 은행에 가서 내 귀중품 보관함을 보자고 요청할 때 느끼는 기분으로 설명할 수 있을 것이다. 내가 주인임을 증명하기 위해서는 사인을 해야 하고, 그러면 그 사인이 진짜인지 감식이 될 것이며, 또 보관함 열쇠를 제시해야 한다. 그 때 가서야 은행 직원이 금고 열쇠를 꺼내오고 이 두 열쇠를 사용하여 내 귀중품 보관함을 보게 되는 것이다.

내가 그 자리를 뜰 때, 내 보관함은 다시 자물쇠가 채워지고, 은행 금고의 바깥 문도 잠그게 되는 것이다. 내 귀중품들이 잘 보관되어 있다는 자신감과 편안한 마음으로 나는 돌아 나온다. 내가 그것들을 필요로 할 때마다 그 귀중품들은 언제나 거기 그렇게 있을 것이라는 확신으로 안심하게 된다.

물론, 나의 안도감은 인간적인 수준과 인간적인 구조물에 근거하고 있다. 불행하게도 인간적인 안전의 척도는 그 한계를 가지고 있다. 가장 안전하게 경계를 한다는 은행의 금고도 도둑 맞을 때가 있다.

그러나 우리가 함께 소유하고 있는 영적인 안전에는 이러한 우려가 없다. 대개는 흔히 쓰이지 않는 말로 "인치심을 받았다"는 말을 여기서 쓰고 있음을 보게 된다. 사도 바울 당시의 독자들에게 이 용어는 아주 의미심장했다. 로마의 인장은 소유권과 확보를 의미했다. 예수님의 무덤은 봉인되었다(마 27:65,66). 역사적으로 그 당시에 도장은 확인의 궁극적 표시였으므로 사람들은 그것을 확실한 권위의 표시로 신뢰하였다. 그러나 로마 제국의 인장도 파괴할 수 없는 것은 아니었다. 그것도 부숴질 수 있는 것은 은행 금고를 부수고 내 귀중품 보관함을 꺼내갈 수 있는 것과 마찬가지이다.

그러나 당신과 나는 성령으로 인치심을 받았기 때문에 우리는 예수 그리스도 안에서 전적으로 안전하다. 우리는 그리스도의 피로 산(속량한) 사람들이다. 하나님이 나를 소유하고 계신다. 만일 당신 삶을 예수 그리스도께 바치면, 하나님이 당신의 소유주가 되신다. 쫓겨 나거나, 발로 채이거나, 거절당하거나, 떨어져 나갈 염려는 할 필요가 없다. 당신은 하나님의 소유로 영원히 도장이 찍힌 것이다. 사도 바울은 이렇게 쓰고 있다.
"사망이나 생명이나 천사들이나 권세자들이나 현재 일이나 장래 일이나 능력이나 높음이나 깊음이나 다른 아무 피조물이라도 우리를 우리 주 그리스도 예수 안에 있는 하나님의 사랑에서 끊을 수 없으리라"(롬 8:38,39).
그리스도 안에서 안전하니 우리는 얼마나 복스러운 존재인가!

당신은 새로운 경영주 밑에 있다

그리스도인이 되었을 때 당신은 중요한 존재가 되었다. 당신은 새로운 종류의 인간이 된 것이다. 물론 당신의 육체는 변함이 없다. 당신의 머리 카락 색깔도 눈동자 색깔도 전혀 달라진 것이 없다. 당신은 여전히 같은 모습을 하고 있으며 생각하는 것도 똑같다. 하지만 당신은 예전과 같은 사람은 아니다. 당신은 이제 다른 사람이 되었다. 당신의 새로운 신분은 그 때 생겨난 것이다. 당신은 새로운 피조물이다(고후 5:17). 당신은 "그(하나님)의 만드신 바라 그리스도 예수 안에서 선한 일을 위하여 지으심을 받은 자"(엡 2:10)가 된 것이다.

당신의 새로운 신분을 가장 적절히 묘사하려면 주식회사라는 개념을 사용하면 될 것 같다. 이 회사는 이익을 내는 것을 목표로 삼는 회사이다. 그 유일의 목적은 주주들을 위해 돈을 벌어들이는 것이며 꾸준한 이익을 남기고 있음을 보여 주는 것이다. 직원 한 사람 한 사람마다 이 목표를 자신의 목적으로 삼고 있다. 판매 실적을 올리기 위해 판매과 직원들을 위한 세미나가 연중 열리고 있다. 재정 분석과 업무 분석을 통하여 각 개인과 각 부서의 가능한 최고 능률 수준을 뽑아내려 하고 있다.

어느 날 이 회사의 소유주가 완전히 바뀌었다. 새로운 지도자와 새로운 목적을 가진 전혀 새로운 회사가 된 것이다. 그리고 새로 바뀌어진 방침은 돈을 버는 것이 아니라 사람들을 섬기는 일이 되었다. 그 회사의 새 목표는 세상이 필요로 하는 것을 직시하는 것이며 고통하며 가난하게 사는 사람들을 위해 무엇인가를 하는 것이었다. 그러니 옛날 방식의 사업에서 새로운 방식으로 넘어가는 일이 순조로울까?

순조롭지 못하다. 그 회사의 직원들과 모든 업무 절차, 업무 방법 등 모든 것들이 이익을 만들어 내는 형태로 구성되어 있었다. 성공에 대한 옛날 식의 판단 기준도 뿌리 깊이 박혀 있었다. 회사 직원 전부를 재교육해야 할 때다. 그들의 마음가짐, 신조, 행위 등은 개혁이 필요하다. 심지어 컴퓨터도 새로 프로그램을 해야 한다. 이 회사의 핵심이 바뀌었다. 그러니 이 변화는 이 회사의 모든 면에 스며들 필요가 있었다.

똑같은 것이 우리에게도 해당된다. 우리가 그리스도인이 되기 전에는 인생에서 될 수 있는 한 많이 얻어 내는 데 도움이 되는 어떤 방법들에 깊이 젖은 채로 살아왔다. 우리는 우리 자신을 위해 살았지 하나님을 위해 살지 않았다. 그런데 이것이 죄이다. 예수 그리스도를 영접하였을 때, 우리는 전적으로 새로운 신분을 부여받았는데, 이 신분은 아주 새로운 생활 방식이라야 제대로 표현이 될 수 있는 것이었다. 우리는 속으로는 아주 새로운 사람이 되었다. 그러나 우리의 이 새로운 신분이 우리의 옛 습관과 옛 생각에 스며들어가서 우리의 행동을 변화시키도록 하지 않으면 안 된다. 로마서 6장 11절이 말하고 있는 것처럼, "이와 같이 너희도 너희 자신을 죄에 대하여는 죽은 자요 그리스도 예수 안에서 하나님을 대하여는 산 자로 여겨야 한다."

우리는 새로 바뀐 경영주로부터 새로운 지시를 받고 있다. 로마서 6장 6절이 그것을 잘 표현해 주고 있다.

"우리가 알거니와 우리 옛 사람이 예수와 함께 십자가에 못 박힌 것은 죄의 몸이 멸하여 다시는 우리가 죄에게 종노릇하지 아니하려 함이니."

마이크와 팀이 한 식당에 앉아 이야기를 나누고 있었다. 팀은 바로 전 주에 예수 그리스도를 믿는 사람이 되었다. 마이크가 그리스도인의 삶을 새로운 경영주를 맞이한 한 회사의 예를 들어 설명하고 있었다. 팀은 한 대기업체 회사원이었기 때문에 그 말이 이해가 되었다. 그 역시 잘못된 기초 위에다 자기 모습을 그려나가고 있었다.

잠시 후 팀이 물었다.
"그런데, 내가 따라야 할 새 방침이란 어떤 것들이지요? 우리의 새 경영주이신 그리스도는 내가 어떻게 하길 원하십니까?"
마이크는 자기 성경을 꺼내며 말했다.
『제가 몇 가지 말씀드리지요. 그 중의 어떤 것들은 당신에게는 좀 낯설게 느껴질지 모르겠군요. 그러나 아주 쓸모가 있지요. 하나님의 방향 지시야말로 인생을 살아가는 데 제일 좋은 길이지요. 하나님은 당신을 구원하심으로 복을 주셨습니다. 다음과 같이 하는 것이 하나님을 송축하고 다른 사람들을 축복하는 길입니다. 들어 보시지요.』
그리고 나서 마이크는 로마서 12장 9~18절에 나오는 말씀을 읽어 주었다.

"사랑엔 거짓이 없나니 악을 미워하고 선에 속하라 형제를 사랑하여 서로 우애하고 존경하기를 서로 먼저 하며 부지런하여 게으르지 말고 열심을 품고 주를 섬기라 소망 중에 즐거워하며 환난 중에 참으며 기도에 항상 힘쓰며 성도들의 쓸 것을 공급하며 손 대접하기를 힘쓰라 너희를 핍박하는 자를 축복하라 축복하고 저주하지 말라 즐거워하는 자들로 함께 즐거워하고 우는 자들로 함께 울라 서로 마음을 같이 하며 높은 데 마음을 두지 말고 도리어 낮은 데 처하며 스스로 지혜 있는 체 말라 아무에게도 악으로 악을 갚지 말고 모든 사람 앞에서 선한 일을 도모하라 할 수 있거든 너희로서는 모든 사람으로 더불어 평화하라."

충만한 축복

그리스도 안에서 우리가 어떤 사람인가를 어찌 다 알 수 있겠는가? 우리 자신의 과거로부터 우리에 대한 좋지 않은 메시지가 끊임없이 날아 들어오고, 우리의 현재의 삶에서도 우리가 어떤 사람이라고, 마땅히 어떤 사람이 되어야 한다고, 또 어떻게 처신해야 한다고 부정적인 메시지들이 마구 쏟아져 들어오는데, 이것들을 우리가 무슨 수로 다 반격을 해 낼 수 있다는 말인가? 그러나 방법은 있다. 그것은 이 말 한마디 속에 다 요약되어 있다. "그리스도 안에서 새로운 신분을 소유한 사람이 되었다"는 진리로 당신 자신을 충만케 하라.

이상한 해답이다? 그럴지도 모른다.
색다른 개념이다? 그렇다.

효과가 있을까? 정말 효과가 있다.

옛날의 그 철저하게 인간적인 가치에다 근거를 두었던 당신의 자기 인식은, 시간이 지남에 따라 상당히 강화되어 당신 속에 단단하게 하나의 틀을 만들어 놓았다. 그렇기는 하지만 당신은 변화될 수 있다. 하나님이 어떤 분이신지, 또 하나님은 당신에게 어떤 일을 하셨는지, 그리고 그 결과 당신은 어떤 사람이 되었는지를 확실히 알게 되면, 당신은 달라지지 않을 수 없다. 전쟁 중에 전폭기 융단 폭격은 어떤 지역의 적의 진지를 완전히 박살내려고 할 때에 흔히 사용되는 방법이다. 그 지점의 단 한 뼘이라도 남김없이 다 폭파하기 위하여 폭격기가 좌우 앞뒤로 왔다 갔다 하면서 끊임없이 폭탄을 퍼붓는 것이다. 마찬가지로 당신도 성령이 당신의 마음과 영혼 구석구석을 융단 폭격하도록 해야 한다. 그래서 당신이 누구인지 그리고 그리스도 안에서 당신이 어떤 사람이 되었는지, 그 복된 진리가 당신의 온 마음 속에 충만해져 있어야 한다.

몇 년 전, 나는 내가 키우는 개를 데리고서 어느 호수에서 낚시질을 하고 있었다. 개는 뱃머리에 앉아 불어오는 바람을 쏘이며 뱃놀이를 즐기고 있었다. 나는 전속력을 다하여 후미진 곳으로 향하고 있었다. 그런데 나는 갑자기 거기서 낚시질하고 싶은 마음이 싹 사라졌기 때문에 마음을 바꿔 뱃머리를 획 돌려 방향을 정반대로 바꿨다. 그 갑작스런 진로 변경 때문에 이 개는 중심을 잃고 호숫물 속으로 풍덩 빠져 버렸다. 누가 더 놀랬는지 나는 모르겠다. 나인지 개인지.

나는 뱃머리를 다시 돌려 개가 허욱적대고 있는 곳으로 가서(그 당시 그 개는 나에게 유감이 많아 보였다) 엔진을 껐다. 개를 물 속에서 건져내기는 했지만 곧 바로 배 위로 들어올려 놓지는 않았다. 개가 물에 흠뻑 젖어 있었기 때문이었다. 개 몸둥이 어디 한 구석이라도 마른 곳은 전혀 없었다. 나는 개를 배의 바깥 쪽으로 들고서 털에서 물을 짜냈다.

그러나 지금 내가 기르는 개는 상황이 전혀 다르다. 우선 이 개는 먼젓번 개보다 몸무게가 세 배나 더 나갔다. 거기다 이 개는 사냥개였으므로 물에서 노는 것을 아주 좋아하였다. 그러면서도 털이 물에 흠뻑 젖지는 않았다. 털가죽 자체가 물이 묻지 않는 그런 것이었다. 이 개가 물에서 나왔을 때 얼핏 보면 물에 젖은 것처럼 보인다. 그러나 물이 이 숱이 많은 털 속으로 스며들어 가지는 못한다. 그래서 조금만 지나면 이 개가 물 속에서 헤엄치다 나온 개인지 의심스러울 정도이다.

우리 중에는 우리 집 사냥개 모양 두꺼운 털코트를 입고 있는 사람들이 있다. 부정적인 의미에서 그렇다는 뜻이다. 하나님의 진리가 자신의 바깥 층에 젖어들어와도 깊은 영향을 준 적이 전혀 없는 사람들이다. 속까지 흠뻑 젖어 본 적이 없는 사람들이다. 그리스도 안에서의 복된 신분으로 융단 폭격되어 본 적이 없는 사람들이다. 그렇지만 성장하기 위해서는 하나님의 진리로 융단 폭격되어 있지 않으면 안된다. 어떻게? 이 책에서 가르치고 있는 내용을 여러 번이고 반복해서 읽으라. 우리가 지금까지 함께 생각해 본 성경 구절이나 성경 사상을 하나 선택해서 독서 카드에 적어 놓은 후, 삼사 주 동안 아침 저녁으로 당신 자신에게 그것을 소리내어 읽어 주라. 그 말씀을 놓고 기도하라. 어떻게 해야 그 말씀이 당신 삶에 반영될 수 있는지 그 그림을 확실하게 그릴 수 있게 도와달라고 하나님께 구하라. 당신이 방금 읽은 내용을 실제로 살려낼 수 있도록 당신 자신에게 비전을 제시하라. 하나님의 능력을 힘입어 읽은 것을 하나 하나 실행해 나가는 일에 전념하라. 그러면 당신은 달라져 있을 것이다.

자, 이제 당신은 어떤 사람인가? 당신은 이제 새 사람, 특별한 사람, 새 경영주 밑에 있는 사람이 되었다. 복을 받기로 선택된 것이다.

사랑하는 하나님,
　나를 선택하시고 양자 삼으시며 당신의 기업을 이을 자로 만들어 주셨으니 주님을 찬양합니다. 나의 죄를 용서해 주시고 성령으로 인쳐 주시니 감사합니다.
　하나님의 마음에서 나를 한 번도 떠나 보내신 적이 없으니 감사합니다.
　나에게서 환멸을 느끼지 않으신다니 참으로 감사합니다.
　나를 계속 축복하시기로 하셨으니 감사합니다.
　나를 다함이 없게 기뻐하시니 감사합니다.
　그리스도 안에서 새로 얻은 나의 신분의 진리가 내 구석 구석 스며들지 않은 곳이 없게 하여 주시옵소서.
　내 자신과 다른 사람들을 실망시켰던 적이 있음을 나는 잘 알고 있습니다. 그렇기 때문에 하나님이 나를 인정하시고 사랑하시는 것이 항상 변함이 없는 것일까 의아해 할 때도 있습니다.
　그러나 기도하오니 내 삶을 살아가는 방식이 하나님께서 내게 부여하신 그 가치를 잘 나타내는 것이 될 수 있게 하여 주시옵소서. 또한 기도하오니, 다른 사람들이 하나님께 자기 삶을 열어놓게 이끌어 주는 사람이 되게 하여 주시옵소서. 그 사람들도 하나님이 그 사람들을 위해 해놓으신 일이 무엇인지 발견할 수 있도록 하여 주시옵소서.
　예수님의 이름으로 기도합니다. 아멘.

제 2 부

과거를 잊어라

4. 삐뚤어진 생각 버리기
5. 강하고 담대한 자세 갖추기
6. 진정한 자유 누리기

4
삐뚤어진 생각 버리기

■ 베드로는 충격을 받았다. 베드로 평생에 사람들은 그를 여러 가지 이름으로 불렀다. 비린내 나는 어부, 땀내나는 일꾼, 광신자 등. 그러나 "반석"(즉, 베드로)이라고 부른 적은 없었다. 자기를 권위있는 사람으로 알아준 사람은 이제껏 아무도 없었다. 자기가 천국문을 열고 닫는 일을 담당하리라고 말해준 사람은 아무도 없었다. 그러나 예수님은 그렇게 하셨다(마 16:17~20).

베드로는 아마도 이렇게 생각했을 것이다. 이분이 지금 자기가 누구한테 말을 하고 있는건지 알고 하는 말일까? 나를 혹시 다른 사람으로 알고 있는 것은 아닐까? 나에 대해서 다른 사람들은 모르고 있는 어떤 것을 이분은 알고 있는 것인가? 어쩌면 내 자신도 모르고 있는 것을?

이 어부는 심각한 자기 정체성의 위기를 맞이하고 있다. 베드로는 예수가 어떤 분인지 알고 있었다. 그리고 자기 자신이 누구인지 자기는 알고 있다고 생각하였다. 그런데 예수께서는, 사실이라기에는 너무나 근사하게 들리는 말씀을 베드로 자기에 관해서 말씀하고 계셨다. 그것이 사실이라면 오죽 좋을까. 그보다 더한 축복이 어디 있으랴. 물론 그것은 사실이었다. 그리고 베드로 또한 축복받은 사람이었다. 수정을 해야 할 것은 베드로의 인식이었다.

베드로에게 하셨던 그것을 예수께서는 오늘날 우리에게도 하신다. 우리를 새로운 피조물로 만드시고 우리에게 새 성품을 주신다. 우리에게 새 삶의 의미도 주신다. 그리스도 안에서 내가 누구인가를 진정 인정하는 것이야말로 우리의 축복을 깨닫게 되는 열쇠이다. 당신의 현재 모습이 염려가 되고 당신이 어떤 사람으로 변할까가 염려가 된다면, 당신은 그리스도 안에서 하나님의 자녀로서의 당신의 정체가 무엇인지 그림을 사실대로 잘 그려 볼 필요가 있다.

그리스도 안에서 우리의 신분은 확고하다.
그것은 부식되어 없어지는 그런 것이 아니다.
그것은 영원한 것이다.
그것은 우리 안에 빈 자리를 채워주는 것이다.
그것은 우리 삶을 축복하시는 하나님의 은혜의 근본이 되는 것이다.

앞 과에서 살펴본 바와 같이, 비록 우리가 새로운 성품을 받아가지고 있고 그리스도 안에서 새로운 신분을 가지고 있기는 하지만, 우리는 여전히 우리 자신과 하나님께 대해서 과거로부터 왜곡된 이미지를 지니고 있다. 때로는 어떻게 해서 우리의 옛 성품이 길러지게 되었는지 아는 데 이것이 도움이 될 때가 있다. 어째서 하나님과 매일 사랑 가운데 교제하는 축복을 우리의 과거가 방해하는지 좀더 분명하게 알 수 있게 되는 것이다.

누가 당신의 자기 인식에 영향을 끼치는가?

유년기와 사춘기를 지나오면서 우리는 부모, 형제, 선생님, 목사님, 친구 등 각양 각색의 사람들의 영향을 받게 된다. 우리에게 중요한 의미를 가지고 있는 이러한 사람들의 인격적인 특성들이 우리 자신과 우리의 자기 인식에 대단한 영향력을 끼치는 것이다. 우리 인생에 긍정적인 특성들을 보여 준 사람들은 우리로 하여금 다른 사람의 사랑을 받고 있으며 축복된 존재라는 느낌을 쉽게 가지게 만든다. 그러나 우리 생활에 부정적인 요소로 그늘지게 만들어 놓은 사람들은 우리가 복 받기로 택함을 입을 수 있다는 사실을 의심하게 만드는 것이다.

잠깐 시간을 내어서 80페이지에 나와 있는 각 특성들을 가장 전형적으로 가지고 있었던 사람들이 당신 인생에 누가 있었는지 한번 생각해 보라. 각 특성에 대해 적어도 한 사람 이상 생각이 날 것이다. 그러나 지금은 우선 그 특성을 제일 많이 나타낸 사람의 이름 하나만을 적어 보기로 하자. 그리고 나서 빈 칸에다 이 사람이 실제로 이런 특성을 당신에게 어떤 식으로 나타냈는지를 적어 보기 바란다.

 당신이 그리스도 안에서 당신의 신분을 받아들여 그 축복을 누리려 할 때 80페이지에 있는 목록 중에서 가장 부정적으로 방해가 되었던 것은 어느 것이었는가? 이 항목들을 당신의 기도 제목으로 삼고 배우자나 가까운 그리스도인 친구들과 함께 기도하라.

하나님에 대한 왜곡된 이미지

하나님에 대한 우리의 관계를 평가해 보면, 하나님과 하나님의 축복에 대한 우리의 인식이 다른 사람과 우리의 관계 때문에 어떤 영향을 받았는지를 알 수 있다. 81페이지에 있는 목록들을 보면, 하나님에 대해서 당신이 어떤 느낌을 가지고 있는지 또 무엇 때문에 당신의 자기 인식과 축복에 대한 인식이 왜곡되었는지 알아내는 데 도움이 될 것이다. 이 연습 문제는 주관식이다. 옳고 그른 답이 따로 없다. 당신의 느낌을 있는 그대로 나타낼 수 있기 위하여 다음 지시 사항을 잘 따라주기 바란다.

1. 각 칸을 진솔하고 솔직하게 쓰기 바란다. 어떤 사람은 자기가 부정적인 대답을 쓰면 하나님이 기분 나빠하실지도 모른다고 생각하는 사람이 있다. 사실대로만 쓰라. 하나님은 우리의 솔직함을 기뻐하신다. 투명한 마음은 성장의 기초가 된다.

2. 하나님에 대한 신학적인 지식으로 답하지 말라. 당신의 개인적인 경험을 쓰는 것으로 족하다.

3. 하나님과의 관계가 어떠해야 한다거나 어떻게 되기를 희망하는지를 쓰지 말고, 지금 현재 관계가 어떠한지를 쓰라.

4. 각 특성 하나 하나를 하나의 질문으로 만들라. 예를 들어, "하나님이 나에게 인자하다는 것을 나는 어느 정도로 느끼고 있나?", "하나님이 나에게 가혹하다고 느끼는 정도는 얼마만큼인가?" 등등.

5. 각 특성에 대해서 이 질문에 대답하라.
"하나님의 이 특성을 나는 어떤 식으로 받아들이는가?"
이 대답을 "예"(例) 칸에 써 넣으라.

특성	사람 / 관계	이 특성이 어떤 식으로 나타났나
인자		
엄격		
거리감		
친밀함		
친절함		
화를 잘 냄		
고압적임		
지원을 잘해줌		
관심이 많음		
훈계적임		
호의적임		
가혹함		
현명함		
거룩함		
지도자		
공급자		
나를 소중히 여김		
동정심		
인내심		
분별력이 없음		
강함		
소극적임		
공정		
예측불허		

하나님은 … 하다고 내가 실제로 느끼고 있는 정도는 어떤가?

하나님의 특성	항상	매우 자주	때때로	거의 아님	결코 아님	모르겠다	예(例)
인자							
엄격							
거리감							
친밀함							
친절함							
화를 잘냄							
고압적임							
지원을 잘해줌							
관심이 많음							
훈계적임							
호의적임							
가혹함							
현명함							
거룩함							
지도자							
공급자							
나를 소중히 여김							
동정심							
인내심							
분별력이 없음							
강함							
소극적임							
공정							
예측불허							

하나님에 대해서 왜곡된 생각을 갖기가 매우 쉽다. 자기의 과거 경험에 비추어서 하나님에 대한 자기 자신만의 이미지를 만들어 내는 것은 비그리스도인뿐만 아니라 심지어 많은 그리스도인에게서도 흔히 찾아볼 수 있는 현상이다. 하나님은 이래야 한다 또는 하나님은 우리에게 이렇게 해주어야 한다는 등 자기 자신의 기대치나 인식을 하나님에게 투사하는 것이 우리들의 소행이다. 그래서 우리가 하나님을 오해하는 그만큼, 우리의 축복 경험은 제한되지 않을 수 없다.

우리 인생에서 우리에게 중대한 영향을 끼치는 사람들의 좋은 경향이나 나쁜 경향에 대한 반응을 통해서 우리 개인의 신관(神觀)을 형성할 때가 많다. 『잘못된 자기 인식』(*Mistaken Identity*)이라는 책에서는 이렇게 말하고 있다.
"옆구리에 애완용 하나님을 껴안지 않고서 하나님의 집에 들어오지 않는 아이는 하나도 없다. 우리 중 어떤 사람에게는, 자기 마음에 개줄로 붙들어 맨 이 '애완용 하나님'이 별로 좋은 하나님이 아니다. 또 성경적으로 옳은 것도 아니다. 이러한 이유는, 우리의 부정적인 하나님 이미지가 흔히는 상처 받은 우리 감정 때문에 생긴 것이며, 과거부터 끌고 다니는 인간 관계의 파괴적인 형태 때문에 생긴 것이기 때문이다"(56쪽).
우리 부모나 형제 또는 친구들이 우리에게 대하는 꼭 그 식으로 하나님도 우리를 대할 것이라고 생각을 한다. 우리 머리 속으로는 다르게 알고 있을지도 모른다. 그러나 우리 감정이 우리가 알고 있는 것을 앞지르는 것은 아주 흔히 있는 일이다.

다른 사람들과의 부정적인 체험 때문에 잘못된 하나님을 만드는 것은 비단 우리만이 아니다. 우리와 똑같은 사람들이 성경에도 있다. 욥이 그 중의 한 사람이다. 극심한 고난 중에 그가 한 말은 욥이 하나님을 정당히 이해하고 있지 못하다는 것을 보여 주고 있다.

"가령 내가 그를 부르므로 그가 내게 대답하셨을지라도 내 음성을 들으셨다고는 내가 믿지 아니하리라 그가 폭풍으로 나를 꺾으시고 까닭 없이 내 상처를 많게 하시며"(욥 9:16,17).
"주께서 나를 대적하사 괴로운 일들을 기록하시며"(13:26).
"이와 같이 주께서는 사람의 소망을 끊으시나이다"(14:19).
"그는 진노하사 나를 찢고 군박하시며 나를 향하여 이를 갈고 대적이 되어 뾰족한 눈으로 나를 보시고 … 내가 평안하더니 그가 나를 꺾으시며 내 목을 잡아던져 나를 부서뜨리시며 나를 세워 과녁을 삼으시고"(16:9,12).
"하나님이 나로 백성의 이야기거리가 되게 하시니 그들이 내 얼굴에 침을 뱉는구나"(17:6).
"하나님이 나를 굴하게 하시고 … 나의 영광을 벗기시며 나의 면류관을 머리에서 취하시고 사면으로 나를 헐으시니 … 나의 형제들로 나를 멀리 떠나게 하시니 나를 아는 모든 사람이 내게 외인(外人)이 되었구나"(19:6,9,13).
"내가 주께 부르짖으오나 주께서 대답지 아니하시오며 내가 섰사오나 주께서 굽어보시기만 하시나이다"(30:20).

그러나 욥은 계속 하나님을 신뢰하였다. 그래서 나중에는 그의 생각이 하나님의 진짜 모습과 일치하게 되었다.

우리의 세상적인 인간 관계보다는 성경 말씀으로부터 하나님에 대한 개념을 발전시키는 것이 최선의 방책이다. 하나님이 진실로 어떤 분이신가를 아는 것은 그분의 축복을 체험하는 데 대단히 중요하다.

하나님의 축복을 받으라

하나님의 상(像)을 제대로 마음에 그릴 줄 알고, 하나님을 제대로 알고 있을 때 어떤 일이 생기는지 알고 있는가? 바로 당신 자신의 그림(자아상)을 제대로 그릴 줄 알게 되고, 자신을 제대로 이해할 줄 알게 되기 시작하는 것이다. 당신은 성장해 나갈 수가 있다. 또한 당신은 달라질 수가 있다. 당신은 축복을 받을 수가 있다.

하나님을 좀더 분명히 알기 위해서 그리고 하나님이 당신의 삶을 어떻게 축복하기 원하시는지 알기 위해서는 다음 글을 읽으라. 그리고 나서 거기에 대한 당신의 느낌이나 생각을 써 보라.

> 하나님은 오래 참으시며 언제든지 만나주신다. 하나님은 당신에게 시간을 할애하시며 관심을 쏟기로 하셨다(벧후 3:9).
> 하나님은 당신에게 자비로우시며 은혜로우시다. 하나님은 당신의 인생에 개입하셔서 도움을 주시기로 하셨다(시 103:8).

하나님은 모든 것이 당신을 위하여 유익하도록 배려하실 것이다. 하나님은 당신에게 지원과 격려를 주고 싶어하신다. 당신은 하나님을 신뢰하여도 된다(롬 8:28).

하나님은 당신을 자신의 자녀로 귀중히 여기신다. 하나님은 끊임없이 당신에게 확신을 주시고 당신을 세워 나가신다. 하나님이 당신을 창조하셨고 당신은 그리스도 안에 있으므로 당신은 가치를 지니고 있다(요 1:12).

하나님은 자신의 가족 속에 당신을 포함시키셨다. 이제 당신은 하나님의 것이다(엡 1:4,5).

하나님은 당신과 친밀한 교제를 나누고 싶어하신다. 하나님의 눈에는 당신이 더 할 수 없이 귀중하고 소중한 존재이다(계 3:20).

하나님은 당신의 지금 모습 그대로 사랑하신다. 하나님의 사랑을 얻으려고 애쓸 필요가 없다(엡 2:8,9).

하나님은 당신의 업적에 상관하지 아니하고 당신을 받아들이신다. 하나님은 당신의 능력보다는 당신 자체를 보신다(시 103:8~10).

하나님은 당신의 죄와 허물을 용서하셨고, 그렇기 때문에 당신에게 불리하게 그것들을 품고 계시지 않는다. 하나님은 당신이 올바른 것을 할 수 있다고 신뢰하고 계신다. 하나님은 당신을 용서하기로 하였다는 것을 숙지하고 계시므로 당신이 잘못했을 때에라도 하나님께 나아갈 수 있다(요일 1:9).

하나님은 공의롭고 거룩하며 공평하시다. 하나님은 당신을 공평하게 대하실 것이다. 그리고 당신을 징계하실 때, 그것은 사랑에서 비롯된 것이며 당신의 유익을 위해서 그렇게 하시는 것이다(히 12:5~8).
　하나님은 의지할 수 있는 분이며 당신과 항상 함께 계신다. 하나님은 당신에게 충실하시며 당신을 돕는 분이시다(애 3:22,23).

　당신의 과거의 나쁜 경험에서 비롯된 자신과 하나님에 대한 왜곡된 이미지 때문에, 나는 축복을 받지 못한 존재라는 기분을 아직 떨쳐버리지 못하고 있는가? 당신의 그러한 잘못된 생각을 깨닫게 해주고 당신의 진정한 자아와 하나님의 진실한 성품을 알도록 도움이 될 만한 문제를 여기 실어 놓았다. 앞에서 언급한 하나님에 대한 진술과 성경 구절을 독서 카드에 옮겨 적으라. 이삼 주에 걸쳐 이 카드를 소리를 내어 매일 당신 자신에게 읽어 주라. 당신의 마음이 하나님의 진리로 흘러 넘칠 때 하나님과 당신 자신에 대한 생각이 어떻게 달라지는지를 보고 놀라게 될 것이다.

　당신은 축복받은 사람인가? 그렇다.
　모든 축복을 다 받을 수 있다는 것을 알고 있는가? 아마 모를 것이다.
　당신이 받은 축복이 모두 무엇 무엇이 있는지 알고 있는가? 아마 모를 것이다.
　하지만 당신은 복 받기로 택함을 받은 사람이다.
　축복을 발견하라.
　축복을 체험하라.
　축복을 다른 사람과 나누라..

사랑하는 하나님,
하나님이 누구신가에 대해 의심이 아주 사라진 것을 감사합니다. 이 땅에서 행하신 주님의 사역과 주님의 인격이, 내 자신이 누구인가를 알 수 있다는 확신과 나는 주님 보시기에 귀중한 존재라는 확신을 주었습니다.
이제까지 내가 가지고 있는 내 모습의 근거가 사라지기 쉬운 것에 달려 있었음을 깨닫게 도와주시옵소서. 그것들에서 손을 떼게 하여 주시고, 하나님이 나를 위해 만들어 놓으신 그 토대를 더욱 힘있게 붙잡게 하여 주시옵소서.
하나님을 기뻐하는 사람이 되고 싶습니다. 이것은 나에게는 아주 새로운 생각입니다. 하나님을 알고 영화롭게 할 뿐만 아니라 또한 하나님을 기뻐할 수 있게 하여 주시옵소서.
축복을 주시기 위하여 나를 선택하여 주셨으니 감사합니다.
예수님의 이름으로 기도합니다. 아멘.

5
강하고 담대한 자세 갖추기

■ 그 여자는 아주 기괴한 모습을 하고 있었다. 사람들도 이제는 더 이상 이 여자를 이상한 눈초리로 쳐다보지도 않았다. 이 여자의 이상한 생김새에 이제는 완전히 익숙해져 버린 탓이었다. 처음부터 아예 그런 식으로 생겨버린 것처럼 생각되었던 것이다. 적어도 그 여자에게는 그렇게 느껴졌다. 한두 시간 몸을 곧게 펼 수 없었다면 그것은 그리 불편하다 할 것도 없었다. 그러나 18년 동안이나 매일 매일 하루도 빠짐없이 몸이 꼬부라져 있는 것은 참으로 견디기 힘든 일이었다.

그 여자는 자신의 꼬부라진 등허리를 항상 의식하고 있었다. 어떤 근육은 축 늘어져 버렸고, 또 어떤 근육은 이 여자의 꼬부라진 몸을 끌고 다니느라 지나치게 발달되어 있었다. 기형적인 자기 몸과 싸울 필요가 없다는 것을 이 여자는 이미 오래 전에 알았다. 싸워 보았자 아무 소용이 없는 것이다. 고통만 더 가중될 뿐이었다. 18년이 지난 지금 그 여자는 다만 하루 하루 생존할 뿐이었다. 그 병은 그 여자의 과거요 현재요 또한 미래이기도 하였다. 그 여자에게는 아무런 차이가 없었다. 그 날은 그 다음 날로 이어질 뿐이었다. 내일이 꼭 달라야 한다는 법이 있는가? 미래는 단지 어제의 연장일 뿐이다. 미래는 이미 정해져 있는 것이다.

그런데 예수께서 이 여자의 오랜 세월 고통스런 기형의 굴레를 부수어 버리셨다. 이 여자는 자기 병에서 구출되게 해달라고 부탁한 적도 없었다. 그렇게 되는 것은 차라리 체념한 상태였다. 예수님조차 "낫기를 원하느냐"고 묻는 일로 이 여자를 귀찮게 하시지도 않았다. 어쩌면 예수께서 무리를 훑어 보시다가 문득 눈에 뜨인 그 여자가 너무나 가엾다는 생각이 들으셨는지도 모른다. 어떤 일이 있었는지 한번 상상을 해보자.

회당에서 가르치시던 예수께서는 두루마리(성경)를 도로 감으시고, 그 여자를 회당 맨 앞으로 나오라고 말씀하신다. 이 여자로서는 매우 당황스런 순간이다. 이 여자가 비칠 비칠 회당 복도를 걸어 강단 앞으로 걸어나갈 때, 모든 눈길이 그녀의 각진 등허리에 와 꽂힌다.

그녀는 예수 앞에 와 걸음을 멈춘다. 그리고는 상체를 비틀어 가까스로 예수의 얼굴을 보게 된다. 두 사람의 눈길이 마주친다.

"여자여, 네가 네 병에서 놓였다."

예수께서 그 여자의 곱사등이 어깨에 손을 대신다. 그리고 곧 주먹처럼 뭉쳤던 근육들이 풀어지고, 척추가 제 자리에 서고, 꼼짝 못하고 눌려 있던 신경들이 자유롭게 된다.

아주 긴 낮잠에서 기지개를 켜고 깨어나는 고양이처럼, 그 여자는 몸을 쭈욱 펴서 곧게 한다. 그렇게 하는 순간, 18년 동안의 불행이 그녀의 등에서 툭 떨어져 나와 구주 예수의 발 앞에 나뒹군다.

이제는 더 이상 그녀의 과거가 그녀의 현재를 짐스럽게 하지도 아니하거니와 그녀의 미래를 위협하지도 않았다. 그 덧짐을 이제는 더 이상 지고 다니지 않아도 되었다. 그녀는 자유였다. 예수께서 이 불쌍한 여자를 자유케 하신 것이었다(눅 13:10~13을 보라).

과거라는 함정에 빠지지 말라

우리는 복을 받기 위하여 택함을 받은 하나님의 자녀들이다. 우리는 하나님의 것이라는 사실과, 우리들이 살아가는 삶 속에 하나님이 투영되고 있다는 확신 속에 자신감을 가지고 고개를 똑바로 들고 우리는 살아가게 되어 있는 것이다. 그러나 때때로 그리스도인으로서의 우리 삶은 절룩거릴 때가 있는데, 그것은 하나님과 우리 자신에 대한 왜곡된 이미지 때문만이 아니라 과거의 우리 경험 때문이기도 하다. 마치 누가복음 13장에 나오는 그 여자처럼 우리도 살아 숨쉬며, 일부 기능을 수행하며, 우리의 영원한 운명을 이해하기는 한다. 그러나 여기 이 세상에서 축복을 받는 그런 삶을 살고 있지는 못하다.

스네이크 강에서 한 친구와 낚시질하던 때가 생각이 난다. 우리는 한 시간 동안이나 강물 속을 걸어 돌아다니고 나서야 강줄기 둘이 만나는 곳을 발견하였다. 이런 곳은 낚시질하기에는 최고의 자리였다. 친구나 나 두 사람 다 낚시할 때 신는 방수 장화를 신고 있었으므로 우리는 우리가 가고 싶은 곳 어디나 걸어다닐 수가 있었다. 그 친구는 강둑 가까이서 하기로 하였고, 나는 두 줄기가 합치는 곳까지 걸어 나아갔다.

거품이 부글부글 일고 있는 곳에 서서 낚싯대를 던지고 있는데, 두 발이 모래와 진흙 속으로 빠져들어가고 있는 것을 느꼈다. 나는 그것을 대수롭지 않게 여겼다. 그런데 낚싯대를 던지고 체중을 옮길 때마다 강 밑바닥으로 점점 내가 가라앉는 것이었다. 그래서 다른 곳으로 자리를 옮기려고 했을 때는 두 발을 꼼짝도 할 수 없었다. 나는 한 발을 먼저 들어올린 후에 다른 발을 들어올리려고 했으나 두 발 다 마치 시멘트 속에 갇힌 것처럼 꼼짝도 하지 않았다. 이렇게도 해보았고 저렇게도 해보았으나 아무 소용이 없었다. 나는 꼼짝 못하고 갇혀 있게 되었다.

발을 빼려고 애쓰면 애쓸수록 나는 점점 가라앉아 가기만 하였다. 필사적으로 애를 쓰고 있을 때 방수 장화에서 발을 빼내면 되겠구나 하는 생각이 번개같이 떠올랐다. 그리고 나서 진흙 속에서 장화를 빼내면 될 것이었다. 장화에서 먼저 발을 빼내야 된다는 생각을 못했더라면 나는 아직도 거기 꼼짝 못하고 있을 것이다.

아마 당신도 어디에 꼼짝 못하고 끼어 있었던 경험이 있을 것이다. 물론 나의 경우와는 다르겠지만. 지금 당신의 삶이 오도가도 못하고 있는 상황일지도 모른다. 앞으로 나아가고는 싶은데 그럴 수가 없는 상황 속에 당신이 끼어 있을 수도 있다. 과거에 묶여 꼼짝 못하고 있을 때 세상의 나머지 것들은 당신을 스쳐 지나가고 있다. 당신이 할 수 있는 일이란 손을 흔드는 것뿐이다. 당신은 그 흐름의 대열 속에 끼여 있지 못하며, 축복도 받지 못하고 있는 것이다.

나는 지금 과거의 파편과 현재의 경험이라는 진창 속에 발이 빠져 있는 많은 사람들을 말하고 있는 것이다. 다음 목록에는 사람들이 어떤 식으로 꼼짝 못하고 빠져 있는가를 열거해 놓은 것인데, 아마 당신은 여기에 몇 가지 더 보태고 싶어할지도 모른다. 이런 경우를 당하고 있는 사람이 누구인지 알겠는가?

- 옴짝달싹 못하고 있는 사람은 목표를 세우나 현실성이 있을 때까지 어떤 일을 하지 못하고 연기(延期)한다.
- 옴짝달싹 못하고 있는 사람은 일을 시작하기 이전에 모든 것이 완벽하기를 바란다.
- 옴짝달싹 못하고 있는 사람은 자기 자신과 하나님에게 또는 다른 사람에게 약속을 하나 그것을 지키지는 않는다.
- 옴짝달싹 못하고 있는 사람은 신체적 위해나 정신적 위해로부터 자기 자신을 보호하기 위해서 마땅히 해야 할 조처를

취하지 않는다. 그래서 계속 피해자가 되고 있다.
- 옴짝달싹 못하고 있는 사람은 사태가 참을 수 없게 되어서 더 이상 그것을 견뎌 낼 수 없을 때까지 기다린다.
- 옴짝달싹 못하고 있는 사람은 변화에서 오는 위험 부담을 안고 싶지 않기 때문에 실패와 실망과 변화를 두려워한다. 때로는 하나님의 말씀을 액면 그대로 받아들이지 않는데, 그 이유는 하나님이 우리가 기대하는 식으로 반응을 보이시지 않기 때문이다.
- 옴짝달싹 못하고 있는 사람은 눈 앞에 있는 다양한 대안들을 보지 못한다.
- 옴짝달싹 못하고 있는 사람은 절망적인 기분과 좌절된 기분과 자신은 아무 쓸 데 없는 사람이라는 기분을 느낀다.
- 옴짝달싹 못하고 있는 사람은 부정적인 안경으로 인생을 보며 상황이나 사람들로부터 최악의 결과를 예상한다.
- 옴짝달싹 못하고 있는 사람은 하나님이 자신에게 주신 잠재력을 평가절하한다.
- 옴짝달싹 못하고 있는 사람은 자신의 상황이나 조건 또는 문제를 별것 아닌 것으로 여긴다. 다시 말해서 부인하는 것이다.
- 꼼짝 못하고 갇혀 있는 사람은 축복을 피해 우회하고 있다. 그것은 결국 나머지 전인생(全人生)의 영원한 우회로가 되고 말 것이다. 그 길은 하나님이 우리를 위해 마련하신 모든 것들을 피해가고 있다. 축복에 대한 사절장(謝絶狀)이다.

축복을 훔쳐가는 것들

만일 과거의 상처와 부정적인 경험들이 방해를 하지 않았더라면, 사는 것이 좀더 수월했을 것이라는 생각을 가져 본 적은 없었는가? 아침에 잠자리에서 눈을 떴을 때 그런 기분을 느껴보지는 않았는지? 당신은 단지 어찌할 도리가 없는 것이다. 사람들이 이렇게 말하는 것을 종종 듣게 된다.
"내 인생이 앞으로 쭉쭉 뻗어 나아가기를 진심으로 원합니다. 그러려고 전심을 다하고 있어요. 그렇지만 그게 쉽게 되지를 않는군요."

나는 그 말이 이해가 간다. 때로는 우리가 받은 상처가, 때로는 과거에 있었던 문제가, 때로는 미래에 대한 두려움이 우리의 발걸음을 더디게 한다. 많은 노력을 들이고 애를 써야 마침내 일보전진할 수 있게 되는 것이다. 감정의 초과 중량은 오히려 당신을 수렁에 빠져들게 할 수도 있으며, 그리하여 축복을 빼앗길 수도 있다.

다른 사람들을 상담하는 일을 25년 이상이나 해오는 동안 자기 과거의 파급효과 때문에 고투하는 사람들을 많이 대해 왔다. 그 사람들 중에는 그 쇠사슬을 끊어버리고 앞으로 진일보한 사람들도 있었다. 그런데 어떤 사람들은 종내 그렇게 하질 못했다. 어떤 사람들은 애쓰고 애쓴 끝에 겨우 조금 진보한 사람도 있었다. 자기에게 일어났던 그 일 때문에 힘든 사람도 많았고, 상담을 받으러 오기 전 많은 세월을 허비한 것을 안타까워하는 사람들도 많았다.

감정의 과부하(過負荷)를 사람들이 올바로 처리하지 못하고 있음을 나는 발견하였다. 놓쳐버린 기회를 "후회하고" 있는 사람들이 상당히 많았다. "내가 … 하기만 했었더라도 …"라든지, "… 했던 것이 정말 후회스러워요"라는 말을 사람들이 하는 것을 자주 듣는다. 우리가 과거 속에 살아가는 또다른 방식은 잭 헤이포드(Jack Hayford)가 말한 것처럼 "회한" (the remembrance of reversals)이라는 것이다. 이것은 후회와 비슷하지만, "만일 그런 일이 없었더라면" 어떻게 되었을까, 그리고 "만일 내가 그것을 다르게 하기만 했었더라면" 어떤 일이 일어났을까 하는 데 그 초점이 맞추어져 있다는 것이 다른 점이다(그러나 후회나 회한이나 다 좋지 못하다). 이따금 사람들의 성장과 변화의 과정을 신속히 알아보기 위해서, 나는 상담을 받으러 온 사람들에게 "만일 … 하기만 했더라면" 하는 식의 후회되는 점들을 다 적어 달라고 부탁을 하기도 한다. 그것들 하나 하나를 따져 보아서 결국 잠잠케 하기 위함이었다.

그러나 내가 목격한 그 후회라는 것들이 하나같이 다 쓸데없는 후회뿐이었다. 다른 사람들이 우리에게 잘못한 것들이 유감스럽든지 우리가 다른 사람들에게 했던 일들이 후회스럽든지 간에, 과거를 자꾸 뒤돌아본다는 것 자체가 현재의 축복들을 절뚝거리게 만들 뿐이요, 우리를 자꾸 다른 길로 우회하게 만들어서 미래로 들어서는 것을 방해만 할 뿐이다. 과거에 대해서 결코 유감스럽게 생각해서는 안 된다는 말을 하고 있는 것이다. 그렇지만 꼭 그렇게 해야 할 때가 있다. 그러나 꼭

한 번으로 족하다. 그리고 나서는 새로운 방향으로 전진해 나아가기 시작해야 한다.

과거로부터 넘어 온 짐 꾸러미와 개인적인 실수를 우리 모두는 가지고 있다. 그러나 과거는 지나가 버렸다. 과거에 일어났던 일은 다시 바꿀 수가 없다. 그렇지만 그 결과는 바꿀 수가 있다.

어느 일정 기간 동안 상담을 받아오고 있는 존이라는 중년 남자가 있었다. 그 사람은 자랄 때 이루 말로 다 할 수 없는 고생을 겪었다. 그리고 그 결과는 아직도 그 사람 주위를 맴돌고 있었다. 아직도 해결되지 않은 과거의 문제들이 문득 문득 치켜들고 일어나서는 그의 가족들과 생업을 위협하였다. 상담을 받는 동안에도 과거에 자기에게 있었던 일과 어린 나이에 잘못 결정했던 그 어리석음을 몇 번이고 되풀이 하고 있었다. 자기의 과거를 애도하고 있었다고 말하는 것이 가장 적절한 표현이 될 것이다.

나는 존에게 이런 말을 해주었다.
"존, 당신은 과거에 있었던 일을 정말로 유감스럽게 생각하고 있는 것 같군요. 그리고 또 한 가지, 과거 때문에 당신의 인생이 이렇게 되었다고 생각하고 계시는 것으로 들리기도 하구요. 만일 그렇다면, 현재의 삶을 달라지게 만듦으로써 과거에 있었던 일에서 멀어지게 하는 데 당신의 시간과 에너지를 집중하는 것이 최선의 방책이 아닐까요? 과거는 바꿀 수가 없겠지만 현재나 미래는 얼마든지 달라지게 할 수 있거든요."

존, 당신은 그리스도인이니까 혼자서 당신 인생을 꾸려 갈려고 버둥댈 필요가 전혀 없어요. 하나님께서 그 잃어버린 시간들을 회복시켜 놓으시도록 하는 것이 좋지 않을까요? 하나님은 그렇게 하실 수가 있고 또 당신이 현재의 인생에서 그렇게 할 수 있도록 도우실 것입니다. 과거를 자기에게 맡기라고 하나님은 당신에게 요구하고 계십니다. 그리고 지금 당신 모습 그대로를 하나님은 기뻐 받으십니다. 그리스도 때문이지요. 당신을 위하여 무엇인가 놀라운 것을 하나님이 감추어 놓고 계십니다. 하나님께 당신의 과거를 맡기시지 않겠습니까?"

당신은 어떠한가? 오늘 당신의 삶에 하나님이 역사하시도록 함으로써 당신도 과거의 상처로부터 빠져나올 수가 있다.

과거 문제를 다룰 때 사용되는 잘못된 방법은 "되비난"(recrimination)이라는 것이다. 과거 괴로운 시절에 우리에게 잘못했던 사람에 대해 우리는 그 사람이 그 대가를 치뤘으면 하는 바램을 가진다. 이에 따른 비난과 되비난은 우리의 분노가 쌓이게 만들고, 그 쌓인 분노는 용서를 하지 못하게 만들며, 결국 우리는 쓰린 기억만 남은 채 끝나버리고 마는 것이다.

과거에 대한 또다른 반응은 "부인"(renunciation)이다. 우리는 변화되기로 약속하고서 실지로는 다르게 처신하는 것이다. 과거의 행동이나 태도를 단순히 부인할 뿐으로, 막상 그 문제와 부딪쳐 싸워서 해결하려고는 하지 않는 것이다. 로이드 오길비 박사는 이것을 다음과 같이 잘 묘사하고 있다.

"우리는 있었던 일에 대해 문을 닫으려고 애를 쓴다. 그러나 막상 우리가 하는 일이란 기억이라는 괴물을 억압하는 것뿐이다. 그 괴물은 끊임없이 문을 두드린다. 그리고 새로운 상황에 복귀할 것에 대비하기 위한 리허설 분장을 갖추고 우리의 의식(意識)의 무대에 서려고 애를 쓴다. 과거의 가슴아픈 기억들을 부인한다고 하니 참으로 가상한 일이다. 그러나 한 가지 지적할 점은 그래 보았자 아무 효력이 없다는 것이다"(『불가능을 가능하게 하는 하나님』, 129, 130쪽).

후회나 비난이나 체념 등 불필요한 짐들을 끌고 다니는 대신에, 과거를 기뻐해 보려고 애쓴 적은 없는가? 좀 이상하게 들릴지 모르겠으나 기뻐하는 것은 결국 해방감을 가져다 준다. 과거를 기뻐한다고 해서 괴로웠던 그 사건들을 없었던 것으로 치거나, 그 일로 인하여 당신이 받은 고통을 없었던 일로 부인하라는 말은 아니다. 오히려 "왜?"라고 더 이상 묻지 말고 "어떻게?"라고 물어야 할 자리에 당신이 와 있다는 뜻이다. 과거에 있었던 일을 통해서 내가 "어떻게" 배울 것이며 그것을 통해서 내가 "어떻게" 다른 사람이 될 것인가?

현재에 살며 미래를 바라보라

나는 어떤 사람들은 "어제에 사는 사람들"이라고 부르고, 어떤 사람들은 "오늘에 사는 사람들"이라고 부르며, 또 어떤 사람들은 "내일에 사는 사람들"이라고 부른다. 당신은 어느 편인가? 어제에 사는 사람들이란, 과거의 사건들이 오늘의 삶의 변수들을 통제하도록 방치하는 사람들이다. 이 사람들은 과거에 너무나 집착한 나머지 오늘의 축복은 보지 못하는 것이다.

만일 과거가 당신의 현재를 침입해 오고 있다면, 당신은 이미 그것을 알고 있다. 다른 사람이 당신에게 말해 주어야 아는 것이 아니다.

"이것을 어떻게 해야 하나?"

당신은 알고 싶을 것이다. 이 질문에 대한 대답을 몇 가지 살펴보기로 하자.

내가 제일 좋아하는 구약의 인물은 여호수아이다. 여호수아서는 그 서두가 아주 흥미롭다. 하나님이 여호수아에게 하시는 말씀이다.

"내 종 모세는 죽었다"(1:2).

물론 여호수아도 그 사실을 알고 있었다. 그렇기는 하지만 아마도 여호수아는 자기 선임자의 그림자에 가리운 채 살고 있다는 사실이 늘 마음에 걸렸던 모양이다. 그래서 하나님은 여호수아에게 거기서 한걸음 앞으로 나아가도록 박차를 가하기 위하여 모세가 죽었다는 사실을 상기시키셨다. 어제에 속해 살지 말고 오늘에 살고 미래에 사는 사람이 되기 위하여는 우리 또한 이와 비슷한 격려가 때로는 필요하다. 잭 헤이포드는 그것을 이런 식으로 말하고 있다.

우리 부모님들이나, 선생님, 또는 친구들과 같은 평범한 사람들이라 할지라도 선임자는 우리 미래에 그림자를 드리울 수가 있다. 이 사람들은 우리 인생에 한계선을 그을 수가 있으며, 우리 자신과 우리 잠재력에 대한 우리 시야를 제한할 수가 있다. 아니면 그들 자체가 그들 자신이 만든 한계였는지도 모른다. 그런데 이런 것들이 정확하게 반사된 이미지로 우리 속에 남아 있는 것을 발견하게 된다. 그러나 두 경우 다 우리 선임자들은 흔히 우리의 모양을 빚어 놓기 마련이다. 어떤 날인을 남겨 놓기 마련인데, 그것이 우리가 현재 겪고 있는 고통의 근원이 되기도 한다.

그렇다면 우리는 이것을 어떻게 처리할 것인가?
첫째로, 하나님은 우리를 미래로 해방시키기를 원하시지만, 우리가 어제를 비난하는 것은 허락하지 않으려 하실 것이다. "모세는 죽었다"고 말씀하실 때 모세에 대해 나쁜 말씀은 한 마디도 하지 않으셨음을 주목하라. 우리 미래를 제한하는 것처럼 보이는 그 어떤 것이나 사람에게 비난을 퍼붓는 것 또한 하나님은 허락하지 않으실 것이다[『내일을 붙들라』(*Taking Hold of Tomorrow*), 33쪽].

과거는 지나갔다. 과거가 남긴 그 결과는 통제할 수가 있다. 이제는 오늘의 사람 그리고 내일의 사람이 되어야 할 때가 왔다. 여호수아에게 하시는 하나님의 말씀은 계속되었다. "이제 너는 이 모든 백성으로 더불어 일어나 이 요단을 건너 내가 그들 곧 이스라엘 자손에게 주는 땅으로 가라"(2절). 그리고 세 번씩이나 "마음을 강하게 하라 담대히 하라"고 여호수아에게 말씀하고 계시는데 그 말씀은 오늘날 우리 각자에게도 하시는 말씀이다.
"마음을 강하게 하라 담대히 하라."

첫번째로 이 말씀을 하셨을 때는, 하나님께서 이스라엘 백성에게 약속하신 그 땅을 그들에게 주실 것이라고 여호수아에게 말씀하셨다(6절). 우리가 성장과 축복을 모색해 나가는 데 아마 이 말씀이 큰 도움이 될 것이다. 하나님은 약속을 지키시는 하나님이라는 사실을 명심하라. 우리는 하나님을 믿을 수가 있다. 하나님은 결국 해내고 마신다. 하나님의 말씀의 약속을 바라볼 때에, 그것들은 하나님이 우리에게 주신 "약속"이라는 사실을 꼭 기억하라. 하나님의 약속은 믿어도 좋다.

두번째로 "마음을 강하게 하고 극히 담대히 하라"고 말씀하셨을 때는, 여호수아에게 하나님을 떠나지 말라고 말씀하고 계신다. 곁눈질을 하지 말라.
"나의 종 모세가 네게 명한 율법을 다 지켜 행하고 좌로나 우로나 치우치지 말라 그리하면 어디로 가든지 형통하리라"(7절).
하나님은 신실하시다. 그리고 우리도 신실하기를 원하신다. 하나님을 의지하고 포기하거나 중단하는 일이 없어야 한다.

여기서 가장 중요한 것은 아마 순종이 아닌가 한다. 자아가 강한 현대인들에게는 순종이 어려운 말이다. 우리는 우리답게 살기를 원한다. 우리는 독립적인 존재가 되기를 원한다. 그러나 결국은 인간이나 상황이라는 잘못된 류에 의존하고 마는 것이다. 하나님을 의존하는 것일 때는 의존하는 것도 좋은 것이다.

그 다음 구절은 여호수아에게 하시는 명령이다. 그리고 이 구절은 당신이 잘 살펴서 읽기를 바라는 구절이기도 하다.
"이 율법책을 네 입에서 떠나지 말게 하며 주야로 그것을 묵상하여 그 가운데 기록한 대로 다 지켜 행하라 그리하면 네 길이 평탄하게 될 것이라 네가 형통하리라"(8절).
바로 이 말씀이다. 당신의 인생을 하나님의 말씀 기초 위에 놓고 그 차이가 어떻게 다른가를 찾아보라. 흡사 코카콜라와 펩시콜라를 비교해 보라는 광고 문구같이 들리겠지만, 자신의 방법으로 하는 것과 하나님의 방법으로 하는 것의 차이를 맛을 보고 비교해 보라. 굉장한 차이가 날 것이다.

현대를 사는 사람들은 너, 나 할 것 없이 성공하기를 바란다. 하나님도 우리가 성공하기를 바라고 계신다. 그러나 문제는 우리가 따라야 할 하나님의 판단 기준에 있다. 우리는 하나님의 말씀을 우리 삶 속에 내재화시켜야 한다. 그래서 그 말씀이 우리 믿음과 태도와 행동을 품위있게 다듬어야 한다. 다시 한번 잭 헤이포드의 말을 들어보도록 하자.
"우리 일상 생활에 하나님의 말씀은 많은 지침을 준다. 그리고 하나님은 타당한 이유를 가지고 교훈이나 원리들을 주셨다. 천국 가는 티켓을 얻을 수 있는 비결로서 우리에게 생활의 준칙들을 주신 것이 아니라, 우리 삶이 제대로 돌아가도록 만들어 주는 생활의 준칙들을 하나님은 우리에게 주셔서 (현세에서) 지옥같은 생활로 빠지는 운명을 피하게 하셨다!"(『내일을 붙들라』, 33쪽)

세번째로 여호수아에게 "마음을 강하게 하고 담대히 하라"고 하나님이 말씀하셨을 때, 또한 "두려워 말며 놀라지 말라

네가 어디로 가든지 네 하나님 나 여호와가 너와 함께 하느니라"(9절)고 말씀하셨다. 우리가 어떻게 해야 강하게 되는가? 하나님의 약속을 붙잡을 때, 하나님이 원하시는 생활 방식을 붙잡을 때, 그리고 하나님 그분을 붙잡을 때, 우리는 강하게 되는 것이다.

과거 때문에 파산한 사람

나는 어떤 대기업에 대한 아주 흥미로운 이야기를 들었다. 사장이 지역 지점장들을 다 한 자리에 불러 모아서 말하기를, 자기는 당분간 해외 출장을 다녀와야 하겠으니 어떤 중요한 사업에 그들의 특별한 협조가 필요하다고 하였다. 그 사장이 가고 없는 사이에 회사는 수입을 늘려야 했다. 그 일을 지점장들이 감당해야 했다. 각 지점장들에게는 일정한 액수의 돈을 관리할 책임이 부과되었다. 그리고 회사의 수입을 더 증가시키기 위해서 그 돈을 현명하게 투자하는 일은 각 개인에게 달려 있었다. 주식을 사도 되고, 부동산을 매입해도 되며, 단기 채권을 사도 되고, 하여튼 할 수 있는 것은 무엇이든지 할 수 있었다. 그러나 단 한 가지, 그 사람들에게 분배된 그 돈은 반드시 돈을 벌기 위해서만 사용될 수 있었다.

몇 달이 지난 후, 사장이 돌아왔다. 그리고는 다시 한 번 지점장들이 모두 참여하는 회의를 소집하였다. 각 지점장에게 보고를 하라고 하였다. 단 한 사람만 제외하고 나머지 사람들은 모두 자기에게 배당되었던 돈의 갑절을 가지고 있었다. 그러나 마지막 한 사람은 돈을 한 푼도 더 벌지 못하였다. 사장은 기가 막혔다. 도무지 믿을 수가 없었다. 이 못된 지점장이 그 돈을 은행에 집어 넣기만 했었더라도 이자라도 늘릴 수 있었을 것이다.
"내가 준 돈으로 어째서 아무것도 하지 않았지?"
사장이 물었다.
그 사람은 이렇게 대답했다.
『난 겁이 났어요. 위험 부담을 안고 무엇을 해보려 한다는 것이 너무나 겁이 났어요.』

 물론 이것은 옛날 이야기를 현대식으로 고쳐본 것에 불과하다. 이 이야기는 마태복음 25장 14~30절에서 예수께서 하신 말씀이다. 돈을 그냥 깔고 앉아 있었던 그 종은 그 돈마저 빼앗겨 버릴 것이라고 예수께서 말씀하셨다. 그 사람은 결국 자기가 가지고 있던 돈 전부를 잃어버리고 만 것이다.

 우리가 살아가는 이 세상에도 이와 같은 사람들이 얼마든지 있다. 그들에게는 남에게 줄 만한 것들이 있고 능력과 재능도 있다. 그들에게는 자원이 있고 미개발 잠재력도 있으며, 아직 두드려 보지도 않은 가능성들을 가지고 있는 것이다. 그러나 과거에 살고 있기 때문에, 이런 것을 이용해서 지금껏 해놓은 것은 아무것도 없다. 어제의 사람들은 과거 속에 빠져 허우적대고 있기 때문에 현재와 미래의 축복을 상실하고 있다. 삶의 축복이 상실되었을 뿐만 아니라, 시간이 점점 지나감에 따라 잠재력 또한 감소하다가 결국은 사라져 버리고 만다.

 우리가 얼마나 많이 가졌든, 얼마나 적게 가졌든 간에, 우리가 그것을 가지고 무슨 일인가를 하면서 삶이 앞으로 전진하기를 하나님은 요구하신다. 만일 우리가 그렇게 하지 아니하면, 우리는 자기가 만든 감옥 속에 살게 된다. 갇혀 사는 것은 우리가 창조된 목적이 아니다. 예수께서는 갇힌 자들을 자유롭게 풀어 주시려 오셨다. 그분은 문을 활짝 열어놓고 이렇게 말씀하신다.
"선택은 너희에게 달려 있다. 내게로 와서 자유를 누리라. 자유인으로 삶을 시작하고 축복을 받으라."

"어떻게 하면 과거에서 해방되어 오늘과 내일의 축복을 누리면서 살아갈 수가 있습니까?" 하고 당신은 물을 것이다. 여기에 대해서는 다음 과에서 좀더 자세한 설명을 하게 될 것이다.

사랑하는 하나님,
　미래의 축복 속에 살기보다는 너무나 오랫동안 과거 속에서 살아 왔습니다. 나의 인생에 이제는 불필요한 짐 꾸러미가 무엇이 있는지 깨닫게 도와주시옵소서.
　유감스러웠던 나의 과거 일을 영원히 추방시켜 주시니 감사합니다.
　내가 앞으로 진일보해야 할 부분이 어느 것인지 가르쳐 주시고, 여호수아에게 주시고 또한 나에게도 약속하신 그 강한 마음과 담대한 용기를 내 안에 심어 주시옵소서.
　하나님, 하나님을 위하여 오늘과 내일에 사는 사람이 되고 싶습니다. 하나님께서 나를 위해 예비해 두신 것을 얻기 위하여 내일을 바라보는 사람이 되겠습니다. 복을 주시기로 나를 선택하셨으니 참으로 감사합니다.
　예수님의 이름으로 기도합니다. 아멘.

6
진정한 자유 누리기

투명 유리 병을 가져다가 뚜껑에 공기 구멍을 만든 후 파리 몇 마리를 그 안에다 집어 넣으면, 그 감옥 속에서 벗어날 길을 찾느라고 파리들은 이리저리 필사적으로 날아다닌다. 얼마 동안 뚜껑을 닫은 채로 놓아 두면, 희한한 일이 벌어진다. 뚜껑을 열어도 파리들이 병 속에 그대로 있다. 이제는 도망치려고 하지조차 않는다. 입구가 활짝 열려 있으니 날아 올라서 나가기만 하면 되는 것이다. 그러나 파리는 그럴려고 하지 않는다. 파리는 전과 똑같은 모양으로 병 속에서 원을 그리고 있다. 병 입구까지 왔을 때는 다시 밑으로 내려가곤 한다. 자유가 불과 몇 센티미터 앞까지 다가왔음에도 불구하고, 좌절과 감금의 패턴을 파리는 계속 행동으로 나타내고 있는 것이다.

사람이라고 다를 바는 없다. 우리 역시 고통스런 과거의 수렁에서 계속 날아 돌아다닌다. 그래서 뚜껑이 열리고 자유롭게 될 수 있는 가능성이 우리 코앞에 있는데도 우리는 그 자리에 머물러 있는 때가 많다.

과거에서 벗어나 오늘과 내일의 축복을 누릴 수 있는 길은 없는 것일까? 이것을 한번 생각해 보기로 하자.

문제가 무엇인가 찾아내라

과거에서 벗어나는 첫 단계는, 아직도 존재하고 있는 과거의 찌꺼를 알고 있어야 한다는 것이다. 아직도 당신을 괴롭히고 있는 것들, 아직도 당신에게 영향을 끼치고 있는 것들, 또는 아직도 당신을 방해하고 있는 것들이 무엇인지 찾아내라. 그것은 사람일 수도 있고, 사건일 수도 있고, 경험일 수도 있으며, 아니면 잘못된 믿음일 수도 있다. 이러한 문제들을 되돌아볼 수 있는 시간을 갖도록 하라.

이제 정말로 변화되기를 바라는 문제를 하나 선택해서 아래에 명확하게 적어 보라. 그것은 과거로부터 이제까지 사라지지 않고 붙어다니는 쓰라린 경험이라든지, 상처, 거절, 두려움 따위의 상처 받은 심정일 수도 있다. 그것은 당신과 한 친척이 직접 또는 전화로 싸운 일일 수도 있다. 어떤 사람이나 또는 교회와 같은 그런 조직체와 과거에 있었던 관계나 아니면 현재 진행 중인 관계에서 비롯된, '나는 왜 항상 이 모양일까' 하는 자기 자신에 대해 느끼는 부정적인 감정일 수도 있다. 그것은 자기 자신에 대한 부정적인 생각일 수도 있다. 이 문제를 처리한 후에는, 다른 문제들도 같은 방법으로 다루어 나가라. 문제 하나 하나를 따로 떼어내서 그것이 무엇인지를 밝혀낸 후 하나씩 하나씩 해결해 나가라.

왜 이 문제를 해결하기를 원하는지 그리고 이 문제가 당신의 생활에 주는 영향을 왜 변화시키려고 하는지를 확실히 하는 것이 또한 중요하다. 아래 공란에다 이러한 이유를 잘 생각해서 적어 넣으라. "나는 달라지고 싶다. 그 이유는 … "라고 써 있는 문장을 채워 넣으면 될 것이다.

나의 문제: _____
나는 달라지고 싶다. 그 이유는 …

나의 문제: _____
나는 달라지고 싶다. 그 이유는 …

나의 문제: _____
나는 달라지고 싶다. 그 이유는 …

과거에 있었던 사건의 강도(强度)가 너무나 충격적이거나 생각하기조차 괴로운 나머지 그 때 그 일에 대한 기억을 억압하거나 부인하고 있는 사람들도 있을 것이다. 이런 일은 때때로 일어나는데 그 이유는 그 때 그 일의 심각성을 인정하고 싶지 않기 때문이다. 그러나 고통스런 경험을 억압하거나 기억 밖으로 쫓아내 버리려고 하다 보면, 결국 좋았던 경험들도 억압당하거나 기억에서 사라져 버리는 경우가 종종 있다. 당신이 처리해야 할 필요가 있는 문제나, 사건, 기억 또는 사람들을 생각나게 해 주시도록 성령님의 도움을 청하라.

숨어 있는 당신의 잘못된 고정관념들을 노출시키라

과거에 매인 줄을 끊어 버리는 두번째 단계는 숨어 있는 잘못된 고정관념들을 찾아내어 노출시키는 것이다. 자라오면서 자기 자신이 나쁜 점들을 가지고 있다고 믿도록 원인 제공을 한 과거의 잘못된 생각들은 어떤 것이 있는가? 오늘날까지 당신이 믿고 있는 것 가운데는 전혀 균형이 맞지 않는 것들이 있다. 이성적(理性的)으로 생각해 볼 때 사리가 맞지 않는 것이다. 그것은 누구에게나 일어날 수 있는 것이다. 예를 들어, 남자는 여자를 학대를 한다는 잘못된 고정관념을 가지고 있는 여자들은 데이트도 못하고 남자와 사귀지도 못하게 된다. 여자란 모두 자기 기분대로만 처신한다고 생각하는 남자들도 있다. 자기 어머니나 여자 형제들한테서 이런 인상을 받았기 때문이다. 자기 인생을 한걸음 앞으로 진전시키기 전에 이러한 잘못된 생각들을 끄집어 내어서 고쳐야 한다.

이렇게 밖으로 드러나지 않는 고정관념은, 당신에게 매여 있는 눈에 보이지 않는 고삐와 같은 것으로, 과거의 상처 받은 일들이 이 고삐를 꽉 붙잡고 놓지 않는 것이다. 다른 사람들이 당신을 자기 뜻대로 하려고 직접적이건 혹은 간접적이건 그 고삐들을 잡아당겼기 때문에 거기에 대한 반응으로 이런 결정, 저런 결정을 내렸던 적이 당신의 인생에는 아마도 많았을 것이다. 부모, 형제, 친척, 친구, 선생님과 목사님들과의 관계 속에 이런 일들이 일어나고 있음을 상담을 통하여 나는 보아왔다. 지금도 당신은 과거에 배운 경험 때문에 사람들이나 활동 쪽을 향하여 나아가고 있든지 아니면 그것들로부터 멀어지고 있든지 둘 중 하나이다.

당신의 잘못된 고정관념이 무엇인지 알아내기 위해서, 각각의 과거의 문제에 대해 다음 질문에 답하라.

1. 점점 나이를 먹어감에 따라, 그 문제를 해결하기 위해 어떤 일을 하였는가?
2. 똑같은 상황이 벌어지지 않게 하기 위해서는 어떤 일을 삼가야 한다고 생각하는가?
3. 이제는 괜찮다고 마음이 놓이려면 당신이 어떤 상태가 되어야 한다고 생각하는가? 또 어떻게 해야 한다고 생각하는가?
4. 과거에 당신과 관계된 사람들이나 상황에 대해 어떤 종류의 두려움이나 걱정거리가 생겼는가?

자신이 잘못된 고정관념에 바탕을 두고 결정을 내리곤 하였음을 발견한 사람들이 많이 있다. 이 잘못된 생각 때문에 이 사람들은 다른 사람과의 관계에서 남에게 들러붙거나, 소유하려 하거나, 또는 지나치게 조심하게 되는 것이다. 그러는 이유는, 어떻게 해서든지 만약 위험 부담을 피하기 위해서, 또는 그 사람의 의도를 미리 짐작했기 때문에, 혹은 자기 자신의 판단을 신뢰하지 않기 때문에 그렇게 하는 것이다. 당신은 중요한 이 질문에 대답을 해야 한다.

"내 현재 삶에 영향을 끼친 것으로, 몇 년 전에 내가 한 결정 중에 나 자신을 제한시키는 결정은 무엇이었나?"

과거에 일어났던 일이 너무나 파괴적이고 고통스러운 것이어서 나머지 평생 내내 그 일로 인하여 장애를 받을 것이라고 잘못 생각하고 있을 수도 있다. 몇 년 동안이나 감정의 상처를 받았을 수도 있고, 신체적인 학대나 성적(性的)인 학대를 받았을 수도 있다. 그래서 미래도 과거만큼이나 암울할 것이라고 느끼고 있을는지 모른다. 하지만 그런 생각은 그릇된 것이다. 희망은 있다. 회복은 가능하다. 마음의 변화, 태도의 변화, 생각의 변화는 일어날 수 있다. 과거와 더불어 씨름하는 것만이 당신이 선택할 수 있는 유일한 길이 아니다.

과거의 상처가 깊고 심각한 경우, 문제를 해결해 나가는 데 오랜 세월이 걸릴 수 있다. 그러나 상처가 그리 깊지 않은 경우에 치유는 아주 단시간 내에 일어날 수 있다.

당신의 과거를 붙잡은 손을 놓으라

과거에 매인 줄을 끊어버릴 수 있는 세번째 단계는, 당신 자신뿐만 아니라 당신에게 상처를 주었던 그 어떤 주변 사람이라도 갈고리에서 풀어주는 일이다. 이 단계를 행할 수 있기 위해서는 과거의 상처를 등 뒤에 남겨 두는 일이 가능하다는 것을 믿어야 한다. "뭐, 밑져야 본전인 셈으로 한번 해보도록 하지요"라든지 "…하면 할께요" 식의 시큰둥한 말은 삼가야 한다. 달라지기로 마음을 단단히 먹고 전심으로 매달려야 한다. 그리고 자신있게 앞으로 전진해야 한다. 예수 그리스도께서 당신 삶을 주관하셔서 당신에게 방향을 지시하시고 또 당신에게 필요한 힘도 주시도록 맡겨버리라.

이 단계를 시도해보아야지 하고 생각할 때 여러 가지 반대 의견들이 머리 속에 잔뜩 떠오를 것이다. 대개 그런 생각들은 당신의 상황을 변화시킬 수 없다는 무력감에서 생기는 것이다. 당신은 아마 이런 불만을 털어놓고 있을 것이다.

- 이런 감정이 얼마나 오래 동안 쌓여 온 것인데, 하루 아침에 이걸 어떻게 바꾼담.
- 나는 언제나 이런 식일 텐데, 뭐.
- 난 내가 할 수 있는 것은 다 해보았어. 하지만 아무 소용없었잖아.
- 오랫동안 어떻게 해보려고 나 나름대로 노력했어. 하지만 난 이제 지쳤어.
- 그건 노력해보고 말고 할 것도 없는 거야.

이 책에서 제시한 방법들을 6개월 동안 꾸준히 실천해 보면 이러한 생각들을 능히 이겨낼 수 있다. 그리고 나면 당신의 속마음이 진실인지 아닌지를 가려낼 수 있다. 몇 가지 새로운 방법들을 다른 사람들과의 관계에 적용해 볼 수 있는 시험 기간을 자기 자신에게 주어보라. 그리고 이것을 꼭 잊지 말고 기억해 두라. 상대방이 변하든지 변하지 않든지 상관없이, 당신은 자신의 태도와 신조와 반응과 감정을 변화시킬 수 있다.

만일 당신을 장악하고 있는 과거의 힘에 자신이 압도되고 있다고 느껴지기 때문에 앞으로 나아가기가 주저되면, 이 말을 잘 생각해보라. 과거를 제대로 처리하지 못하게 되면, 과거에 있었던 그 일에 당신은 더 많은 권력을 쥐어주고 있는 것이다. "그건 말도 안 되는 소리요" 할지 모르겠다. 하지만 이미 얼마나 오랜 시간을 과거가 당신을 휘둘러 왔는가? 자기 자신이 과거의 통치를 받게 하는 데 성인으로서의 생활의 몇 년 간을 써버렸다면, 그것은 벌써 그런 일이 생기게끔 당신이 상당한 권력을 공급해 준 셈이다.

과거를 끊고 자유로워지려면 반드시 회복의 과정이 있어야 한다. 회복이란 무엇인가? 회복이란 자기 자신의 과거를 되돌아보고, 부정적인 과거가 지금 현재의 생활을 좌지우지하지 못하게 하면서 동시에 그 과거가 부정적인 자아상과 긍정적인 자아상을 형성하는 데 얼마나 공헌했는가를 생각해 보는 것이다. 회복이란 자신에게서 과거의 오염을 제거함으로써 현재 생활의 의미를 발견해 내는 것이다. 그것은 자기 환경이 자기를 주장하게 내버려 두지 않고 오히려 자기 환경을 주장하는 것을 의미한다.

과거의 갈고리에서 벗어나라

과거에 대해 자책과 죄책감으로 시달리고 있다면 한 가지 기억해야 할 것이 있다. 자신을 자책하는 것은 마치 총알이 장전되어 있는 총을 가지고 노는 것과 같다. 당신은 결국 다치고 말 것이다. 자신이 통제도 할 수 없는 일을 가지고 자신을 책망하고 비난하면, 우연찮게 당신에게 걸리적거리고 있던 사람에게 그 감정을 다 폭발시키게 될 우려도 있다.

자신이 느끼고 있는 죄의식이나 자책감의 대부분은 당신의 어린 시절, 그 때 벌어진 일에 어떻게 대응했느냐와 연관이 있을 수 있다. 어린아이였을 때 당신에게 일어났던 일에 대한 책임이 당신에게는 없었다는 사실을 명심하라. 적절히 제대로 잘 대처할 수 있는 대응 방책이나 방어기제가 당신에게는 없었던 것 뿐이다. 요즈음 아이들이 위기 상황에 어떻게 대처하는가를 보면 이것을 잘 알 수 있을 것이다. 무서운 일이 닥쳤을 때, 여섯 살짜리 아이가 세 살짜리 아이처럼 행동을 한다. 그것이 무서움에 대처하는 그 아이가 알고 있는 유일한 방법이기 때문이다. 세 살짜리 아이처럼 굴었다고 해서 그것이 그 아이의 잘못은 아니다. 그 아이는 단지 적절한 반응을 다양하게 구사할 수 있는 충분한 인생 경험을 축적하지 못했을 뿐이다. 어렸을 적에 문제를 적절히 처리하지 못한 것 때문에 꿰인 갈고리에서 빠져 나오라.

성인(成人)이 되어 다른 사람들과의 관계에서 당신이 책임을 져야 할 행동에 대해서도 역시 용서를 체험할 필요가 있다. 하나님의 말씀에서 아주 중요한 의미가 있는 한 구절을 여기 소개해 본다.
"저가 빛 가운데 계신 것 같이 우리도 빛 가운데 행하면 우리가 서로 사귐이 있고 그 아들 예수의 피가 우리를 모든 죄에서 깨끗하게 하실 것이요 … 만일 우리가 우리 죄를 자백하면 저는 미쁘시고 의로우사 우리 죄를 사하시며 모든 불의에서 우리를 깨끗케 하실 것이요"(요일 1:7,9).

만일 하나님이 당신의 죄를 이미 용서하셨다면, 누가 감히 당신을 비난할 수 있겠는가? 당신의 실패에 대해서 하나님의 관점을 받아들이라. 그리고 하나님의 용서를 받아들이라.

당신이 용서를 받아야 할 점들이 어떤 것들이 있는지 찾아내는 데 도움이 되기 위해서 잠깐 다음 질문에 답을 하기 바란다.

1. 어릴 때 있었던 일 중에서 잘못했다고 생각이 드는 일 몇 가지를 써 보라.

2. 각각의 행동에 대해서 왜 그렇게 했다고 생각하는지 그 이유를 적어도 두 가지 이상 써 보라.

3. 이 각각의 행동에 대해서 개인적으로 책임을 져야 한다고 생각하는가? 왜 그렇다고 생각하는가? 아니면 왜 그렇지 않다고 생각하는가?

4. 다음 문장을 완성시키라.
   나는 _____ 에 대해서 용서를 받아야 한다고 생각한다.

5. 다음 문장을 완성시키라.
   내가 어렸을 적에 한 다음 일에 대해서 나는 예수 그리스도의 용서를 받아들인다:

6. 어렸을 때의 좋지 않은 경험의 직접적인 결과로서 어른이 되어 실수한 것은 어떤 것이 있는가?

7. 각각의 행동에 대해서 왜 그런 행동을 했다고 생각하는지 그 이유를 적어도 두 가지 이상 적어보라.

8. 이 행동들 중에서 어느 것에 개인적으로 책임을 느끼는가?

9. 다음 문장을 완성시키라.
   나는 _____ 에 대해서 용서를 받아야 한다고 생각한다.

10. 다음 문장을 완성시키라.
    어른이 되어 내가 한 다음 소행들에 대해 나는 예수 그리스도의 용서를 받아들인다:

이것이 당신의 인생이다

각기 다른 많은 이유를 들어 사람들은 자신이 복된 사람이 아니라고 느낀다. 어떤 사람들은 과거의 상처를 극복하려 애를 쓰고 있다. 또 어떤 사람들은 과거에 잘못 배운 좋지 않은 것들 때문에 씨름하고 있다. 또다른 사람들은 과거에 중요한 것을 상실하였기 때문에 그것을 견뎌내려 애를 쓴다. 이런 경우, 종이에다 차트를 그려 놓고 연도수(年度數)를 표시해 놓은 다음 거기에다 자기 인생에서 있었던 일과 상실해 버린 것들을 써 봄으로써, 자기 인생에서 있었던 모든 것들을 한눈에 볼 수 있도록 만들어 보는 것은 여러 가지로 유익하다. 바람직하지 않았던 일이나 괴로웠던 경험들뿐만 아니라 좋았던 일과 바람직했던 일들도 모두 기록해 보도록 나는 권하고 싶다. 우리는 흔히 부정적인 추억만 기억에 간직하고 그것에만 착념하려는 경향이 있다.

자기 인생의 시간대를 작성해 보는 것이 유익하다는 것을 알게 될 것이다. 122페이지에 내가 당신을 위해서 구분해 놓은 공란을 사용하여도 좋을 것이다. 줄 윗 쪽에는, 아직도 자신의 현재 인생에 영향을 주고 있다고 생각되는 좋지 않은 사건들이 있었으면 그것들을 기록하기 바란다. 여기에는 과거에 상처를 받았던 일, 화가 났던 일, 실망스러웠던 일, 아니면 정신적인 상처 등이 해당된다.

21세에서 28세 사이에 무려 파혼을 세 번이나 한 남자가 있었다. 그 사람은 35세가 된 독신이었는데 이제는 누구에게 자기와 결혼해 주겠느냐고 청혼을 못 하고 있었다. 그런데 긍정적인 인생 경험을 쓰는 칸인 차트의 아랫 부분을 써갈 때, 이 남자는 자기가 여자들과 건전한 관계도 몇 차례 가졌음을 발견하였다. 그 중 어떤 여자들은 이 남자에게 청혼을 하기도 하였다! 이렇게 자기 경험들을 모두 적어 봄으로써 이 남자는 모든 것을 균형있게 보는 안목을 얻었다.

한 사람은 12년 동안 자기가 우울증으로 고생했던 그 씨앗이 바로 십대 시절에 부모님으로부터 두 번 거부당했던 경험에 있었음을 더듬어 올라가 밝혀냈다. 한 번은 자기가 리틀 리그 야구 게임을 그만두었을 때였고, 다른 한 번은 고등학교 다닐 때 부모님들이 자기의 학교 활동에 거의 관심을 보이지 않았을 때였다. 그러나 긍정적인 칸에서, 자기 부모님들의 의도는 자기를 거부하려는 것이 아니었음을 또한 발견하였다. 아이에게서 단지 몇 발자욱 떨어져 있음으로써 아이에게 가능한 한 많은 독립심을 주어 보자는 것이 부모님들의 의도였던 것이다. 그런데 이 아이는 부모님들의 불간섭을 무관심으로 보았던 것이다. 서로 간의 의사소통이 충분치 못할 때 이러한 오해가 생길 수 있다.

이 차트를 기입해 갈 때, 그 일이 있었던 연도를 꼭 써 넣도록 하라. 가로선과 교차하는 세로선을 그어 각 사건들을 집어 넣도록 하라.

자신의 인생 과정(출생에서 현재까지)을 보고 다음 문제들에 대답하라.

1. 차트에 각 사건을 한 두 문장으로 기술하라. 여기에는 그 일이 일어났을 때 자신이 경험한 그 때의 감정과 그리고 지금의 당신의 기분을 포함시키라. 그 사건이 어떤 식으로 지금 현재의 삶에 여전히 영향을 끼치고 있는지 밝히라.

2. 이 과의 앞부분에서 제시한 과거를 방출해 버리기 위한 단계들을 이용해서, 어떻게 하면 자신을 장악하고 있는 과거사로부터 자유롭게 떨어져 나올 수 있을지 써 보라.

3. 각 사건에 대한 자신의 감정을 어떤 식으로 떨어버릴 것인지 써 보라.

나의 인생 사건 차트

부정적이었던 사건들

출생   현재

긍정적이었던 사건들

사람은 누구나 다 머리 속에서 지워버리고 싶은 기억들을 가지고 있지 않나 생각된다. 어떤 사람은 다른 사람보다 그 양이 더 많을 뿐이다. 하나님의 은혜로 자신의 과거의 쓰라린 경험과 그 기억을 용서받아 본 적이 있는가? 내가 상담해 온 사람들 중에는 성령을 모셔들여 그 쓰라린 기억들로부터 상처와 고통을 몰아낸 사람들이 있다. 그래서 감정적인 기억거리가 단순히 아무 해가 되지 않는 역사적 추억거리들로 바뀔 수가 있었다. 감정적인 앙금들은 상처와 고통, 회한을 동반하고, 때로는 적개심을 가질 수가 있다. 그러나 역사적 추억은 단지 역사적 한 사건에 지나지 않는다. "예, 그런 일이 있었지요. 하지만 난 지금 별 고통없이 그것을 회고할 수 있지요. 그건 단지 내 역사의 한 사실에 지나지 않으므로 나는 굳건히 살아가고 있습니다. 그리고 나의 인생에 영향력도 있고 또 하나님의 축복도 누리는 데 도움이 될 만한 건강하고 긍정적인 기억거리들을 만들어 가고 있는 중이랍니다" 하고 말하게 되는 것이다.

일단 과거 문제를 처리하였으니까, 이제는 미래에 대한 긍정적인 비전을 갖는 쪽으로 초점을 옮겨야 한다. 다음 과에서 그 방법을 배우게 될 것이다.

사랑하는 하나님,

과거에 사로잡혀 있으나 내가 미처 깨닫지 못하고 있는 내 삶의 어떤 면이 있다면 거기에 나의 관심을 돌리게 하여 주시옵소서. 내가 처해 있는 이 상황이 아주 불편하게 느껴지게 해 주셔서 여기서 더 이상은 도저히 있고 싶지 않게 하여 주시옵소서.

실패와 실망의 굴레를 깨뜨려 버릴 수 있게 도와주시옵시고, 그러한 것들이 나 자신을 제한시키는 것 또한 박차고 일어날 수 있게 도와주시옵소서. 과거에 대해 한탄하지 않게 해 주옵시고, 하나님이 나의 인생에 역사하시는 방법들이라고 생각하게 하여 주시옵소서.

나의 생각과 행동이 하나님의 말씀에 근거하게 하여 주시옵소서. 나를 구속하는 나의 그릇된 생각과 과거에 갇힌 이 상태를 주님 앞에 내어 놓사오니 나의 삶에서 깨끗이 추방하여 주시옵소서.

예수님의 이름으로 기도합니다. 아멘.

제 3 부

목표를 세우라

7. 꿈을 향한 달리기
8. 모험 쌓기
9. 수렁 건너뛰기
10. 희망 만들기
11. '생존자'의 특징 닮기

7
꿈을 향한 달리기

■ 그 남자는 두 손을 앞으로 내밀며 한 푼 달라며 소리를 지르고 있었다. 그것만이 자기가 한 푼이 필요하다는 것을 남에게 알릴 수 있는 유일한 길이었다. 대부분의 사람들은 그 사람이 있는 쪽으로는 눈길조차 주지 않은 채 지나갔다. 전에도 이런 거지들을 본 적이 있었기 때문이었다. 이 사람이 외치는 소리를 제대로 잘 듣기는 하였다. 그러나 몇몇 사람들이 가던 길을 이쪽으로 돌이켜 먹을 것이나 동전 한 닢을 이 사람 손에 쥐어 준다 한들 그것으로는 충분치 못했다. 그래서 이 남자는 두 손을 앞으로 내민 채 계속 외쳐댔다.

이 남자는 더럽고 먼지 투성이었다.
이 남자는 넝마를 뒤집어 쓰고 있었다.
이 남자는 사회로부터 따돌림 받는 존재였다.

이 남자의 이름은 바디매오였으며, 이 남자는 소경이었다. 이 거지는 오직 두 귀와 두 손으로만 "볼" 수 있었다. "본다"는 그 경이로움을 이 남자는 전혀 모르고 있었다. 부드럽고 하얀 뭉게구름을 눈먼 소경에게 어떻게 설명해 줄 수 있겠는가? 황혼의 그 선명한 연보라빛 줄무늬를 시력을 잃은 사람에게 어떻게 설명해 줄 수가 있을까? 들판이나 수풀의 여러 가지 색조의 그 초록빛을 어떻게 말로 표현할 수가 있겠는가? 하지만 이 남자는 그것을 모두 보고 싶었다. 사람들도 보고 싶었고, 석양의 풍경도 보고 싶었고, 가지각색의 동물들도 보고 싶었다. 이 남자는 다른 것들이 살아가는 모습을 보고 싶었다.

어느 날 자기 주변의 공기가 흙과 먼지로 소용돌이 치고 있는 것이 느껴졌다. 많은 무리들이 자기 옆으로 지나가고 있었고, 바디매오는 그 사람들이 하는 소리를 들었다. 이것이 웬 소동이냐고 바디매오는 물어보았다. 병을 고쳐 주시는 분이 오고 계시다는 말을 들었다. 예수라는 사람이었다. 바디매오도 전에 예수에 대해서 들은 적이 있었다. 그 예수가 이사야가 예언한 그 사람이라는 소문도 들었다.
"너를 세워 백성의 언약과 이방의 빛이 되게 하리니 네가 소경의 눈을 밝히며 갇힌 자를 옥에서 이끌어 내며 흑암에 처한 자를 간(間)에서 나오게 하리라"(사 42:6,7).

머뭇거릴 것도 없이 예수님을 향하여 바디매오는 소리를 질렀다. 이 사람의 요구 사항은 간단명료하였으며 또한 이 사람은 끈덕졌다. 사람들이 이 사람에게 조용히 하라고 하였다.

그러나 이 사람은 소리 지르는 것을 도무지 그치려 하지 않았다. 바디매오는 소원으로 불타고 있었다. 이것이 자기 소원을 이룰 수 있는 절호의 기회였기 때문이다.

갑자기 누군가의 손이 자기를 땅에서 잡아 일으켜서는 예수를 향하여 걸어갈 수 있게 도와주고 있음을 바디매오는 느꼈다. 다시 한번 예수님은 질문을 하나 하셨다. 그 대답은 예수님 자신도 이미 알고 계신 것이었다. 그것이 보통 예수님이 하시는 식이었다. 바디매오가 원하는 것이 무엇인지는 삼척동자도 알았다. 그러나 그런 질문을 하는 데는 이유가 있었다. 그것은 다른 사람들이 알아야 할 교훈 때문이었다.

예수님은 어떤 태도로 그 질문을 하셨나?
한숨 섞인 소리로?
당당하게?
망설이면서?
그걸 누가 알겠는가? 중요한 것은 예수님이 그 사람에게 "너는 내가 너에게 무엇을 해주기를 원하느냐?" 하고 물으셨다는 것이다. 그리고 아주 간단하게도, 수십 년 동안을 이 소경 속에서 불타고 있었던 그 소원은 "보기를 원하나이다!"였던 것이다. 사실상 바디매오는 이렇게 말하고 있었던 것이다.

나는 지하감옥에서 빠져나왔으면 좋겠습니다. 어둠 속에서 나가고 싶습니다. 이 소경의 굴레에서 벗어나고 싶습니다. 나는 이 어두컴컴한 감옥에서 나가고 싶습니다. 나는 자유롭게 되고 싶습니다.

"나는 보고 싶습니다!"

나는 이제 길가장자리에서 벗어나고 싶습니다. 나도 이제 담벼락에 부딪치지 않고서도 이 여리고 길거리를 활보하고 싶습니다. 가게 안도 들여다보고 싶습니다. 회당에도 가고 싶습니다.

"나는 보고 싶습니다!"

어둠 속을 더듬거리는 것 말고 다른 것에 나의 두 손을 쓰고 싶습니다. 나는 물건도 만들어 보고 싶습니다. 밥도 내 손으로 지어 먹고 싶습니다. 책도 읽고 싶구요.

"나는 보고 싶습니다!"

나는 친구의 눈동자도 들여다보고 싶습니다. 길 건너에 있는 아는 사람에게 손도 흔들어 주고 싶습니다. 아이들에게 미소를 지으며 등을 토닥여 주면서 좋은 말도 해주고 싶습니다 … 나는 사랑하고 싶습니다. 웃고도 싶습니다. 나는 인간답게 살고 싶습니다.

"나는 보고 싶습니다!"

그래서 바디매오는 정말로 다시 보게 되었다(눅 18:35~43을 보라). 우리가 당연시 여기는 것을 그는 마침내 경험할 수 있었다. 바디매오가 다시 볼 수 있게 된 이후에 각 순간마다 경험하는 그 발견의 기쁨을 상상할 수 있겠는가? 그가 새로 발견한 그 보물을 당연한 것으로 여겼을 것이라고 생각하는가?

꿈과 비전이 축복을 낳는다

바디매오처럼 그렇게 열렬히 외쳐 본 적이 있는가? 예수께 시력을 달라고 기도해 본 적이 있는가?

새로운 시력을?

새로운 비전을?

만일 하나님께서 나머지 평생을 위해 당신의 비전을 확장시키신다면 어떤 일이 벌어질까?

상당한 기간 동안 과거에 사로잡혀 있었으면 우리 비전은 결함이 생기게 된다. 어제의 실패와 상처에만 집중하고 있으면 우리는 오늘과 내일의 축복을 보지 못하게 된다. 눈을 들어 미래를 향하여 바라보면 우리가 가고 싶은 곳이 어디인지를 볼 수 있을 것이다. 더욱 더 좋은 것은, 하나님이 우리를 어디로 인도하려고 하시는지를 볼 수 있다는 것이다. 그리고 미래를 바라보면 우리는 미래에 대한 비전을 가지게 될 것이다. 비전은 축복으로 가는 문을 활짝 열어 놓는다.

꿈을 꾸어 본 적이 있는가? 아니, 우리가 잠잘 때 꾸는 꿈을 말하는 것이 아니다. 의식있는 꿈, 다시 말해서 마음의 소원을 말하는 것이다. 어쩌면, 어쩌면 내 바램이 실현될 것이라고 생각하면서, 소망을 가지고 어떤 것을 바라거나 어떤 사람이 되기를 바란다.

대단한 고통과 갈등을 겪은 어떤 사람들은 꿈을 어떻게 꾸는지조차도 알지 못한다. 꿈이라는 것은 문자 그대로 "꿈도 꾸어보지 못하는" 것이다. 그러나 우리는 꿈을 꾸어야 한다. 왜냐하면 우리 인생과 역사가 바뀌고 축복이 실현되는 것은 바로 꿈으로부터이기 때문이다.

때때로 꿈꾸는 사람들은 냉소를 받기도 한다. 요셉은 꿈꾸는 사람이었고, 그래서 자기 형들로부터 조롱을 받았다(창 37장 참조). 부정적인 반응을 지나치게 많이 받으면 때로는 꿈이 바랠 때도 있다. 자신의 꿈을 믿지 않기 시작하다가 결국은 현상태에 머무는 것으로 만족하고 마는 경우도 있다.

그러나 꿈은 또한 전염성이 강한 것이기도 하다. 수많은 인파 앞에 서서 "나에게는 한 꿈이 있습니다"(I Have a Dream)를 외치고 외치던 1963년도 그 날의 그 사람의 꿈을 기억하고 있는가? 그의 꿈은 정의와 흑인들의 평등을 위한 것이었다. 그는 자기 꿈을 결코 포기하지 않았고, 그래서 마틴 루터 킹 2세(Martin Luther King, Jr.)의 그 꿈은 지금 미국인의 의식의 주류를 이루고 있다. 그 날 자기 꿈을 외치는 킹 박사의 연설을 들은 데이빗 시멘즈(David Semands) 박사는 그의 책 『당신의 꿈과 더불어 살라』(*Living with Your Dream*)에서 이렇게 말하고 있다.
"그 날 나는 꿈의 놀라운 힘을 배웠습니다. 그래서 집에 돌아왔을 때 나는 아주 고무되어 있었고 격앙되어 있었습니다"(12쪽).

요엘 선지자는 그것을 우리에게 이렇게 말하고 있다.

"너희 늙은이는 꿈을 꾸며 너희 젊은이는 이상(異象)을 볼 것이며"(2:18).

비전을 가지고 있을 때 물살을 거스려 올라가느라 힘이 드는 것 같으나, 하나님의 축복과 임재를 경험하게 될 것이고, 또한 당신의 인생에 역사하시는 하나님과 협력하는 것이 된다.

어떤 것의 가능성을 보았을 때, 사소한 것들에게 압도되지 말라.

어떤 것의 가능성을 보았을 때, 장애물이 있을 것을 인정하는 것은 좋으나 그것에 너무 신경쓰지는 말라.

어떤 것의 가능성을 보았을 때, 오늘을 경험하고 내일을 기대하라.

비전이 무엇인지 알고 있는가? 여기 척 스윈돌(Chuck Swindoll)의 말을 빌려본다.

> 비전이란 하나님의 임재를 보는 능력, 하나님의 능력을 인지하는 능력, 그리고 장애물에도 불구하고 하나님의 계획에 집중하는 능력을 말한다 … 비전이란 다수의 사람들이 보고 있는 그 이상을 볼 수 있는 능력이다. 비전은 인식이다. 다시 말해서, 하나님의 임재와 능력을 자기의 상황에 도입해서 보는 통찰력이다. 삶을 하나님의 시각의 렌즈를 통해서 보는 것, 상황을 하나님이 보시는 것처럼 보는 것이 비전이 아닌가 하고 때때로 나는 생각해 본다. 너무나도 흔히 우리는 사물을 사물 그대로 보지를 아니하고 우리의 처지에 따라 보곤 한다. 이 점을 잘 생각해 보기 바란다. 비전이란, 삶을 하나

님의 시각으로 보는 것, 초점을 뚜렷하게 맞추어서 하나님과 함께 전망을 살펴보는 것과 관계가 있다.
무엇인가 인생을 다르게 살고 싶은 사람이라면 누구나 자기 시각을 수정해야만 할 것이다〔『평범한 수준을 초월한 삶』(Living Above the Level of Mediocrity), 88,94,95쪽〕.

하나님과 더불어 꿈을 꾸기 시작할 때 어떤 일이 생기는가? 그것이 자신의 인생에 어떤 영향을 끼칠 것인가? 당신의 자세는 새 렌즈를 낄 때와 흡사하다. 당신의 새로 낀 안경은 아주 놀라웁다. 그 안경을 끼었을 때 문제보다는 가능성이 보일 것이다. 그리고 생각하는 생활과 어휘 자체가 변할 것이다. "난 못해"라든가 "그건 안돼" 따위의 말은 이제는 생소한 말이 될 것이다. 이제는 "하나님이 나를 위하시면 누가 나를 해하랴? 하나님의 도움으로 나는 … 할 수 있고 … 할 것이다"라는 말을 자주 하게 될 것이다. 이제는 낙관적이며 희망에 찬 사람이 될 것이다. 내가 누구의 자녀인가를 기억하게 될 것이며, 누가 나를 양자로 삼았는지를 잊지 않게 될 것이며, 누가 나의 삶을 인도하고 능력있게 하는지 늘 의식하고 처신하게 될 것이다.

비전을 가질 때, 불가능을 가능한 것으로 생각하기 시작한다. 「복음의 빛 출판사」(Gospel Light Publications)와 「포리스트 홈 성경 연구회」(Forest Home Christian Conference Center)의 설립자인 고(故) 헨리에타 미어즈(Henrietta Mears) 박사는 이렇게 말한 적이 있다.

"소규모의 계획에는 매력이 없다. 나의 사역을 고려할 때 나는 항상 세계를 염두에 둔다. 그것보다 더 적은 것은 그리스도에게 합당하지 않을 뿐 아니라 나의 인생을 위한 하나님의 뜻에도 어울리지 않는다."

학교 다닐 적에 미국의 개척자들에 대한 글을 읽은 적이 있을 것이다. 혹시 텔레비전이나 오래 전의 영화에서 이런 이야기를 다룬 프로그램을 본 적 있을지도 모른다. 개척자들이란 모험심을 가진 사람들이다. 그들은 정든 거처에서 그냥 눌러 살 수도 있었을 것이다. 그러나 그들은 그렇게 살지 않았다. 지평선 너머 어디엔가 좀더 나은 무엇이 있음을 그들은 믿었다. 자기들이 살던 곳에서 계속 살 때보다 더 큰 가능성이, 더 많은 자유가, 더 풍성한 삶이 어디엔가 있었다.

유명한 개척자들의 개간 이야기를 읽다가, "개척 시대 당시에 내가 살았더라면 좋았을걸. 개척자가 될 수 있었을 테니까 말이야. 오늘날은 그런 기회가 없잖아" 하고 생각해 보았던 일이 기억이 난다. 이 말이 맞는가? 틀렸다. 개척하는 일은 오늘날도 여전히 일어난다. 다만 형태가 다를 뿐이다. 알라스카 같이 멀리 떨어진 곳에는 요즈음도 개척하는 사람들이 있다. 또 새로운 사업이나 아이디어 또 발명 같은 일을 개척하는 사람들도 있다. 자기가 살던 안락한 지역을 떠나 꿈을 성취하기 위해서 또 새 영역을 정복하려고 기꺼이 이주하는 사람들도 있다.

그리스도인 한 사람 한 사람은 개척자가 되라고 부름을 받은 사람이다. 우리는 달라지라고 부름을 받았다. 우리는 새로운 방식으로 행동하라고 부름을 받았다. 우리는 생각하는 것도 새로운 법으로 하라고 부름을 받았다. 우리는 다른 사람들을 새로운 식으로 대하라고 부름을 받았다. 우리는 삶을 새로운 렌즈를 통해서 보라고 부름을 받았다. 그리스도인들이란 변화되는 사람들이다. 우리는 변하라고 부름을 받았다. 우리가 앞으로 전진하지 않고 변화하지 않고 있으면, 우리는 정체하고 있는 것이다. 그리고 고여 있는 물은 썩기 마련이다.

꿈과 비전은 우리를 전진시킨다

하나님이 주신 우리 꿈과 비전은 우리를 과거에서 끌어내어 미래의 축복 속으로 집어넣어 주는 자석과 같아야 한다. 얼마 전에 「늑대와 함께 춤을」이라는 영화를 보다가 나는 이 생각을 하게 되었다. 나는 그 중에서도 동물들이 나오는 장면에 아주 흥미가 많았다. 수백 마리의 들소떼가 대평원을 가로질러 큰 소리를 내며 우르르 몰려가는 대질주의 장면이 있었다. 그런데 어느 한 시점에서 들소 한 마리가 한 인디언 소년에게로 곧장 돌격하고 있는 것같이 보였다.
"영화 찍는 사람들은 어떻게 해서 들소를 자기가 원하는 대로 조종할 수가 있었을까?"

나중에 한 잡지 기사에서 들소 한 마리가 나오는 그 장면에 굉장히 많은 시간이 투자되었다는 사실을 알았다. 들소가 협조하도록 만들기 위해서 영화 제작팀은 오레오 쿠키를 먹여가면서 조건반사를 일으키게 하였다. 크림이 들어있는 둥근 초

콜릿 쿠키를 얻기 위해서 그 동물이 실제로 대형 굴렁쇠를 점
프해서 통과하기까지는 시간이 그리 오래 걸리지 않았다. 그
래서 대질주 장면을 찍기 위해서 오레오 쿠키를 무더기로 그
인디언 소년 옆에(그러나 카메라 시야 밖에) 쌓아 놓았다. 그
쿠키가 마치 강력한 자석처럼 들소를 의도한 방향으로 정확하
게 끌어들였던 것이다.

만일 마음에 비전을 가지고 그 비전이 하나의 현실인 것처
럼 생각하고 반응했다면, 지금 이 순간 당신의 인생은 어땠을
까? 당신은 자신의 목적지에 대한 분명한 그림을 가지고 있는
가? 당신의 인생이 어디로 가고 있는지 똑똑히 알고 있는가?
당신 인생의 설계도를 마음속에 선명하게 지니고 있는가?

내가 참석했던 어떤 세미나에서 그 연사가 우리에게, 우리
가 세상을 떠난 후에 사람들이 우리에 대해 무슨 말을 해주기
를 원하는지 그것을 한번 써보라고 하였다. 얼핏 들으면 이상
한 생각 같으나 잘 음미해보면 뜻이 깊은 생각이었다. 만일
우리가 듣고 싶은 자신에 대한 어떤 평이 있다면, 그것을 하
나의 현실로 만들기 위해 우리는 지금 무엇을 하고 있는가?
우리가 지금 이렇게 살아가는 것이 그 평과 일치하고 있는가?

다른 말로 고쳐 말하자면 이렇게 말할 수 있을 것이다.
"자신이 지금 따라가고 있는 인생의 청사진을 가지고 있는
가?"
『이 세상 어디서 내 인생의 청사진을 얻는단 말이요?』하고 물
을지 모르겠다. 우리는 이미 하나님의 말씀 속에 그것을 가지

고 있다. 성경은 우리의 인생을 하나님의 축복 위에 지어져 가게 하는 하나님의 계획서이다.

  자기가 알지 못하는 사이에 이미 인생의 비전을 세웠을 수도 있다. 그것을 목표나 목적이라고 할 수도 있을 것이다. 그 중의 어떤 것은 진짜 꿈이라고 할 수 있는 비전도 있다. 미래에 꼭 일어나기를 바라는 그림을 당신은 그렸고, 이제 그것을 현실화시키기 위해서 앞으로 전진하고 있는 것이다.

  상담을 하다 보면 흔히, 자기 배우자를 사랑하지 않는다고 생각하는 남편이나 아내를 대하게 된다. 다행스러운 것은 그들 중의 몇몇은 자기들의 사랑을 발전시키기를 원한다는 것이다. 그러나 그 사람들은 그런 일이 어떻게 해야 일어나는지 몰라 난처해 하고 있다. 그럴 때 나는 누차 이렇게 제안하고는 한다. "당신이 정말로 당신의 배우자를 사랑했다면 어떻게 되었을까를 함께 상상해 봅시다. 기분은 어땠을 것이고, 어떤 대우를 했을 것이고, 무슨 생각을 했을 것이며, 어떻게 도와주었을 것이고, 다른 사람들 앞에서 그 사람을 어떤 식으로 감쌌을까를 말로 한번 표현해 보시지요."

  그리고 나서 우리는 이것에 대해 잠시 이야기를 나눈다.

  그리고 나서 나는 대개 이렇게 말해 준다.

"당신의 배우자를 사랑하기 위해 당신이 설정한 비전을 자세하게 써놓고 그것을 하루에도 여러 번 반복해서 읽으시기를 바랍니다. 이 비전을 놓고 기도하시고 이 사랑이 당신 속에 생생하게 살아나게 하나님께 구하십시오. 그리고 나서 자기 배우자를 정말로 사랑하는 것처럼 배우자에게 처신하시기를 바랍니다. 다음 달까지 이렇게 하십시오. 그런 다음 어떤 일이 생기나 보십시오."

 어떤 일이 생기는지 굳이 말을 해야 할 필요가 있을까? 그 비전은 현실이 된다.

 비전을 갖는다는 것은, 여행을 떠나기 전에 어디로 갈지를 알고 있는 것을 의미한다. 이것은 어떤 곳에 주저앉아서 자기 비전이 자기를 발견해 주기만을 고대하고 있는 그런 자세와는 판연히 다르다. 진보하기 위해서는 우리가 어떻게 해야 하는지 하나님의 말씀이 우리에게 가르쳐 주고 있다. 바디매오처럼 믿음으로 걸어나와, 보이지 않는 가능성들을 "보고", 매일 기도와 행동으로 그 가능성들을 붙잡으며, 축복을 실현해야 하는 것이다.

미래를 구상하라

 인생의 비전을 어떻게 결정해야 하는가? 그것은 그 가능성들을 발견해 낼 수 있도록 도와달라고 하나님께 간구하는 일로부터 비롯되어야 한다. 그것은 하나님이 나에 대해 원하시는 것이 무엇인지를 하나님의 말씀 속에서 발견해 내려고 애쓰는 것으로부터 비롯되어야 한다. 거기서부터 축복은 시작되는 것이다.

 이제 당신은 선택과 변화의 여행을 떠나려 하고 있는 중이다. 그러나 어떤 여행을 떠나든지 반드시 무엇을 휴대하고 가야할지, 어디로 가기를 원하는지를 고려하지 않으면 안 된다. 당신의 마음을 새롭게 해 주시고, 통찰력을 예민하게 하여 주시며, 동기부여를 왕성하게 하여 주시기를 구하면서 하나님께 기도하는 데 시간을 많이 보내라. 당신의 소망을 이 말씀 위에 굳게 잡아매라.

"여호와가 말하노라 너희를 향한 나의 생각은 내가 아나니 재앙이 아니라 곧 평안이요 너희 장래에 소망을 주려 하는 생각이라"(렘 29:11).

비전을 파악하는 데 도움을 주기 위해서 좀 솔직하고 직접적인 질문을 해보기로 하자. 당신이 지금 배우고 있는 내용을 당신 것으로 만들기 위하여 당신의 답변을 여기 이 책에다 쓰라. 그 답은 단지 눈으로 보기 위한 것이다.

1. 당신은 몇 살인가?

2. 몇 살까지 살고 싶은가? "그것은 하나님께 달려 있다"라든가 "몇 살까지 살든 별 개의치 않는다"라는 식의 답보다는 구체적인 나이로 대답하라. 물론 우리의 수한은 하나님 손에 달려 있다. 그러나 당신이 그것과 전혀 무관하지는 않다.

3. 몇 년을 살 계획인가? 당신이 의식을 하고 있건 그렇지 않건간에, 당신은 자신이 얼마를 살게 될 것인지와 이미 밀접하게 연관되어 있다. 먹는 것이나, 마시는 것, 술, 담배, 휴식, 스트레스, 근심, 분노 등에 관련하여 당신이 자신의

꿈을 향한 달리기 • 141

몸을 어떻게 대접하고 있느냐 하는 것은 당신의 수명을 위한 계획에 영향을 끼친다.

아래 도표에 있는 연대(年代)를 이용해서, 방금 쓴 것과 지금 이 시간까지 인생에서 경험한 것을 종합해 보기로 하자. 이 선의 맨 왼쪽 끝에다 자기 출생 연도를 쓰고 그 위에 X표를 해두라. 오른쪽 끝에는 몇 년을 살고 싶은지 그 연수를 표시하고 역시 그 위에 X표를 해두라. 적당한 자리에 현재 연도수를 쓰고 그 위에 X표를 해두라. 마지막으로, 출생 연도와 올해 사이에 세로 선을 10개 그으라.

자신의 인생을 뒤돌아보고 하나님의 축복이라고 생각되는 것들은 어느 것인지 찾아보라. 축복이란 내가 하나님의 것이라는 확신이요 나의 인생에 나타난 하나님의 선하심과 은혜의 능력을 다른 사람에게 전달하거나 주는 것이라는 사실을 염두에 두라. 각 세로선에 생각나는 축복 하나를 기입하라.

X	X	X
1937	1995	2037

현재와 말년 사이의 연수를 나타내는 공란을 보라. 이 기간에다 다음 질문에 대한 답을 하라.

1. 하나님과의 관계를 위한 당신의 비전은 무엇인가?

2. 하나님의 말씀을 당신의 인생에 용해시키기 위한 당신의 비전은 무엇인가?

3. 하나님으로부터 어떤 축복을 경험하고 싶은가?

4. 다른 사람에게 어떤 식으로 축복의 근원이 되고 싶은가? 당신의 배우자에게는? 당신의 자녀들에게는?

5. 당신의 인생을 위해 새로 경험해 보고 싶은 것은 무엇인가? 직업을 위해서는?

6. 당신의 사유(思惟) 생활을 위한 비전은 무엇인가? 정서적인 생활을 위한 것은?

7. 내년을 위한 당신의 비전은 무엇인가? 그 다음 5년 간은? 당신의 삶이 끝난 후 사람들이 당신에 대해 무엇이라고 말할 것 같은가?

이제 자기 종이에 당신 인생의 미래에 관해서 하나님께 말씀드리는 편지를 쓰라. 하나님께 쓰는 편지는 마치 기도와 같다. 자기 생각을 편지 형식으로 써 봄으로써 기도를 더 잘하게 된 사람들이 있다. 자신의 인생에 대한 비전을, 자신이 기대하는 바를, 겪게 될 여러 가지 위험 부담을, 그리고 자신이 성취하고 싶은 것들을 하나님께 아뢰라. 어떤 축복들을 기대하고 있는지 하나님께 말씀드리라. 그리고 이러한 축복들이 생기기 위해서는 어떤 단계들을 밟아야 하는지 하나님께 여쭙도록 하라.

  이런 과제를 모두 끝까지 잘 따라했다고 해서 당신의 인생이 축복으로 당장 넘치게 되는 것은 아니다. 그렇기는 하나, 당신은 자신의 제한적인 과거로부터 긍정적인 발걸음을 몇 걸음 떼어놓는 것이 될 것이고, 당신의 앞날에 하나님께서 당신에게 쏟아부어 주시고 싶어하시는 축복의 방향으로 나아가게 될 것이다. 앞으로 나아간다니까 좀 부담스런 기분이 들지 않는가? 자신의 인생이 변할 수 있다니까 어쩐지 속이 좀 거북스럽게 느껴지지 않는가? 이 책을 계속 읽어 나가라. 다음에 계속 이어지는 부분들은, 하나님의 축복을 추구해 나갈 때 무릅쓰게 되는 위험 부담과 변화를 어떻게 처리할 것인가 하는 문제들을 다루게 될 것이다.

사랑하는 하나님,

두 손을 앞으로 내민 채 하나님께서 나를 축복해 주시기만을 기다릴 때가 종종 있습니다. 나는 바디매오와 별로 다를 바가 없는 사람입니다. 두 눈을 멀쩡하게 뜨고 있음에도 불구하고 나는 맹목이라는 나 자신의 지하감옥에 갇혀 있습니다.

이미 축복을 받았음에도 내가 깨닫지 못했던 그 축복들을 볼 수 있게 도와주시옵소서.

하나님, 비전을 가진 사람이 되고 싶습니다. 하나님께서 저로 하여금 추구하게 만드시는 그 꿈을 발견하여 이루게 하여 주시옵소서. 나의 생각과 방법이 하나님의 생각과 방법과 같게 하여 주시옵소서.

지금까지는 매일 두려움과 함께 살아가는 것이 익숙해져 있었을지라도, 이제 그 두려움을 멀리 쫓아 주시옵소서. 사람을 눈멀게 하는 그 두려움의 힘을 파괴하사 하나님 안에서 자유의 삶을 살며 하나님께서 나를 위해 예비하신 비전을 포착하게 하여 주시옵소서.

예수님의 이름으로 기도합니다. 아멘.

8
모험 쌓기

■ 20여년 전에 「월튼네 사람들」이라는 텔레비전 드라마 시리즈가 방영되었다. 「월튼네 사람들」은 내가 언제나 가장 좋아하는 프로여서, 우리는 한 가족이 모여 매회 시청하였다.

어느 날 밤 「월튼네 사람들」에 남편과 아내 사이에 아주 드라마틱한 장면이 있었다. 그 7분 동안의 상호 반응은 상당히 어려운 그러나 건강하고 긍정적인 의사 교환의 전형적인 모델이었다. 그 때 당시 나는 가정 생활 세미나와 부부 교실을 열고 있던 중이었으므로 나는 나도 모르게 이렇게 말했다.
"저건 아주 좋은 장면인데. 우리 세미나에서 저걸 보여 주면 얼마나 좋을까."

겨우 십대 초반에 있었던 우리 집 딸 세릴이 이렇게 말했다.
"전화해서 저걸 이용할 수 있는지 알아 보시지 않구요?"
그 때 그 아이를 바라보는 내 얼굴 표정은 틀림없이 이런 뜻을 나타내고 있었을 것이다.
"아이구, 애야. 말도 마라. 텔레비전 방송국 사람들이 나한테 저 필름을 쓰게 해 줄것 같으니? 텔레비전 방송국은 그런 일을 하는 데가 아니야."
그리고 그 표정에 어울리는 무슨 말을 분명히 했던 것 같다. 그 때 나는 물어 보았다가 공연히 거절당하는 모험을 하고 싶지 않아서 가능성을 전혀 보지 못하고 있었던 것이다. 세릴의 마지막 말은 "적어도 한번 알아 보실 수는 있잖아요"였다.

그 다음날 딸이 한 말을 곰곰히 생각해 본 나는 텔레비전 방송국에 전화를 걸었다. '밑져 보았자 본전이지. 그 사람들이 기껏 해보았자 퇴짜 놓는 것 밖에 더 있겠나' 하는 생각이었다. 방송국에 편지를 보내고 나서 6개월 뒤에 그 7분의 장면이 담겨 있는 16밀리 필름을 나는 내 손에 쥐게 되었다. 편지에는 이렇게 씌어 있었다.
"여기 당신이 요청하신 필름을 보내 드립니다. 요금은 받지 않습니다. 우리는 언제나 필름 요청을 받고 있습니다. 그러나 그것을 다 충족시켜 드리지는 못합니다. 부부 상담을 할 때 이 필름이 당신에게 많은 도움을 줄 줄로 믿습니다."
내가 이만큼 놀랐던 적이 또 있었던가!

그 후 몇 년 동안 이 필름을 내가 여는 세미나에서 수천 명의 사람들에게 보여 주었다. 그리고 그 사람들에게는 그것이

기억에 남는 유익한 경험이 되었다. 하지만 우리 딸의 제안을 내가 받아들이지 않았더라면 그런 일은 일어나지 않았을 것이다. 나는 모험을 해야 했다. 나의 생각과 나의 행동을 변화시키지 않으면 안 되었던 것이다. 큰 모험은 결국 큰 축복이 되었다.

변화에 도전한다

자신의 인생 차트와 질문에 대한 자신의 답변, 또 앞 과에서 하나님께 쓴 편지 등을 살펴보면, 자신의 비전을 실현시키기 위해서는 무엇인가 구체적인 변화가 꼭 필수적이라는 사실을 깨달았을 것이다. 어떤 사람이 "변화"라는 말을 당신에게 썼을 때, 그 말에서 희망과 기대를 느끼는가 아니면 망설임과 두려움이 앞서는가? 뜨거운 마음을 가지고 변화에 접근하는 사람들이 있지만, 모든 사람이 다 그런 것은 아니다. 인생의 접근 방법을 변화시키려는 생각만 해도 주저되는 사람들 중에 혹시 당신도 끼여 있을지 모른다.

변화를 말로 하기는 쉬워도 실제로 변화를 불러일으키는 일은 그리 쉽지 않다. 변화란 무엇인가 달라지는 것이요 개조가 일어나는 것을 의미하기 때문이다. 변화란 저절로 자기들에게 생기는 것이요 자기들이 억지로 어떻게 할 수 없는 것이라고 생각하는 사람들이 많다. 자기들이 변화하기로 작정했기 때문이 아니라 어쩔 수 없이, 안 하면 안 되니까 하는 식으로 변화에 적응한다.

변화가 긍정적인 결과를 가져왔을 때에라도 변화는 어쩐지 편안치 못하고 고통스러운 것이 될 수 있다. 비록 부정적이고 파괴적인 것이라 할지라도 우리는 같은 것, 매일 반복되는 것이 편안하다. 어떤 사람들은 특히 남자들은 위기가 닥쳐온 것이 아닌 이상, 부부 관계나 가족 관계에 변화를 가져오기를 주저한다. 사실, 위기가 닥쳤을 때에야 비로소 자기 생활에 가장 큰 변화를 일으키는 것이 인지상정이다. 왜 그럴까? 그 때까지는 효과가 있었던 것들이 이제는 더 이상 그렇지가 못하기 때문이다. 그래서 하는 수 없이 변하는 것이다. 최악의 결과를 경험해야 우리는 달라진다는 말처럼 들린다.

그렇기는 해도 항상 그런 식은 아니다. 알콜 중독자는 술 때문에 최악의 결과를 당하여 고통당해 보기까지는 변할 수 없다고 우리는 이제까지 믿어 왔다. 그러나 그런 일이 생기기 전이라도 알콜 중독자가 얼마든지 달라질 수 있다는 것을 지금 우리는 알고 있다. 밑바닥까지 내려가는 것이 우리가 변화하는 출발점이 되어야 할 필요는 없다. 나의 인생이 달라졌으면 좋겠다고 마음에 결심이 서면 변화는 일어날 수 있다. 그 첫 단계는 변화를 선택하는 것이다.

모험이다? 그렇다.
겁이 난다? 아마 그럴것이다.
제대로 통제가 안 되지 않을까? 그럴 수도 있다. 적어도 당분간은.
나의 변화가 다른 사람들에게 도전이 되거나 위협이 되지 않을까? 그럴 수 있다.

변화가 즉시 일어날까? 아마 그렇지 않을 것이다.

다른 사람들이 이 과정에서 나를 도와줄까? 그렇다. 만일 당신을 잘 돌보아 줄 수 있고 당신이 잘 되기를 바라는 사람을 잘 선택한다면 변화에 도움이 될 것이다.

그 밖에 누가 또 나를 도와줄까? 하나님이시다.

그냥 이대로 지내기보다는 변화하는 쪽을 선택한다면, 그렇게 하는 것이 나에게 더 많은 가능성을 가져다 줄까? 변화하는 쪽을 선택하면 나의 인생에서 하나님의 축복을 더 많이 체험하게 될까? 그것은 절대적이다!

모험을 감행하라

변화하는 것은 위험 부담이 따른다. 당신은 모험을 감행하는 사람인가? 모험적인 사람은 위험을 무릅써야 한다. 나도 몇 번 모험을 한 적이 있다. 모험은 불안정하다. 모험은 때로는 용기를 잃게 한다. 모험은 불안을 자아낸다. 우리는 선택의 결과를 미리 알고 싶어하기 때문이다. 새 직장을 구하는 일에도 모험은 따른다. 한 번도 아니고 여러 번 씩이나 거절당하면 어떻게 하나? 누구에게 데이트를 신청하거나 청혼을 하는 데도 부담은 있다. 거절하면 어떻게 하나? 그러면 마음에 상처를 받을 것이다. 하지만 시도해 보지 않았기 때문에, 요청하지 않았기 때문에, 위험을 무릅쓰지 않았기 때문에 놓칠 수도 있는 축복을 생각해 보라.

10센티미터 가량의 바위턱으로 기어 나가는 모험을 했던 일이 생각이 난다. 고도가 높은 지대의 얼음같이 차거운 호수

위로 돌출한 절벽을 기어서 돌아가기 위해서였다. 설상가상으로 3미터 떨어져 있는 다음 손잡이까지 다다르기 위해 바위턱을 계속 기어가기 위해서는 한쪽 손잡이를 놓아야 했다. 발이 미끄러져서 6미터 아래에 있는 저 차가운 물 속으로 풍덩 빠져 버리면 어떻게 하나? 그것은 하나의 모험이었다. 그러나 그 호수의 어귀까지 가기 위해서 나는 그 모험을 하는 쪽을 택했다. 그 다음 두 시간 동안 번쩍번쩍 빛나는 황금빛 송어를 낚아올렸을 때 그 모험은 그 만한 가치가 있었다.

또 한번은, 은행에 가서 2천 불을 대출해 달라고 요청했던 적이 있었다. 2천 불이라면 별로 대단치 않은 액수처럼 들릴 것이다. 그러나 20년 전 내가 고작 연봉이 7천 불이었을 때는, 2천 불은 내게 굉장히 많은 액수였다. 그래서 나는 모험을 하고 있었던 것이다. 내가 만든 가정 생활 교과 과정을 출판하는 데 그 돈을 쓸 작정이었다. 다른 사람들도 자기 교회에서 가정 생활 프로그램을 가르치게 하려면 이 교과 과정이 꼭 필요할 것이라는 생각이었다. 나 자신의 확신뿐만 아니라 하나님께서 인도하고 계시다는 확신도 있었다. 그러나 대출을 받는다는 것이 그리 쉬운 일은 아니었다. 다른 사람들이 이 책을 살 것이라는 보장이 어디 있는가? 책이 팔리지 않으면 어쩌나? 다른 사람들이 이 책에서 나만큼 유익을 얻지 못하면 어떻게 하나?

그러나 나는 모험을 감행하였다. 대출을 받았고 책들도 출판되었다. 책들은 팔렸고 거기서 들어온 돈은 기독교 가정 생활 프로그램을 시작하는 자금이 되었다. 지금은 이 프로그램이 교회 지도자를 훈련하고 교재를 만드는 전국적인 사역이 되었다. 그것은 모험이었다. 그러나 몇 년에 걸쳐 수많은 부부들이 누린 그 축복은 그 만한 가치가 있는 것이었다.

"나는 위험을 무릅쓰고 일을 저지르는 사람이 아니라"고 당신은 말한다. 그러나 정도의 차이는 있지만 누구나 다 위험 부담을 안고 무엇인가를 한다. 자신의 평생 동안 위험 부담을 안고 했던 일이 어떤 것들이 있었는지 잘 의식하지 못하고 있을 수도 있다. 종이 한 장을 꺼내 전에는 할 수 없었는데 지금은 할 수 있게 된 일들을 몇 가지 적어 보라. 자동차를 운전하게 되었다든지 하는 아주 단순한 항목부터 시작하라. 일 주일 동안 시간을 두고 계속 적어 나가라. 자신이 찾아낸 것들을 보고 아마 깜짝 놀랄 것이다. 당신은 성장한 것이다. 당신은 이제까지 많은 것들을 성취해 왔다. 하나님은 당신의 인생에서 계속 역사해 오신 것이다. 그리고 당신이 이제까지 배워 온 모든 것에는 위험 부담이 있었다. 그 목록을 보고 자신이 정말 모험가라는 생각을 상기시키라. 변화와 성장의 모험을 계속 해나감에 따라 자신이 축복받은 사람이라는 사실을 발견하게 될 것이다.

위험을 무릅쓰고 무엇인가를 할 때는 손을 펴서 확실이 보장되어 있는 것을 놓아주어야 한다. 다소 불확실한 것을 잡으려고 손을 뻗어야 한다. 그 불확실한 것이 지금 현재 당신이 가지고 있는 것보다 대개는 더 낫다. 팀 핸즐(Tim Hansel)이 다음과 같이 말한 것을 보면 그 사람은 모험을 두려워하지 않는 사람임이 틀림없다.

만일 위험을 무릅쓰고 무엇인가를 하지 않았다면 당신의 인생이 어떻게 됐을까 한번 생각해 본 적이 있는가? 필경 걸음마도 배우지 못했을 것이고, 무서워서 집에서 한 발자국도 못 나갔을 것이고, 친구도 사귀지 못했을 것이고, 기억에 남을 만한 곳은 한 군데도 가보지 못했을 것이고, 추억에 남을 만한 일도 전혀 하지 못했을 것이다. 모험을 하지 않고서는, 우리에게 이미 알려져 있는 것과 이미 확실진 것에서 손을 떼지 않고서는, 좀더 풍성한 인생을 위해 손을 뻗는 모험 없이는 우리는 성장할 수 없다. 날마다 똑같이 돌아가는 단순한 일상 생활, 즉 다람쥐 쳇바퀴 돌아가듯 잠자리에서 일어나 아침을 먹고 출근을 했다가 다시 집에 돌아오는 것에 어떤 사람들은 만족을 하고 있다. 그러나 또 어떤 이들은 삶의 열정에 들뜬 사람들도 있다. 그 비결은 이 사람들은 항상 무엇인가 새로운 것을 시작하고 있다는 것에 있다[『거룩한 땀』(*Holy Sweat*), 74쪽].

변화하고 성장하기 위해서는 모험을 하지 않으면 안 된다. 앞으로 나아가기 위해서는 모험을 하지 않으면 안 된다. 인생에서 가치가 있는 것을 발견하기 위해서는 모험을 하지 않으면 안 된다. 모험을 한다는 것은 안전보장을 얼마간 포기한다는 것을 의미한다(소위 우리가 안전하다 하는 것도 그렇지 않을 때가 많이 있기는 하다. 그래서 우리가 생각하는 만큼 그렇게 확실한 것은 못 된다). 베데스다 연못에 있던 그 남자도 모험을 해야 했다. 낫기를 원하느냐고 물으신 예수님의 질문에 대답을 하지 않으면 안 되었던 것이다. 그 대답은 결국 그의 모든 핑게거리들을 쓸모없게 만들었다. 소경 바디매오도 모험을 해야 했다. 주님의 시선을 끌기 위하여 법석을 떨어야 했다. 그래서 그 위험 부담은 놀라운 축복으로 제 값을 하였다.

망설이면 결국 좌절하게 되고 만다

위험 부담이 개입된 행동 단계는 어떻게 하는 것인가를 잘 알려면, 아마도 2차선 고속도로에서 다른 차를 추월하는 경우를 예로 드는 것이 제일 나을 것 같다. 내가 일 년에 한두 차례 여행하는 남부 캘리포니아의 사막 고지대 고속도로에 40킬로미터 가량 곧게 쭉 뻗은 길이 있다. 차선이 겨우 두 개 뿐이라는 점과 길에 움푹 들어간 곳이 있어서 맞은 편에서 오는 차들이 잘 보이지 않는다는 점 때문에 나는 이 길을 별로 좋아하지 않는다.

천천히 가는 차 뒤에 내가 끼여 있을 때, 나는 그 차 뒤에 그대로 있을 수도 있고 추월할 기회를 찾아 볼 수도 있다. 추월할 때는 앞에 가는 그 차 만을 보아서는 안 되고 맞은 편 차선도 보아야 한다. 그리고 나서 다른 차선에서 이쪽으로 달려 오고 있는 차와 내 차 사이에 추월하기에 충분한 여유가 있는지를 또한 결정하여야 한다.

이것이 고속도로에서 위험을 무릅쓰고 추월할 때의 단계이다. 적절한 준비를 하고, 마음을 집중하며, 악셀레이터를 끝까지 밟고 앞으로 나아가다가, 그 천천히 가고 있는 차를 마치 굽이치는 파도같이 감돌아서, 다시 자기 차선으로 진입한다. 이 절차를 잘 따르기만 하면 대부분의 사람들에게 이 과정은 성공적이다. 그러나 다른 차선으로 나아갈 때 머뭇거리며 망설이는 운전자에게는 이것이 효력이 없다. 용기가 꺾여서 가속을 제대로 내지 못하면 비극적인 사고가 생기고 마는 것이다.

마찬가지로, 우리가 변화하는 모험을 하려고 할 때, 그 변화와 성장이 약속하고 있는 축복을 실현하고자 하면 마음을 계속 집중하고 따라가지 않으면 안 된다.

어쩔 수 없어서 모험을 하지 않으면 안 되는 쪽보다는 차라리 스스로 모험을 하는 쪽을 나는 택하리라. 당신은 어느 쪽이 더 좋은가? 필요할 때 모험을 미루면, 자기가 원하지 않는 것을 억지로 받아들여야 할 때가 오거나, 또는 준비도 제대로 되어 있지 않은 상태에서 모험을 해야 할 때가 올지도 모른다.

20세기 대부호 중의 한 사람인 하워드 휴즈(Howard Hughes)가, 우리가 모험을 할 때 또는 모험을 거부했을 때 어떤 일이 생기는가 하는 좋은 예이다. 휴즈는 대담무쌍한 변화의 모험을 통해서 항공 산업에 지대한 영향을 끼쳤다. 그래서 미국이 몇몇 전쟁에서 우세한 공군력을 유지하는 데 큰 공을 세웠던 것이다. 휴즈는 영화 산업을 공고히 하였고 연예 산업에 영향을 끼쳤다. 그는 어마어마한 세력을 획득하였고 그의 힘은 미국뿐만 아니라 전세계에 영향을 끼쳤다.

하워드 휴즈는 자기 생애 거의 대부분을 모험적인 일을 한

개척자였다. 그런데 그가 달라졌다. 모험을 하지 않고 자기
자신을 보호하는 데 자기 에너지를 집중하기 시작하였다. 어
떤 결정이나, 주위 사람들, 세균 등 모험이라고 생각되는 모
든 것으로부터 자기 자신을 격리시키기 위한 시도를 함으로써
실제적으로 자기 자신을 위한 감옥을 만들었다. 그는 수십억
달러를 소유한 사람이었으나 호텔 방에서 살기를 택하였고 죽
는 날까지 채소만 먹고 살았다. 결국은 아무도 신뢰하지 못하
는 겁장이 노인네. 정말 자유로울 수 있었을 그 때에 스스로
갇힌 자가 되어 인생의 막을 내리고 말았다. 하워드 휴즈가
모험을 그쳤을 때 그는 사는 것을 포기한 것이다.

만일 위험을 무릅쓰지 않으면, 우리가 사는 세상은 그 성장
이 점점 둔화되어 왜소화되고 말 것이다. 우리는 늘 똑같은
것에 편안함을 느끼게 되고 그 같은 상태에 머물러 있는 것이
편안해지게 된다. 우리는 현재 생활을 유지하는 데 우리 에너
지를 투자한다. 우리는 성장을 거부한다. 우리는 어떤 일을
적극적으로 창안하기보다는 수동적인 입장이 되고 만다. 우리
가 모험을 두려워할 때 우리는 패자가 되고 만다. 우리가 모
험을 두려워할 때 우리는 우리를 위하여 예비하신 하나님의
축복을 놓치고 마는 것이다.

두려움이라는 적색 신호등

모험을 두려워한다는 것은 상처받거나 조롱당하는 것, 실수를
경험하는 것, 거절당하는 것, 자기의 부족한 점을 보여 주는
것, 또는 한 인간으로서 실패하기를 두려워하는 것이다. 인생

길을 걸어가다가 어디쯤 왔을 때 다시는 모험을 무릅쓰지 않기로 우리는 알게 모르게 결심을 한다. 그리고는 얼마 안 가서 곧 우리는 기동성도 없고 생명과 축복으로부터도 격리되어 있는, 두꺼운 각질 속에 들어가 있는 거북이가 되는 것이다. 거북이처럼, 변화의 위험을 무릅쓰고 우리 목을 밖으로 내밀 때 우리는 겨우 앞으로 나아가는 것이다.

두려움이란 축복으로 인도하는 모험과 변화라는 고속도로 위에 켜져 있는 번쩍거리고 있는 붉은 신호등이다. 두려움은 절뚝거리게 만든다. 두려움은 무능하게 만든다. 두려움은 우리의 비전을 가리운다. 두려움은 생명을 단축시킨다. 두려움은 우리가 다른 사람들과 맺고 있는 여러 관계들을 절뚝거리게 만든다. 두려움은 하나님에 대한 우리의 관계를 방해한다. 두려움은 하나님의 축복을 체험하지 못하게 방해한다. 두려움이 우리의 선택을 방해해서 변화를 하지 못하도록 막기 때문이다. 우리는 그리스도 안에서 자유를 가지고 있다. 그러나 두려움이라는 이동 감옥 속에서 살아가려는 경향이 우리에게 있음을 흔히 보게 된다.

두려움이 우리의 선택을 방해해서 그 결과 변화를 일으키지 못하게 하는 데는 여러 가지 길이 있다. 두려움이 당신의 비전을 제한하는 말을 속삭여서 당신이 실제로 가지고 있는 능력을 제대로 발휘하지 못하게 할 수 있다.
"내가 너무 크게 시도했다가 성공하지 못하거나 다른 일을 할 시간을 빼앗기면 어떻게 하지?"
두려움은 우리가 노력한 것의 최악의 결과를 상상하도록 만들

수 있다. 그런 의심에 항복하면 우리는 제한을 받게 되는 것이다.

　두려움은 다양한 대안 개발을 제한할 수 있고, 그것들을 추구해 나갈 때 제동을 걸 수가 있다. 우리의 노력이 수포로 돌아갔을 때 일어날 수 있는 실망으로부터 우리 자신을 보호하려고 우리는 더 작은 것에 안주하려 할 것이고, 그래서 결국 꿈과 희망은 퇴색되고 마는 것이다.
　두려움은 휘게 만드는 효과를 가지고 있다. 두려움은 우리의 인생관을 왜곡시키고, 바람직한 방향으로 나아가려는 우리의 능력을 왜곡시켜 놓는다. 두려움을 통제하지 않으면 어떤 것을 성취하게 할 수도 있었던 현실을 이내 파괴하기 시작한다.

　두려움은 "하나님은 … 하실 수 있다"라는 말을 하지 못하게 만들 뿐만 아니라 "나는 … 할 수 있다", "나는 … 할 것이다"라는 말도 하지 못하게 방해한다. 두려운 마음에 굴복할 때마다 두려움은 점점 커지고, 점점 진짜 같이 느껴지며, 마침내는 변화된 삶으로 인도해 줄 꿈과 비전의 사람이 되지 못하게 만드는 것이다.

　두려움은 사람을 어제의 사람으로 변하게 만든다. 사람이 저항을 하기 때문에 하나님께서 예비하신 그 축복들을 경험하지 못하는 것이다. 이런 사람은 자신의 생각과 믿음에 초점을 맞추기가 쉽지 않고 그래서 앞으로 진보하는 것이 어렵게 된다.
　마음에 결정을 내리기가 두렵고 변화되는 것이 두렵다면,

이렇게 해보라. 당신이 두려워하는 것들을 적어놓고, 다른 세 사람에게 이것이 현실적인 두려움이라고 생각하는지 물어보라. 만일 그렇다면, 하루에 5분씩 시간을 들여 그것을 하나님께 아뢰라. 그 두려움 때문에 자신의 비전에 금이 갈 수도 있는 것들이 무엇이 있는지 낱낱이 적어보라. 잘못될 가능성이 있는 것 두 가지에 대해서, 그것을 바로잡기 위해 자신이 할 수 있는 두 가지를 적어 보라. 그리고 끝으로, 앞으로 나아가기가 싫어서 자신이 만든 이유 각각에 대해서, 실제로 앞으로 나아갈 수 있는 이유 두 가지를 적으라.

믿음의 청신호등

그리스도 안에 있는 신자인 우리는 모두 어느 정도까지는 모험을 할 줄 아는 사람들이다. 우리는 믿음으로 살아야 한다고 배웠다. 믿음은 우리가 위험 부담과 변화에 대한 두려움이 있음에도 불구하고 축복을 향한 꿈과 비전을 따라가게 만드는 마음속에 있는 청신호등이다. 믿음을 많이 가진 사람일수록 위험 부담을 두려워하지 않게 된다. 로이드 오길비 박사는 구약 시대의 모험을 무릅쓴 인물들에 대해서 이렇게 쓰고 있다.

> 믿음에는 모험이 따른다. 위험 부담이 없다면 그것은 참된 믿음이 아니다. 기꺼이 모험을 하겠다는 그 마음, 그것이 하나님께서 그 사람들에게 요구하신 전부이다. 위험 부담이 크면 클수록, 그들에게 주어진 믿음의 능력 또한 위대해진다. 불가능한 것을 시도함으로 모험을 감행했던 사람들은 우리에게는 놀라운 도전이 필요하다는 진리를 발견하였다. 만유의

창조자요 유지자이신 하나님은 불가능을 가능하게 하는 하나
님이라는 사실을 발견하였던 것이다(『불가능을 가능하게 하
는 하나님』, 9쪽).

모험을 무릅쓰는 사람이 된다고 해서 마음속에 두려움이나
망설임, 또는 조심성을 보이지 않게 된다는 뜻은 아니다. 하나
님께서 아브라함에게 "너는 너의 본토 친척 아비 집을 떠나 내
가 네게 지시할 땅으로 가라"(창 12:1)고 말씀하셨을 때 아브
라함이 마음속으로 어떤 반응을 보였을지가 상상이 되고도 남
는다. 아브라함은 이 새로운 땅에 한 번도 가 본 적이 없다.
아브라함이 알고 있는 사람 중에도 거기에 가 본 적이 있는 사
람은 하나도 없을 것이다. 그리고 친족이 주는 신변 안전도 떠
나라고 하신다. 하나님은 도대체 무슨 요구를 하고 계시는가?

아브라함은 자동차 클럽에도 가입해 있지 않아서 전화를 걸
어 자세한 방향을 물을 수도 없다. 가는 도중에 들러서 음식을
먹을 만한 햄버거 식당도 없다. 낙타를 돌봐 주는 서비스 센터
도 없다. 가던 길을 멈추고 방향을 물어볼 곳도 없다. 이것은
엄청난 모험이다. 아브라함이 의지하고 갈 수 있는 것이라고는
하나님의 약속뿐이었다. 하나님의 약속은 정말 대단한 것이었
다. 창세기 12장 2,3절에서 하나님은 이렇게 말씀하셨다.
"내가 너로 큰 민족을 이루고 네게 복을 주어 네 이름을 창대
케 하리니 너는 복의 근원이 될지라 너를 축복하는 자에게는
내가 복을 내리고 너를 저주하는 자에게는 내가 저주하리니
땅의 모든 족속이 너를 인하여 복을 얻을 것이니라."
아브라함은 거의 틀림없이 두려움의 순간을 경험하였을 것

이다. 그리고 가는 도중에 안전한 자기 고향으로 돌아가고 싶은 유혹을 느꼈을지도 모른다. 그러나 아브라함은 용기를 내어 목을 내밀었고, 모험을 감행하였으며, 포기하지 않았다. 그래서 아브라함은 축복을 받았던 것이다.

하나님은 축복을 주시려고 또한 당신을 택하셨다. 물론 고국과 친척을 떠나 새로운 민족을 세우게 하려고 당신을 부르시지는 않았을 것이다. 그것은 아브라함에게만 해당되는 독특한 부르심이었다. 오늘날 당신이 처해 있는 상황에 대해서 그 같은 위험과 두려움을 일으키는 어떤 것을 하라고 하나님은 당신을 부르시고 계신다. 비전을 발전시키고, 거기에 필요한 변화를 고려해 보고, 위험성을 저울질 해보면서, 당신의 독특한 소명이 무엇인지 알아냈는가?

당신의 부부 관계를 개선하기 위한 모험을 하라고 하나님께서 당신을 부르고 계실는지도 모른다.

소외된 친척이나 친구와 당신 사이에 사랑의 다리를 건설하라고 하나님은 당신을 부르고 계실지도 모른다.

자신이 그런 걸 할 수 있으리라고는 꿈에도 생각해 본 적이 없는 새로운 사역을 맡으라고 하나님은 당신을 부르고 계실지도 모른다.

자신의 직장에서 정의의 입장에 서라고 하나님은 당신을 부르고 계실지도 모른다.

변화와 성장과 축복을 위해 무슨 일을 하라고 하나님이 당신을 부르고 계신지는 오직 당신만이 알고 있다. 두려움으로 응답을 할 것인가, 믿음으로 할 것인가? 그것은 당신의 선택에 달려 있다.

미래가 있는가? 물론 있다!
희망에 찬 미래가 있는가? 물론 있다!
다음 말을 마음에 새기고 이 말이 주는 축복을 받으라.

그리스도 안에서 나는 삶의 자유가 있으며, 융통성의 자유가 있으며, 진보할 자유가 있으며, 실패할 수 있는 자유도 있으며, 성공할 자유도 있다. 내가 능숙하게 잘 할 수 있는 일들이 있으며 또 내가 전혀 할 수 없는 일도 있음을 나는 자신있게 말할 수 있다. 원래 내가 할 수 없는 것을 그래도 할 수 있다고 다른 사람에게나 나 자신에게 증명하려고 애쓸 필요가 없다. 나를 만드신 분은 하나님이시다. 하나님이 나의 주인이시다.

그리스도 안에서 마음을 느긋하게 가지면, 나와 같은 사람들이 항상 있었다는 것이 보이기 시작한다. 그래서 나의 확신이 강화된다. 나는 성경에서 아브라함이나 모세, 스데반 같은 사람들을 만난다. 이들도 자기 자신이나 자신들의 목적을 완전히 이해하지 못했었다. 그러나 하나님께서 자기들을 이해하고 계신다는 것은 알고 있었다. 자신들은 강하고, 건강하며, 지혜롭다는 생각을 언제나 가지고 있었던 것만은 아니다. 때때로 내가 그러는 것처럼 이들도 하나님의 명령을 의아하게 생각하기도 했다. 심지어 예수님을 사랑했던 제자들도 예수님이 행하시고 가르치신 모든 것을 언제나 이해하고 있었던 것은 아니었다. 이런 사실을 알고 나니까, 낙심천만할 때가 와도 나는 기가 죽지 않을 수 있다. 이런 사실을 알고 나니까, 울면서 두 주먹으로 하나님의 가슴을 마구 두

드릴 수 있게 된다. 이런 사실을 알고 나니까 나는 언제나 나의 모습 그대로 남아 있을 수 있다. 왜냐하면 나는 어쨌든 하나님의 사람이기 때문이다. 나는 나의 창조주를 바라볼 수 있다. 나는 그분의 것이기 때문인 까닭이다. 나는 나의 구속주(救贖主)를 바라볼 수 있다. 나는 성취와 구원을 내다볼 수 있기 때문이다. 내가 실패했을 때에라도 나는 행복할 수 있다. 나를 만드시고 소유하고 계시는 그분 안에서 나는 안전하기 때문에 이런 실수들 또한 어떻게 쓰임받게 될지 기다려 볼 수 있기 때문이다.

내일이 있으리라는 것을 나는 알고 있다. 내가 실수했다고 해서 그것이 나를 쓸모없는 사람으로 만드는 것은 아니라는 것을 나는 다윗과 더불어 알고 있다. 주님을 부인했다고 해서 영원토록 그런 것은 아니라는 것을 나는 베드로와 더불어 알고 있다.
"우리는 미쁨이 없을지라도 주는 일향 미쁘시니 자기를 부인하실 수 없으시리라"(딤후 2:13)는 것을 사도 바울과 더불어 나는 보고 알고 믿는 것이다[로저 팜스(Roger Palams), 『하나님의 친밀성을 누림』(Enjoying the Closeness of God), 115쪽].

내일은 있다. 택함 받은 사람으로서 내일을 체험하라.

사랑하는 하나님,

하나님께서 내 안에 시작하신 새롭게 하심을 인하여 감사합니다. 이 새로워지는 역사가 점점 성장하는 것을 볼 수 있게 도와주옵시고, 내가 어떤 사람으로 변해 가는지 볼 수 있게 도와주시옵소서.

어제에 갇혀서 살아 온 삶으로부터 이동하여, 오늘과 내일 주님께서 나를 위해 예비하신 그 자유를 누릴 수 있게 도와주시옵소서.

힘과 자신감을 얻기 위하여 주님의 손을 꼬옥 붙잡는 한편, 또한 모험을 두려워하지 않는 그런 사람이 되게 하옵소서. 나의 두려움과 망설임에 날개를 달아 주셔서 나로부터 멀리 날아가 버리게 하옵소서. 주님 안에 있는 나의 자유와 축복을 발견하게 하옵소서.

예수님의 이름으로 기도합니다. 아멘.

9
수렁 건너뛰기

■ 사람들과 상담을 하고 있노라면 언제나 사람들이 물어 오는 표준 질문과 같은 것이 있다.
"박사님, 내가 진정 달라질 수 있다고 생각하십니까?"
흔히는 이렇게 말한다.
"예, 나는 달라지고 싶기는 해요. 하지만 희망을 가졌다가 그것이 다시 곤두박질하는 꼴은 보고 싶지 않습니다. 나는 달라지고 싶어요. 그러나 변화를 모색하기가 두려워요."

어째서 사람들은 변화를 두려워하는가? 왜 그들은 시도해 보는 것조차 두려워하는가?
첫째는, 비록 고통이나 문제가 있는 삶이라 하더라도 바뀌지 않고 그대로 살아가는 삶에는 어느 정도 안정성이 보장되어 있다. 비록 고통스러운 일일지언정 늘 익숙해져 있는 것에는 이상하게도 편안하다. 당신이 변화를 일으켰을 때는 이 안정성을 훼방하는 것이 된다. 예를 들어 보면, 자기를 매일 야단치고 학대하던 자기 아버지와 같은 그런 남자와 결혼을 하는 여자들이 있는 것은 무엇 때문일까? 그것이 그 사람들이 알고 있는 최상이기 때문이다. 이런 여자들은 그런 것에 차라리 편안함을 느끼는 것이다.

그러나 변화는 삶의 한 부분이다. 그것은 피할 수가 없다. 변화에 대한 희망을 품고, 변화를 계획하며, 일어나는 사태에 대해 발언권이 있는 편이 더 낫지 않겠는가? 당신의 적은 변화 그 자체가 아니라 변화할 수 있다는 그 가능성을 믿지 못하는 것이다.

변화란 실패를 인정하는 것이라고 생각하기 때문에 변화하기를 두려워하는 사람들도 있다. 변화를 가져오기 위해서 이 사람들은 "지금까지 나는 잘못 살아왔다"는 것과 자기 잘못을 시인하기가 싫었다는 것을 자기 자신과, 경우에 따라서는 다른 사람들에게 시인하지 않으면 안 된다.

자기 삶이 달라지기를 원한다는 것은 실제로는 성숙의 한 징조이다. 변한다는 것은 현재가 과거와는 다른 것이 되기를 바란다는 뜻이며, 미래에 대한 대비를 하고 있다는 뜻이며, 새로운 상황에 적응하고 있다는 뜻이며, 성장을 소원하고 있다는 뜻이다. 당신의 세계는 변하고 있다. 당신은 거기에 보조를 맞추기를 원하고 있으며, 그 변화에 얼마간이라도 영향을 미치기를 원하고 있다. 당신은 어제의 사람이 되기보다는 내일의 사람이 되고 싶어한다. 그렇게 하는 것이야말로 축복을 위해 택함을 입었다는 사실을 인정하는 사람이 삶을 조망하는 성숙한 태도이다.

그러나 여전히 변화에 저항하는 사람들도 있다. 다른 사람에게 좌지우지되는 것이 싫고 계획의 틀 속에 얽매이는 것이 싫기 때문이다.
"변화는 자연스러워야 하며 자발적이어야 한다."
이 사람들이 흔히 하는 말이다.
"이것은 인위적인 일같다. 변화는 마땅히 우리에게서 저절로 흘러나와야 하며 우리가 계획을 세워서 하는 그런 것은 아니다."

그러나 의식적이건 무의식적이건 간에 직장에서도, 가정에서도, 다른 사람들과의 관계에서도, 문제를 해결하는 중에서도, 우리는 매일 변화에 대한 크고 작은 선택을 하고 있다. 우리는 우리가 생각하는 것만큼 그렇게 자발적이고 자유로이 무엇을 하지 않는다. 어떤 가치가 있는 변화는 대부분 계획과 개인적인 절제와 노력을 요한다.

실험적으로 해 본 변화가 부정적인 결과를 초래할 것이 두려워서 변화를 거부하는 사람들도 있다. 설사 변화에는 위험 부담이 따른다고 치더라도, 그 결과를 보증해 주는 것은 아무 것도 없다. 어떤 변화는 사태를 더 악화시킬 수도 있다. 그러나 그것은 위험 부담의 일부분이다. 실제로는 변화를 시도했을 때 긍정적인 변화가 일어날 수 있는 확률은 대단히 높다.

변화를 일어나게 하려면, 융통성이 있어야 하며 기꺼이 모험을 하려는 마음이 있어야 한다.

누구나 다 변화에 대한 선택을 한다. 그러나 때때로 그 선택을 잘못된 방향으로 하는 경우가 있다. 팀 핸즐은 친한 자기 친구 이야기를 이렇게 한다. 그 친구는 40년 만에 고등학교 동창회에 참석하기 위하여 비행기를 타고 날아갔다. 팀의 친구는 자기 학급 친구들에게 그 동안 일어난 변화들이 몹시 보고 싶었고, 그리고 그 친구들이 그 동안 이루어 놓은 일 이야기도 듣고 싶었다. 자기처럼 그리스도로 말미암아 완전히 변화된 사람이 누가 있는지 궁금하였다.

동창회가 끝나고 돌아오는 그 친구를 공항에서 팀이 만났을 때, 그 친구는 거의 기운이 하나도 없는 것처럼 보였다. 그리고 말도 없었다. 팀은 그 이야기를 다음과 같이 하고 있다.

마침내 내가 입을 열었다.
"그래. 동창회는 어땠어?"
『팀, 내 평생에 그렇게 서글픈 일은 처음일세.』
친구가 말했다.
"거, 참 안됐네. 무슨 일이 있었는데?"
난 좀 놀라서 이렇게 물었다.
『무슨 일이 일어난게 아니라 무슨 일이 일어나지 않아서 문제야. 40년. 40년이나 지났는데도 사람들이 하나도 변하지 않은 거야. 단지 체중이 불고, 입고 있던 옷이 바뀌고, 직장을 얻게 되었을 뿐이야. 진짜로 변한 것은 도무지 없어. 거기서 내가 본 것은 내가 인생에 대해 상상할 수 있는 가장 비극적인 일 중의 하나일 거야. 그 중 어떤 사람들은 내가 잘 알 수 없는 어떤 이유 때문에 변화되지 않기로 작정한 것처럼 보였다네 …』

자동차 있는 곳으로 걸어가는 동안 긴 침묵이 흘렀다. 집으로 오는 차 안에서 그 친구는 내게로 몸을 돌리면서 이렇게 말했다.

『만일 누가 말하기를 내가 전혀 달라진 것이 없다고 말한다면 그것은 정말이지 내가 결단코 듣고 싶지 않은 말일세. 삶이란 너무나 값지고, 너무나 신성하고, 너무나 중요한 것일세. 만일 단 한 번이라도 내가 그처럼 정체되어 있는 것을 보거든, 그리스도를 위해서 잽싸게 나를 한번 콱 발로 차주기를 바라네. 내가 계속 성장하도록 촉구할 만큼 자네가 나를 그렇게 사랑해 주기를 바라네.』(『거룩한 땀』, 55쪽).

자신의 말에 귀를 기울이라

과거를 보내 버리고 미래를 향하여 전진해야 한다는 것을 이야기하는 데 꽤 많은 시간을 우리는 썼다. 내 인생의 어떤 상황이나 문제들로 인해 두 손을 묶이고 두 발을 절뚝이는 채 살지 않으면 안 된다고 믿는 것은 하나의 신화같은 허무맹랑한 생각이라는 것을 알아야 한다. 그것은 전혀 비성경적인 생각이다. 그러나 변화는 가능하다고 믿고 내 삶이 앞으로 전진할 수 있다고 믿는 것은 건전하고 성경적인 생각이다.

성장과 변화를 해나갈 때, 어떤 부정적인 태도를 새로운 태도로 바꾸고, 혼잣말하는 투를 변화의 도전에 접근하는 데 도움이 되는 자기와의 대화로 바꾸어 나갈 필요가 있다. 성장에 전념하려는 당신의 마음에 살금살금 기어들어와 성장을 망쳐버릴 수도 있는 몇 가지 혼잣말의 예를 여기 들어보기로 한다.

- "난 못해."
- "그게 문제야."
- "난 절대 … 하지 않을 거야."
- "말도 안돼!"
- "왜 사는 게 이 모양이야?"
- "만일 … 하기만 했었더라면."
- "인생이란 고생길이야."
- "어떻게 하지?"

이런 말들은 피해자들이 쓰는 말들이다. 다른 사람에게 피해를 당하고 있는 사람들 이야기를 요즈음은 너무도 많이 듣는 우리이다. 그러나 자기 자신의 생각이나 태도 때문에 피해를 입고 있는 사람들은 더 많다. 이런 말들을 씀으로써, 자신의 인생을 장악하고 있는 문제나 상처 받은 감정을 더욱 강화하고 있는 것이다. 이런 말 중의 하나를 쓰거나 생각할 때마다 자기도 모르게 그것을 믿게 되고 또 그 말대로 실현하게 것이다. 결국 자기 자신에게 이런 말들을 들려줌으로써 그 말들이 진실인 것처럼 믿게 만들고, 그래서 결국은 자기 생각의 희생자가 되고 마는 것이다.

피해자가 쓰는 식의 말을 바꾸어서 그리스도 안에서 축복된 자기의 위치를 더 잘 표현해 주는 그런 말로 쓸 때 어떤 일이 생길지 한번 생각해 보자.

"난 못해."
하루에도 몇 번씩이나 이 말을 쓰고 있는가? 이런 말은 불신이나 두려움 또는 희망의 결여에 의해서 촉발된다는 것을 알고 있는가? 잘 생각해 보라. 이 세 가지 요소 때문에 삶을 앞으로 전진시키지 못하는 경우가 허다하다.

"난 못해"라고 말했을 때, 그것은 자신의 삶을 전혀 통제하고 있지 못하다고 말하고 있는 것이다. "그건 한번 해 볼 만하겠는 걸" 하고 말한다고 해서 더 어려운 것도 아니다. 이 말을 사용해 보면 이 긍정적인 말의 결과가 훨씬 마음에 들 것이다.

"그게 문제야."
때때로 "그게 문제야"라는 말 대신에 "그 남자가 문제야"나 "그 여자가 문제야"라는 말을 우리는 쓴다. 인생의 복잡성을 문제거리나 짐으로 생각하는 사람은 결국 두려움과 절망적인 생각에 몰두하게 된다. 인생은 수많은 장애물과 우회도로로 가득 차 있다. 그러나 만일 바른 자세만 가지고 있다면, 장애가 있을 때마다 또한 배우고 성장할 기회도 함께 오는 것이다. "그것 도전할 만한데"라든지 "새로운 것을 배울 기회가 왔구나" 하는 말을 쓰게 되면 앞으로 전진할 수 있는 문이 열리게 된다.

"난 절대 … 하지 않을 거야."
이 말을 하는 사람치고 정체(停滯) 상태에 빠지지 않은 사람이 없다. 이 말은 현재 존재하고 있는 문제나 자기 인생에 일어났던 일에 무조건 항복을 하는 신호이다. 이 말은 자기 자신이나 하나님에게 기회를 주지 않는 처사이다. 그 대신에, "전에는 이걸 생각해 본 적이 없는데"라든지 "한 번도 해 본 적은 없지만, 한 번 해보자"라는 말을 써 보면, 개인 성장에 문이 활짝 열리게 될 것이다.

"말도 안돼."
우리가 흔히 뉴스에서 듣는 그런 충격적이고 비참한 상황에서 이 말을 쓰는 것은 때때로 적절하다. 그러나 그런 사건들은 예외적이다. 일상 생활에서 "말도 안돼"는 우리를 뒤로 주춤거리게 만드는 부적절한 과민반응에 불과하다. 일상 생활에서 일어나는 문제에 대해서 이 말을 쓰지 않도록 하라. 대신에, "이런 상황에서 어떻게 하면 좋을지 생각해 보자"라든지 "이런 때에는 내가 어떻게 해야 도움이 될까?", 또는 "이걸 어떻게 좀 다르게 할 수는 없을까?"라는 말로 대응하라.

"왜 사는 게 이 모양이야?"
심한 고통을 겪거나 충격적인 일을 갑작스럽게 당했을 때는 이런 말이 나오기 마련이다. 어떤 사람들은 가슴아픈 일과 실망스런 일을 연속 겪는 사람들이 있다. 또 어떤 이들은 큰 좌절을 겪고 나서는 거기서 회복되지 못한 채 그 여파 때문에 계속 휘청대고 있기도 하다. 그런 사람들은 몇 달이고 몇 년이고 계속해서 이 물음을 부적절하게 사용한다.

"왜 사는 게 이 모양이야?"라는 말과 그 동무격인 "인생은 공평치 못해"라는 말은 일상 생활에서 정상적으로 일어나는 사소한 일에도 오용되고 있다. 인생은 예측을 불허한다. 인생은 공평치 못하다. 인생은 우리가 바라는 대로 언제나 되어 주는 것은 아니다. 그러나 우리가 우리 인생에 어떤 식으로 대처하느냐 하는 것은 우리 선택 나름이다. 그리고 그 가장 건전한 대책이 야고보서 1장 2,3절에 나타나 있다.
"내 형제들아 너희가 여러 가지 시험을 만나거든 온전히 기쁘게 여기라 이는 너희 믿음의 시련이 인내를 만들어 내는 줄 너희가 앎이라."
이 말씀을 읽으면 역경을 환영할 만한 것 또는 기뻐할 만한 것으로 여기는 데 큰 힘이 된다. 인생의 기쁨은 하나의 선택(결단)이다. 인생의 성장도 하나의 선택이다. 인생의 변화도 하나의 선택이라고 할 수 있다. 그리고 선택은 기쁨과 성장과 변화보다 앞서는 것이다.

"만일 …하기만 했었더라면."
이런 말을 사용하면 우리는 어제의 사람이 되어서 우리 자신을 잃어버린 꿈속에 가두어 버리게 된다. 이루지 못한 꿈이 있거나 기대했던 것에 못 미치는 삶을 살아가고 있는 부부들을 상담할 때 이런 말을 종종 듣곤 한다. "만일 … 하기만 했었더라면" 하는 이 말과 함께 자기 자신을 병에 넣어 밀봉하고 사는 사람들이다.
그러나 과거에서 우리 자신을 해방시켜 미래로 안내해 주는 말이 하나 있다. "다음 번에는"이라는 말은 우리가 과거에 유감스러웠던 일들은 일단 접어두었다는 것을 보여 주며, 과거에 있었던 일에서 뭔가 배운 것이 있다는 것을 보여 주며, 우리의 인생을 계속 진전시키고 있다는 것을 보여 준다.

"인생이란 고생길이야."
피해 의식이 가득한 이 말은 안 그래도 어려운 삶을 더욱 어렵게 만든다. 고생은 모험이 될 수가 있으며, 또 그렇게 변해야 한다. 인생에는 수고가 따른다. 신경을 극도로 긴장시켜야 되는 일도 있을 수 있고 또 어떤 때는 짜증이 날 때도 있을 수 있다. 그러나 그것은 앞으로 나아가려면 겪어야 하는 그런 것이다.

"어떻게 하지?"
이 물음은, 미래와 미지의 것에 대한 두려움과 짝을 이룬 절망의 부르짖음이다. 그렇게 말하는 대신에, "어떻게 해야 좋을지 지금은 생각이 떠오르지 않지만, 하여튼 이 문제를 난 해결할 수 있다. 이 문제를 나 혼자서만 직면하지 않게 된 것을 하나님께 감사하자. 이것을 통해서 나는 배우는 것이 있을 것이고 또 전과는 다른 사람이 될 수 있을 것이다"고 말해보라. 그리고 빌립보서 4장 13절의 말씀과 예레미야서 29장 11절의 말씀으로 힘을 얻자.
"내게 능력 주시는 자 안에서 내가 모든 것을 할 수 있느니라."
"너희를 향한 나의 생각은 내가 아나니 재앙이 아니라 곧 평안이요 너희 장래에 소망을 주려 하는 생각이라."

당신은 변할 수 있는가?

자신의 꿈이 현실로 될 것이라는 것을 알 수 있는 당신의 현재 실적은 무엇인가? 어느 쪽인가 선택을 해야 하고, 궁극적으로는 인생의 변화를 가져와야 할 때가 왔는데, 당신은 어떻게 하고 있는가? 몇 번을 성공했고, 몇 번을 실패했는가? 진보하고 있는가? 얼마나? 당신의 현재를 평가해 보기로 하자.

　나는 이렇게 달라지겠다.
1.

2.

3.

4.

5.

6.

　위에 적은 항목 하나 하나에 대해서 다음 질문에 각각 대답하라.

1. 당신이 그런 선택을 하도록 자극한 것은 무엇이었는가?

2. 그 당시에 가능한 대안을 여러 개 가지고 있었는가?

3. 당신이 내린 선택의 결과들의 목록을 만들어 보았는가? 자기가 한 선택이 하나의 현실이 되게 하기 위해서 자기가 가지고 있는 자원들을 고려의 대상에 넣었는가?

4. 이 선택을 할 때 하나님의 뜻은 어떤 식으로 생각해 보았는가?

5. 당신 스스로 자유롭게 이런 선택을 하였는가? 아니면 다른 사람의 압력이나 강제 때문에 하게 되었는가? 만일 그렇다면, 당신에게 영향력을 행사한 사람은 누구인가?

6. 선택을 하고 나니까 어떤 기분이 들었는가?

7. 원래 결정을 고수했는가? 아니면 선택하는 과정에서 수정했는가?

8. 어떤 면에서 이 선택이 비전인가?

9. 당신이 실패했던 일은 어떤 점에서 당신이 성공했던 일과 다른가? 어떻게 실패의 경험을 배움의 경험으로 전환시켰는가? 다음에 다르게 한다면 어떻게 할 것 같은가?

변화시키시는 예수 그리스도

당신이 예수 그리스도와 관계를 가지고 있다면 당신은 변화될 수 있다. 왜 그럴까? 그리스도를 믿는 믿음을 가지고 있다는 것은 마음을 계속적으로 변화시키는 생활을 의미하는 것이기 때문이다. 그래서 그 마음의 변화는 결국 외적(外的)인 변화를 불러일으키는 것이다. 예수님이 우리의 마음속을 변화시키시도록 맡기는 것, 그것이 출발점이다. 사도 바울은 이렇게 말하고 있다.
"너희 속에 그리스도의 형상이 이루기까지 다시 너희를 위하여 해산하는 수고를 하노니"(갈 4:19).
예수 그리스도께서 우리 안에 살아계시고 또한 우리를 통해 사시도록 해야 한다는 것을 바울은 말하고 있는 것이다. 그리스도께서 당신 안에서 역사하고 계시다는 사실을 알았을 때, 당신이 그렇게 간절히 소원하고 있는 그 변화를 위하여 당신의 소망은 높이 솟아오르게 될 것이다.

에베소서 4장 23, 24절은 우리에게 이렇게 말씀하고 있다.
"오직 심령으로 새롭게 되어 하나님을 따라 의(義)와 진리의 거룩함으로 지으심을 받은 새 사람을 입으라."
새 자아는 안으로부터 옷입혀져야 한다. 하나님이 예수 그리스도를 우리 안에 두셨으므로 우리는 새로운 자아를 입을 수 있다. 우리는 예수 그리스도께서 우리 안에서 역사하시도록 맡겨야 한다. 다시 말하면, 변화되어야 할 필요가 있는 우리 삶의 "불가능한" 근심거리들한테 그분이 접근할 수 있는 통로를 만들어 드려야 한다는 것이다. 그리스도께서 역사하시도록 하려면 오늘 당신의 삶에서 열어드려야 할 문은 어느 것인가?

그리스도를 영접했을 때 당신은 예수 그리스도 안에서 새로운 피조물이 되었다. 당신은 이제 그리스도와 관계가 있는 사람이 되었다. 고린도후서 5장 17절에서 바울은 "그런즉 누구든지 그리스도 안에 있으면 새로운 피조물이라 이전 것은 지나갔으니 보라 새것이 되었도다"라고 말하고 있다. 그리고 로마서 6장 6절에서는 "우리가 알거니와 우리 옛 사람이 예수와 함께 십자가에 못박힌 것은 죄의 몸이 멸하여 다시는 우리가 죄에게 종 노릇 하지 아니하려 함이니"라고 말하고 있다. 예수 그리스도를 믿음으로 우리는 그분과 함께 죽었고, 또 그분과 함께 새로운 피조물로 다시 살아났다. 모든 것이 새로워진 것이다.

어떤 면에서 당신은 오늘 새로워졌는가?
어떤 면에서 당신은 오늘 새로워졌으면 좋겠는가?
어떤 면에서 당신은 오늘 새로워질 수 있는가?

어떻게 하면, 당신의 마음이, 다시 말해서 당신의 사유(思惟) 생활과 과거지사의 영향력이 오늘 당신의 삶 속에서 새로워질 수 있겠는가? 고린도전서 2장 16절은 "우리가 그리스도의 마음을 가졌다"고 말씀하고 있으며, 고린도전서 1장 30절은 "예수는 하나님께로서 나와서 우리에게 지혜가 되셨다"고 말씀하고 있다. 우리는 그리스도의 마음을 가지고 있으며, 그 마음을 우리 삶에 꼭 일어나야 할 변화와 선택에 적용할 수 있게 도와주시는 하나님의 지혜를 가지고 있다. 그것이 우리가 가진 희망이다!

사랑하는 하나님,
 피해 의식에서 나오는 속좁은 말로 나를 옭아매고 싶지 않습니다. "난 못해", "만일 …했더라면", "난 절대 … 하지 않을 거야" 또는 "그게 문제야" 하는 말들을 하거나 그런 식으로 생각하려는 경향을 막아 주시옵소서. 이런 생각들은 하나님이 나를
 위해 예비해 두신 모든 것들을 트집잡는 것임을 나로 깨닫게 하옵소서.
 하나님 아버지, 예수 그리스도의 마음을 내 삶에 적용할 때 하나님께서 내게 주실 하나님의 지혜와 도움을 인하여 감사를 드립니다. 내가 고쳐야 할 부분이 있는 곳을 보여 주시사 그것을 꼭 고치기로 마음에 작정하게 도와 주시옵소서. 소망의 하나님이심을 인하여 감사합니다. 또한 제게 복 주시기로 택하셨으니 감사합니다.
 예수님의 이름으로 기도합니다. 아멘.

10
희망 만들기

좌절감이 팽배해 있었다. 입을 열어 말을 하는 사람은 아무도 없었다. 말을 할 필요조차 없었다. 그 사람들의 얼굴 표정이 모든 것을 말하고 있었으니까. 네 사람이 각기 다른 네 가지 좌절감의 표정을 보이고 있었다. 그들의 친구인 다섯째 남자는 참을성 있게 그러나 아무 반응도 보이지 않은 채 그 사람들 옆에 누워 있었다. 그러나 자기 형편에 그러는 수 밖에 달리 무엇인들 할 수 있었겠는가? 그 남자는 전신이 마비된 불구자였던 것이다.

예수께서 자기네 동네에 와 계신다는 소문을 이 네 사람이 들었다. 그분이야말로 자기 친구를 고쳐 주실 수 있는 분이라는 것을 그들은 알고 있었다. 자기 친구를 그분께 데려가기만 하면 되었다. 그런데 예수께서 가르치고 계시다는 그 집에 당도했을 때 이들의 희망은 여지없이 사그라들고 말았다. 단 한 치의 공간이라도 더 차지하려고 구름떼 같은 사람들이 밀치고 떠밀고 야단법석이었다. 자기 친구를 고쳐 주실 그분이 계신 집안으로 도저히 들어갈 엄두도 나지 않았다.

먼지가 풀풀 나는 좁은 길거리에 서 있자니 기가 막혀서 말이 안 나왔다. 이렇게 가까이 왔는데 예수께로 가는 길은 여전히 멀기만 하였다. 그렇다고 해서 자기 친구를 고쳐 주겠다고 마음 먹은 그 일이 실패한 것일까? 자기들이 지금껏 추구해 왔던 그 축복을 단념할 차례가 온 것일까? 친구들은 서로의 얼굴만 바라본 채 속으로 이 생각 저 생각 하며 해답을 찾으려 애를 썼다. 이 네 사람은 너 나 할 것 없이 모두, 이 전신마비 중풍병자 친구가 꼭 낫기를 바랬다. 자기들과 함께 산보도 하고, 낚시도 하고, 여행도 다녔으면 정말 좋겠다고 생각했다.

만일 우리가 그 당시 그 자리에 있어서 "오늘 예수께 보이기 위해서 당신네들 친구를 저 집안으로 들여보낼 수 있다는 희망은 어느 정도나 되오? 당신네들 믿음은 어느 정도나 크오?" 하고 이 사람들에게 물었다면, 어떻게 대답했을까? 아마 아무 말도 못했을 것이다. 자기네가 이렇게 이렇게 했었노라고 과거 이야기나 했을 것이다. 우리 시대의 탁월한 기독교 작가 중의 한 사람인 켄 가이어(Ken Gire)의 재구성 이야기를 들어보기로 하자.

어떻게든 해보기로 결심이 선 그 사나이들은 뒤로 물러나서 다른 접근 방법을 생각해 내기 위해 머리를 맞대고 아이디어를 짜내고 있었다.
"계단말이야. 지붕으로 올라가는 그 계단은 어떨까?"
계단을 한 칸, 한 칸 올라갈 때마다 그들의 마음도 더욱 뜨거워졌다. 지붕 꼭대기에 다달았을 때, 그들의 심장은 쿵쾅쿵쾅 턱 밑까지 마구 뛰고 있었다. 친구를 내려놓은 다음 그들은 예수님이 서 계시는 바로 그 꼭대기 지붕을 잘 살펴보았다. 그리고 나서, 흥분된 마음으로 흙 벽돌을 제거하고 구멍을 파기 시작하였다.

밑으로 떨어지는 흙 부스러기들이 뽀얀 먼지를 일으켰다. 그 덕분에 거기 모여있던 무리들이 손으로 입을 막고 쿨룩거리며 뒤로 물러났다.

사람들의 눈이 모두 위로 쏠렸다. 그들이 맨 처음으로 본 것은 구멍을 넓히기 위해 잽싸게 열심히 놀리고 있는 얽히고 설킨 수십 개의 손가락이었다. 한 줄기 햇살이 보이더니, 예수님을 찾고 있는 두 눈이 보였고, 그리고 나서는 구멍을 넓히고 있는 네 쌍의 손이 보였으며, 마침내는 중풍병자의 자리 밑이 보였다.

친구들이 중풍병자를 낑낑대며 밑으로 내리는 것을 보고, 밑에 있던 사람들이 두 팔을 위로 뻗어 들것을 바닥에 내리기 좋게 도와주었다.

지붕의 뻥 뚫린 구멍으로부터 거꾸로 된 깔대기 모양의 빛이 쏟아져 들어왔다. 무대에서 사라져가는 발레리나의 발끝돌기처럼, 점점 사라져가는 흙먼지들이 춤을 추며 바닥에 누워 있는 중풍병자 주위를 하늘하늘 돌고 있었다.

예수님의 시선은 천정 위에 뚫린 구멍을 뺑 둘러싸고 있는 네 개의 머리에 못박힌 듯 꽂혀 있었다. 성경 본문에는 예수께서 그들의 믿음을 보셨다고 말씀하고 있다. 하늘에서 내려온 그 불쌍히 여기는 마음은 그들의 믿음이라는 날개를 타고 내려온 것이었다(막 2:1~12 참조)[『구세주와의 놀라운 순간들』(Incredible Moments with the Savor), 22,23쪽].

이 성경 이야기가 묘사한 대로, 희망으로 가득 찬 믿음이야말로 축복으로 가는 지름길이다. 희망과 믿음은 우리를 계속 성장시키며 또한 모험을 감행할 수 있도록 도와준다. 희망과 믿음은 우리의 용기를 북돋아서 변화를 위한 선택을 할 수 있게 해 준다. 희망과 믿음은 우리가 선택받아 누리게 될 그 축복을 현실화시켜 준다.

만일 당신의 인생에서 일어났으면 좋겠다고 생각하는 그 변화를 어떻게 하면 일어나게 할 수 있는지 상담하고 싶어서 내 사무실에 와 있다면, 변화가 일어나리라는 당신의 희망과 믿음의 수준은 얼마만큼 높은 상태에 있을까? 5퍼센트? 20퍼센트? 50퍼센트? 90퍼센트? 우리가 가지고 있는 희망과 믿음의 양은 우리의 변화 능력과 축복 능력에 직접적으로 영향을 끼친다.

희망을 가지라

나는 책상에 앉아서 다음날 가정 생활 상담을 받으러 오기로 되어 있는 한 부부가 기록해서 나에게 우송해 준 가정 생활 명세를 보고 있었다. 둘 중의 한 쪽이 "당신의 결혼 생활에 생긴 이 문제가 해결되리라는 희망을 어느 정도 가지고 있습니까?"라는 질문에 『거의 가망이 없다』고 대답을 했기 때문에 나는 걱정이 되었다. 이럴 경우 사람들이 낙심이 된다는 것은 나로서도 이해가 되나, 그렇지만 희망이 거의 없거나 전혀 없을 때 어떤 변화가 일어나기란 대단히 어려운 것이다.

　너무도 쉽게 우리는 희망이라는 말을 사용한다. 그러나 그 말을 오용하기가 쉽다. "오늘 그것이 우편으로 왔으면 좋겠다"는 말이나, "월급이 올랐으면 좋겠다", "금년에 그들이 우리를 방문해 주었으면 좋겠다"는 말을 써본 적이 있을 것이다. "…했으면 좋겠다"고 말할 때 우리는 우리의 바램을 표현하고 있는 것이지만, 또한 불확실한 어떤 것이 이루어지기를 바라고 있는 것이기도 하다. 말하자면, "이 일이 일어날지 어떨지 난 확실히는 모르겠다. 일어날 수도 있고 어쩌면 일어나지 않을 수도 있겠지. 그렇지만 그런 일이 생기기를 나는 소원하고 있다"라는 뜻을 그런 식으로 말하는 것이다.

　이것은 성경적인 희망(소망)의 정의(定義)가 아니다. 성경에서 말하는 희망은 흔들림이 없고 확실한 것이다. 그것은 꼭 일어나고야 마는 일이다. "아마도"나 "그랬으면 좋겠는데"식의 희망은 없다. 성경에서 말하고 있는 "희망이란 장래에 꼭 일어나리라고 하나님께서 약속하신 어떤 것을 간절히 기대하는 것이다."
　하나님의 약속은 반드시 지켜진다는 것에는 의문의 여지가 없다. 하나님의 약속은 확실하다.

희망이란 맹목적인 낙관주의가 아니다. 그것은 현실적인 낙관주의이다. 희망의 사람은 인생의 어려움과 그 힘든 싸움을 항상 의식하고 있다. 그러나 그것을 뛰어넘어 잠재력과 가능성에 대한 의식을 가지고 살아간다. 불가능만을 생각하고 있는 그런 사람이 아니다.

희망의 사람은 내일의 가능성을 위해 살아갈 뿐만 아니라, 일이 뜻대로 잘 되어가지 않을 때에라도 오늘의 가능성을 본다.
희망의 사람은 자기 인생에 없어서 섭섭한 것들을 간절히 바랄 뿐만 아니라, 자기가 이미 받은 것은 다 음미해 본다.
희망의 사람은 정체된 삶에 대해서는 단호하게 거부하고 생기있는 삶은 왕성하게 받아들인다. 희망이란 하나님의 영이 우리를 자유하게 하셔서 우리의 삶을 전진시키도록 맡기는 것이다.
어떤 사람이 희망의 사람이 되기로 결심하고 나서 나에게 들려준 이야기를 들어보라.

몇 년 동안이나 나는 절름거리는 인생을 살아 왔습니다. 다른 사람들은 나를 행복하고 성공적이며 만족한 삶을 살고 있는 사람으로 보았습니다. 정말 웃기는 이야기지요. 나의 삶은 고통 그 자체였습니다. 내적인 고통말입니다. 그리고 나는 그 고통을 내 친구들한테 감쪽같이 숨겼습니다. 겉으로는 웃으나 속에서는 번민하는 그런 삶을 살아 왔던 거지요. 나의 내적인 삶에 어떤 변화가 올 것이라는 희망은 전혀 없었습니다. 몇 년 동안 변화가 없었습니다.

그러나 난 지금 자신있게 말할 수 있습니다. 사람은 절뚝거리는 상처를 안고 살아갈 필요가 전혀 없다는 거지요. 자기 인생을 오도가도 못하게 만드는 좌절감 따위를 안고 살아갈 필요가 없어요. 그래서 나는 달라지기로 마음을 먹었고, 따라서 나의 삶은 달라지기 시작했습니다. 처음에는 조금씩 달라지기 시작했지요. 그러나 지금 나는 하나님이 나에게 원하시는 그런 삶을 자유롭게 살아갈 수 있게 되었습니다.

그리스도 안에서 우리가 가지고 있는 그 희망을 이 사람은 붙잡았던 것이다. 그래서 자기 삶의 문제거리들과 그 고통에서 자유로워질 수 있는 길을 이 사람은 발견하였던 것이다. 당신도 처음에는 이 사람처럼 꼼짝없이 자기 삶에 갇혀서 희망은 하나의 환상인 것같은 생각이 들 수도 있다. 그러나 그것은 잘못된 생각이다. 희망은 하나의 현실이다. 희망을 가지고 있으면 당신은 결심을 할 수가 있고 변화될 수가 있으며 그래서 결국 복을 누리는 사람이 될 수 있는 것이다.

희망을 선택하라

희망은 사람의 성격 나름이라고 사람들이 말하는 것을 들어왔다. 어떤 사람들은 다른 사람보다 더 희망을 가지는 성격을 가지고 태어난다. 하지만 그것이 정말 사실일까? 아니다. 희망은 하나의 선택사항이다. 우리가 조절하지 못하는 일들이 인생에는 많이 일어난다. 그러나 그것에 우리가 어떤 반응을 보이는가는 우리가 통제할 수 있다. 우리가 희망을 가질 때, 그 상황이 주는 고통의 얼마간은 덜 수가 있다. 왜냐하면 그 상황 너머 장래에 일어날 것을 우리는 바라보고 있기 때문이다. 그리고 비록 우리가 그 상황을 변화시키지는 못한다 하더라도, 그 상황에 대한 우리의 반응은 변화시킬 수가 있다. 상황의 희생자가 되기보다는 그 상황을 다스리는 쪽으로 우리는 선택할 수가 있다.

희망은 우리 혼자서 만들어 낼 수 있는 그런 것이 아니다. 하나님은 어떤 분이시며 또 하나님은 우리를 어떻게 보고 계시는가에 우리 초점이 맞추어질 때 희망은 생기는 것이다. 우리가 앞으로 전진할 때 희망은 생긴다. 그리스도에게서 우리 눈을 뗄 때, 우리의 희망은 사그라들 수가 있다. 희망이 사그라들면 우리는 포기하게 되고, 손을 들게 되며, 굴복하게 되며, 체념하고 살아가게 된다. 때때로 희망의 침식은 마치 20초 만에 끝나버리는 눈사태와 같다. 좋지 않은 경험이 우리를 한 대 후려 친다. 그러면 우리의 희망도 갑자기 납작해져 버린다. 또 어떤 때는 희망이 아주 서서히 사라지기 때문에, 희망이 사라져 버리는 것도 모르고 있을 때가 있다. 어떤 야망도 전혀 없이 불행한 기분으로 삶을 그냥 살아가고 있을 뿐인 것이다.

절망적인 기분으로 내 사무실을 찾아오는 사람들을 나는 매주 보고 있다. 이 사람들에게 손을 뻗어 희망을 나눠줄 수 있으면 얼마나 좋을까 하고 생각해 보는 때가 한두 번이 아니다. 너무나 낙심이 되고 풀이 죽어 있을 때는 우리 자신의 희망이 회복되어 다시 그 기능을 할 수 있을 때까지 다른 사람의 희망에 의지하여서라도 우리는 전진하여야 한다. 기가 죽어본 적이 있었다면 희망이 전혀 없을 때 그 기분이 어떠한지를 알 것이다. 희망이 없다는 것이 의기소침의 특징이다.

그러나 희망은 자라날 수 있다. 자신이 처한 상황이 자기를 통제하지 못하도록 하면 되는 것이다. 우리가 낙심이 되고 가슴이 아플 때도 하나님은 여전히 살아계시며, 비록 우리가 그분의 사랑을 느끼지 못한다 하더라도 여전히 우리를 사랑하고 계신다.

살아가면서 희망을 잘 가꾸어 놓으면 재난의 와중에서도 희망은 큰 힘을 발휘한다. 나는 로버트 베닝거(Robert Veninga)가 쓴 『희망이라는 선물』(*A Gift of Hope*)이라는 책을 즐겨 읽는다. 모든 권리를 포기해야만 했으나 그렇게 하기를 거부했던 한 여자의 이야기를 이 책에서 하고 있다. 여기 이 여자의 이야기가 있다.

마리 피셔는 이제 죽기 위해 호스피스(말기 환자와 가족의 고통을 덜기 위한 보호 시설)로 보내졌다. 높은 에너지를 방출하는 칠천개의 방사능 광선도 암세포가 그녀의 온 몸으로 퍼지는 것을 막지는 못했다. 몇 달간의 치료를 받는 사이에 쇠약해질 대로 쇠약해진 53세의 이 여인에게 호스피스는 마지막 정거장인 것 같았다.

다른 사람의 도움으로 간신히 자기 방으로 온 마리는, 다른 사람들은 다 자기가 죽을 것으로 예상하고 있지만 자기 마음속에는 그런 생각이 조금도 없음을 알아차렸다. 반짝이는 눈빛으로 그녀는 자기가 나을 것임을 자기 수간호사에게 말해 주었다. 호스피스를 나갈 때에는 휠체어를 타고 나가지 않고 자력(自力)으로 나갈 작정이라는 것까지 알려 주었다.

이틀 후 마리의 건강은 급속하게 나빠지고 있었다. 마리의 심장이 다된 것이라고 한 간호사가 추정했다. 마리는 심각한 호흡 곤란을 일으켰으므로 그 날 밤을 못 넘길 것이라고 다들 생각하였다.
그러나 마리는 죽음과 협력하려 하지 않았다. 마리의 존재 저 깊숙이에는 그녀를 죽음으로 몰아넣으려 하는 그 세력들보다 더 강력한 삶의 집착이 있었다.

마리의 심장 고동이 점차 회복되어 가고 있는 소리를 듣자 마리의 상태를 지켜보고 있던 암 전문의는 못 믿겠다는 듯 고개를 설레설레 흔들었다. 맥박과 호흡이 안정되기 시작하고 있음을 간호사가 알았다. 마리의 혈압이 110/80에 도달하였다는 것이 알려지자 마리의 방에서는 소리없는 기쁨의 환호성이 울려퍼졌다.
"호락호락 포기하지는 않을 것 같습니다."
마리의 담당 의사가 말했다.

그 후 몇 주일이 지나자, 마리는 침대에서 일어나 매일 몇 걸음씩 걸어보기로 작정하였다. 그와 동시에 자기 자신을 위한 새로운 목표를 세우기로 하였다. 자기가 보고 싶은 사람들도 있고 또 읽어야 할 소설들도 산더미같이 쌓여 있었기 때문이었다.

그러나 그 때 차질이 생겼다. 암이 그녀의 췌장으로 퍼졌던 것이다. 몰핀 주사량을 아무리 높여도 그 고통을 이겨낼 수 없었다.

외과 수술을 하면 고통을 좀 완화시킬 수도 있다고 암 전문의가 말했다.
"그러나 당신은 수술을 받기에는 위험 부담이 있다는 것을 알아야 합니다. 당신을 마취시킬 수 있다면 그것만으로도 대단한 성과일 것입니다."
그 의사의 경고였다.

이 생각 저 생각을 혼자 하며, 마리는 자기가 택할 수 있는 대안들을 하나 하나 챙겨보았다. 한 시간 뒤 마리는 수술을 허락한다는 각서에 서명하였다. 그 수술을 받으면 고통으로부터 해방될 확률이 상당히 높을 것이라고 마리는 생각하였던 것이다. 더욱 중요한 것은, 그 수술이 자신의 생명을 연장시켜 줄 수 있을지도 모른다는 것이었다. 그 다음날 마리는 세 시간의 수술을 성공적으로 마쳤다.

고통이 진정되는 기미는 전혀 보이지 않는데, 마리의 신체 기능은 점점 정상으로 돌아가고 있었다.
"나는 한 주간이 다르게 힘이 솟구치는 기분이예요."
마리는 자기와 한 방을 쓰고 있는 다른 환자에게 이렇게 말했다. 얼마 지나지 않아서 마리는 별 고통없이 걸어다니고 있었다. 그러더니 환자 가운을 벗어던지고는 외출복으로 갈아 입었다. 왜냐하면 마리가 어떤 간호사에게 말한 것처럼 "환자 가운은 병의 상징"이기 때문이었다. 그리고 나서는 이

호스피스에 들어온 이후로 자기 마음에서 떠나지 않는 그 질문을 하였다.

"나는 언제쯤 집으로 갈 수 있을까요?"

『나는 마리가 호스피스를 떠나던 그 날을 잊지 못할 거예요.』
그 호스피스의 수간호사였던 캐더린 홈버그가 말했다.
『마리는 눈부실 정도였어요. 밝은 빨강 드레스에 하얀 스카프로 악센트를 준 옷차림이었지요. 자기가 걷는 한 걸음 한 걸음을 정말 자랑스럽게 생각하고 있다는 것을 누구나 알 수 있었어요. 설사 어떤 고통이 있었더라도 마리는 그걸 아무에게도 말하려 하지 않았을 거예요. 마리가 떠난다는 말이 쫙 돌았어요. 환자들은 모두 자기 방에서 나오고 간호사들도 하던 일을 멈추고, 마리가 고개를 똑바로 쳐들고 복도를 걸어 나가는 모습을 지켜 보았지요. 그 때 누군가가 박수를 치기 시작했어요. 그러자 우리 모두는 함께 마리에게 박수를 쳐 주었어요. 어떤 간호사들의 뺨에는 눈물이 주르륵 흘러 내리고 있었어요. 우리는 다만 마리의 그 용기에 놀라워했을 뿐이었어요. 마리는 결국 살아남았습니다.』(175~179쪽).

하나님께 대하여 소망을 품으라

마리는 희망을 갖는 쪽을 선택했다. 그렇다면 희망이라고는 거의 없는 사람이 어떻게 하면 희망을 가질 수 있을까? 그것은 생각보다 간단하다. 하나님을 의지하고 자기의 독립심을 얼마간 포기하면 되는 것이다. 너무 급진적이라고 생각하는가? 그럴지도 모른다. 요즈음 사회에서 퍼지고 있는 생각과는 반대된다고 생각하는가? 그럴지도 모른다. 결정해야 될 일과 모험을 해야 될 일과 도전을 해야 될 일을 하나님께 들고 가는 것이 희망이다. 예를 들어보자. 나는 수년 동안을 거쳐 오면서 "하나님, 저로 무엇을 쓰게 하시렵니까? 이것이 제가 써야 될 책입니까 아닙니까?" 하고 하나님께 물어보아야 한다는 것을 배웠다. 인생의 다른 면뿐만 아니라 이 면에 있어서도 하나님께서 간섭해 주시기를 나는 원하기 때문이다. 그러므로 내 인생의 크고 작은 일에서 하나님께서 나를 인도하시고 지도해 주시도록 나는 하나님을 의지해야 한다.

희망을 가지려면 하나님을 의지해야 한다는 배리 존슨(Barry Johnson)의 말을 나는 좋아한다.

내가 통제권을 손에서 놓을 때에야 비로소 하나님은 다스리신다. 하나님의 영을 따르기로 동의했을 때에야 비로서 나는 성령님을 만나게 된다.

희망을 갖는 쪽으로 선택하는 것도 마찬가지이다. 내일은 강(江)과 같아서 예상치 못했던 일로 가득 차 있고, 끊임없이 흐르고 있으며, 어디에 갇히는 법이 없으며, 완성의 경지에 도달하는 법도 결코 없다. 이런 사실을 알고 있는 우리가 할 일은 우리의 부족함을 인정하고 성령님의 인도하심을 바라는 것이다. 자신이 할 수 없음을 고백할 때까지는 그리스도인인 우리는 우리가 무엇을 할 수 있는지를 결코 알지 못하는 것이다. 내일을 선택할 때까지는 우리는 내일을 하나님 앞에 맡길 수가 없다. 그리고 내일을 하나님 앞에 맡길 때까지는 우리는 오늘을 온전히 살아갈 수가 없다[『희망을 선택하라』 (Choosing Hope), 15쪽].

우리의 희망은 우리 삶에 역사하시는 하나님께 초점이 맞추어져야 한다. 우리가 살면서 어려운 시절을 만났을 때 하나님을 의지해 온 사람은 다를 것이다. 존슨은 이렇게 말한다.

우리 희망의 핵심은 우리를 도우시는 데 결코 실패함이 없는 하나님의 관심에 있다. 우리가 버림을 받은 것같이 보이는 때일지라도, 우리의 이름을 알고 계시며 우리의 절망보다 더 높이 계시는 그분께 우리 미래를 맡겨야 한다. 우리가 사는 목적이 무엇인가? 바울은 그것을 이렇게 말하고 있다.
"내게 사는 것이 그리스도니 죽는 것도 유익함이라."
우리의 목적은 부활하신 주님을 우리 중심에 두는 것이며, 인생의 모든 면을 그 높은 횃대에서 바라보는 것이다. 우리의 목적은 희망을 선택하는 것이다.

그리스도께서는 직장에서의 우리의 어려움을 알고 계시며, 우리가 결혼 생활에서 겪는 고통을 알고 계시며, 우리 자녀들과의 어쩔 수 없는 간격을 알고 계시고, 우리 신경이 날카로워질 대로 날카로워진 것을 알고 계신다. 우리가 겪는 어려움은 우리 머리카락 숫자만큼이나 많다. 이것을 아는 우리는 그 어려움들을 다 주님이 돌보시도록 주님께 맡기고 우리 삶을 살아가지 않으면 안 된다.

여기서 우리가 말하고 있는 것은 관점의 문제이다. 우리가 기대하는 것을 다 충족시켜 주시겠다고 하나님이 약속하신 적은 없다. 하나님과 관계를 맺으면 우리가 모든 어려움에서 해방될 것이라고 생각하는 것은 무모하다. 문제는 여전히 발생한다. 비극도 여전히 발생한다. 혼란은 그 못생긴 대가리를 여전히 치켜든다. 그럼에도 불구하고 희망을 가지기로 마음 먹은 사람은 이런 모든 어려움보다 한 단계 위에 서는 것이다. 이러한 자세는 고통을 순화시킨다(앞의 책, 77쪽).

믿음은 승리한다

변화와 성장을 하기로 선택을 하고 그래서 축복을 찾기로 마음 먹게 도와주는 역활을 하는 데 있어서 믿음은 희망(소망)과 따로 떼어놓을 수 없는 쌍둥이와 같다. 마가복음 2장에서 중풍병자 이야기가 시사하는 바와 같이, 당신에게 희망과 믿음이 있을 때는 그저 뒤로 물러나 앉아 삶이 되어가는 대로 내버려 두지만은 않는다. 당신은 삶의 과정에 이미 개입되어 있다. 그 네 친구는 불구가 된 자기들의 친구를 예수께로 데리고 갔다. 무리들을 뚫고 들어갈 수 없게 되었을 때도 그들은 포기하지 않았다. 축복이 자기들의 것임을 그 친구들은 알고 있었고, 그리하여 그것을 붙잡기 위해 그들의 희망과 믿음이 그들로 하여금 지붕을 뚫게 만들었다.

믿음은 삶을 변화시킨다. 그리고 어떤 경우에서는 믿음이 세상을 변화시킨다. 다음 사실을 생각해 보라.

• 비행할 때 음속의 장벽을 뚫는 것은 불가능하다고 전에는

믿었다. 시험 비행사 척 예거(Chuck Yeager)가 그 믿음을 깨뜨렸다.
- 1마일을 4분에 달리는 것은 신체 조건상 불가능하다고 믿어 왔다. 그런데 로저 배니스터(Roger Bannister)가 그 믿음을 뒤흔들어 놓았다.
- 중간에 쉬지 않고 대서양을 횡단 비행하는 것은 불가능하다고 우리는 믿어 왔다. 그런데 찰스 린드버그(Charles Lindberg)가 그 믿음을 흔들어 놓았다.
- 달나라에 가는 것은 불가능한 일이라고 우리는 믿어 왔다. 그러나 닐 암스트롱(Neil Armstrong)이 달에 그 첫 발걸음을 디뎠을 때 그 믿음은 흔들렸다.

이 밖에도 많은 신화와 잘못된 믿음들이 깨어져 왔다. 그런 일이 어떻게 해서 일어났는가? 무엇인가 달라질 수 있다는 믿음을 누군가가 가지고 있었기 때문이었다.

우리 삶에 믿음을 펼치는 데 꼭 필요한 특성 중의 하나는 인내심이다. 중풍병자의 네 친구의 믿음은 인내를 반영하고 있다. "인내"라는 말의 헬라어는 두 단어로 이루어진 합성어이다. 즉, 『휘포모네』(hupomone)이다. 『모네』의 뜻은 "…상태에 있다"(to remain)이고 『휘포』의 뜻은 "…아래에"(under)라는 말이다. 그리하여 "인내"란 어떤 것을 고수할 수 있는 능력이요, 어떤 일이 벌어지고 있느냐에 상관치 않고 거기에 머물러 있을 수 있는 능력을 말한다. 압박이 가해질 때 어떤 사람은 그 자리에 굳게 서서 압박을 이기려 하기보다는 굴복해 버리고 무너지는 경향이 있다. 히브리서 기자는 압박을 받고 있는 일단의 사람들에게 이렇게 쓰고 있다.
"이러므로 우리에게 구름같이 둘러싼 허다한 증인들이 있으니 모든 무거운 것과 얽매이기 쉬운 죄를 벗어 버리고 인내로써 우리 앞에 당한 경주를 경주하며"(히 12:1).

그런 인내의 한 예를 매년 3월에 하루 동안 로스엔젤레스 시가지를 장악하는 한 무리의 사람들에게서 찾아볼 수 있다. 그것은 어느 일요일 아침에 일어나기 때문에 그 날은 교회로 가는 길을 다른 길로 가지 않으면 안 된다는 것을 우리는 이미 알고 있다. 이 사람들은 26마일 시가지에 대한 우선권이 있다. 몸집 크기도 가지가지요, 생김새도 가지가지요, 나이도 가지가지이다. 이 사람들이란 다름아닌 마라톤 선수들이요 걷기 운동 참가자들을 말한다.

26마일 전코스를 달리는 사람이 있는가 하면, 그 중 한 구역만 달리다가 나중에는 속도를 늦춰 걸어가는 사람들도 있다. 어떤 참가자들은 대부분을 걸어가기도 하고, 휠체어를 타고 바퀴를 열심히 굴리는 사람들도 있다. 일찍 골인 지점에 도착하는 사람들은 3시간 안에 들어온다. 그런가 하면, 발에는 물집이 생기고 옆구리는 쑤시는데, 거의 탈수 상태에서 기진맥진 8시간 뒤에 들어오는 사람도 있다. 하여튼 그 사람들은 골인 지점까지 온다. 절대로 포기하지 않는 사람들이다. 고통에 굴복하지 않는 사람들이다. 4,587등으로 골인했다는 사실은 그 사람들에게는 그리 중요한 일이 아니다. 그 사람들이 성취하고자 했던 것은 견인불굴(堅忍不屈)의 정신과 끝까지 마치는 것, 그것이 전부였다.

그리스도께서 우리 삶에 함께하시기 때문에 우리 또한 인생이라는 경주에서 끝까지 인내할 수가 있는 것이다.

희망과 믿음으로 충만해 있는 자기 자신을 보라

희망이나 믿음이 전혀 없이, 오직 절망과 실패에 젖어 있는 사람들을 때때로 상담하게 되는 경우가 있는데, 그럴 때는 그 사람의 관점을 고쳐 주기 위해서 예상치 못한 질문을 해보게 된다. 예를 들면, 어느 날 나는 짐에게 물었다.
"지금의 삶을 어떻게 보고 계십니까? 긍정적입니까 아니면 부정적입니까? 희망이 있습니까 아니면 절망적입니까?"

짐의 대답은 『부정적입니다. 희망이 조금이라도 있다고는 전혀 생각이 들지 않습니다』라고 했다.
"그런 생각이 드신 지는 얼마나 됐지요?"
『한 3년쯤 됐을 겁니다.』
짐이 대답했다.
"그러니까 그 동안에 희망없이 산다는 것이 어떤 것인지, 또 제게 말씀해 주셨듯이 부정적인 전망을 가지고 산다는 것이 얼마나 불행한 것인지를 충분히 경험할 기회가 되셨겠군요."
『말하자면 그렇습니다.』

그 때 내가 물었다.
"짐, 그런 식으로 살아가는 삶이 얼마나 비참한 삶인지를 깨닫기 위해 또 경험해 보기 위해 3년 이상의 시간이 필요하십니까?"

짐이 대답했다.
『마치 내가 이 문제에서 선택의 여지가 있다는 식이군요.』
"선택의 여지가 있다면 어떻게 하시겠습니까? 선택의 여지가 있다고 생각해 보신 적은 있으신지요?"
『아니요, 그래 본 적은 없습니다.』
"이제 한 가지 길은 이미 시험해 보아서 그 결과를 알았으니, 그 반대편 길을 시험해 보고 그 길이 자신에게 무얼 줄 수 있는지 한번 알아 보시는 게 어떨까요? 손해볼 것 없잖아요?"

『없기야 하지요. 사실은 그래서 여기 찾아온 것입니다. 박사님, 이대로 살아가는 건 정말이지 싫습니다. 난 달라지고 싶어요.』
"달라지기로 마음을 먹었으니 당신은 벌써 그 과정에 들어선 것이나 마찬가지입니다. 자신이 달라질 수 있다는 희망을 가지고 있으시다면, 우리도 무언가 도움이 될 만한 일을 시작할 수가 있습니다. 자기 나름대로 노력도 필요하고, 또 하나님과 그분의 말씀도 의지해야 되고, 이 과정을 측정하는 새로운 방법도 필요하지요. 그러나 변화되어야겠다는 당신의 바램이야말로 이 모든 것들의 시작입니다."

말하기는 아주 간단하다. 그러나 듣기보다 그렇게 단순한 작업은 아니다. 그렇기는 하지만, 이제껏 살던 방식과는 전혀 다르게 살아간다면 어떤 일이 생길까 생각해 보기만 해도 우리는 다른 삶을 시작하는 데 필요한 용기와 격려를 얻을 수 있다. 어떤 것을 시험해 보아서 그 결과가 어떤지를 알게 되었고, 거기다가 그 결과가 별로 유쾌한 것이 아니었다면, 그것 말고 다른 좋은 길이 틀림없이 있으리라고 짐작할 수 있다. 새로운 취사선택을 고려해 보기 위해서는 다소 급진적인 질문을 던져 보거나 급진적인 생각을 해 볼 필요가 있다.

몇 년 전 정신의학자 레오나르드 준닌(Leonard Zunnin) 박사의 강의를 나는 잊을 수가 없다. 준닌 박사는 소망도 없이 우울하게 살아가고 있는 사람들에게 늘 해주곤 하던 말을 강의 시간에 우리에게도 들려 주었다. 준닌 박사는 그 사람들에게 아침에 자리에서 일어나서 하는 일이 무엇이냐고 묻는다. 사람들은 흔히 이렇게 대답하곤 한단다.
"전 별로 일찍 일어나지 않아요. 대충 9시쯤 일어나서 발을 질질 끌며 부엌으로 가지요. 남아있는 커피를 데운 후 텔레비전 뉴스를 봅니다. 보통, 창문에는 커튼을 풀어놓고 오후가 될 때까지 파자마 차림으로 지냅니다. 그리고 냉장고에서 이것 저것 찾아내서 샌드위치를 만들어 먹습니다."

그 말에 준닌 박사는 이런 말로 응수를 한다.
『친구여, 내가 그렇게 살았더라도 나 역시 기분이 우울해질 수 밖에 없을 것입니다. 사실을 말할 것 같으면 나는 당신보다 더 축 처졌을 거요. 어떻게 그렇게 잘 지내실 수가 있습니까? 지금보다 더 기운이 축 처지지 않고도 살아갈 수 있는 비결이 무엇입니까?"

마지막에 던진 그 이상한 질문으로 준닌 박사는 그 사람의 생각의 방향을 묘하게 전환시킨다. 자기가 그렇게 활발하지 못한 생활을 하고 있음에도 불구하고 자기가 해야 할 일을 제대로 하고 있다는 사실을 생각해 보게 만드는 것이다. 생각의 전환은 많은 사람들에게 있어 우울하고 맥빠진 생활을 다른 방향으로 전환하게 만든다.

무엇을 생각하고 어디에 초점을 맞출 것인가를 우리는 선택할 수 있다. 상담자들이 내 사무실에 들어와서 자기들의 형편이나 배우자에 관한 문제나 고충에 대해 불만을 털어놓는 말을 언제나 나는 듣고 있다. 그러면 나는 이렇게 묻는다.
"이번 주에 잘 되었던 일은 뭐가 있지요?"
"당신의 배우자가 한 일 중에 당신이 감사할 만한 것은 어떤 것들이 있습니까?"
그러면 틀림없이 몇 가지 정도는 나오기 마련이다. 눈치 빠른 한 상담자는 이렇게 말한다.
『문제거리를 늘어놓는 일로 시작하기보다는 이번 주에 좋았던 일을 이야기하라고 하시는 것 같이 들리는군요.』
나의 미소가 그 사람이 필요로 하는 대답의 전부이다. 그래서 몇 주일이 지나면 그 사람의 태도는 전보다 훨씬 희망에 부풀어 있다. 희망을 갖게 되는 비결은 바로 거기에 있었는데, 그 사람은 단지 그것을 소홀히 여겼을 따름이었다.

무엇을 생각하느냐 또는 무엇을 믿느냐 하는 것으로 우리는 우리 자신을 제한시키곤 한다. 많은 사람들에게 가장 큰 인생의 감옥은 바로 마음의 문이 잠겨져 있다는 것이다. 마음속에서 반복적으로 연습이 된 대사를 우리는 행동으로 나타내게 되고 그래서 결국 그런 사람이 되고 마는 것이다.

몇 년 전 영국의 한 작은 마을에, 탈출을 도저히 할 수 없게 만든 감방이 있는 감옥이 새로 지어졌다. 전세계를 통해 최고의 탈출 명인으로 알려져 있는 해리 하우디니(Harry Houdini)가 그 감방이 정말로 탈옥 불가인가를 시험하기 위해 초빙되었고, 그는 그 초빙을 수락하였다. 그 어떤 감방도 자기를 가두어 둘 수 없다고 호언장담한 바 있는 하우디니였다.

하우디니가 그 감방에 들어가고 간수가 문을 잠가 버렸다. 하우디니는 열쇠가 자물쇠 속으로 들갈 때 내는 달그락 소리에 귀를 기울였다. 하우디니는 자신의 도구를 꺼내 감방문을 여는 작업을 개시하였다. 그러나 자기가 예상했던 방법으로는 잘 되지를 않았다. 아무리 애써 보아도 소용이 없었다. 시간만 자꾸 흘러갔다. 잠겨진 문을 여는 데 여지껏 실패해 본 적이 한 번도 없었기 때문에 하우디니는 이상하지 않을 수가 없었다.

마침내 그 위대한 하우디니는 자신의 패배를 인정하지 않을 수 없었다. 그러나 하우디니가 피로에 지친 모습으로 힘없이 그 문에 몸을 기대자, 그 문이 왈칵 열렸다. 간수는 그 문을 잠그지 않았던 것이다. 문이 잠긴 유일한 장소가 있었다면 그것은 바로 하우디니의 마음속이었다.

나는 마음문을 잠근 적이 있다. 당신도 있을 것이다. 우리가 어떻게 생각하느냐, 우리가 무엇을 믿고 있느냐에 따라 우리는 우리 자신을 잠궈 버릴 수가 있다. 그 결과, 우리를 축복으로 인도하는 희망과 믿음으로부터 우리 자신을 단절시키는 것이다. 하나님의 소유가 되었다는 확신과 자유를 누리게 되기보다는, 우리가 머리 속에서 생각해 온 그런 부정적인 사람이 되어 버리는 것이다. 『일곱 개의 박공벽이 있는 집』(*The House of Seven Gables*)이라는 작품 속에서 나다니엘 호손(Nathaniel Hawthorne)은 이 딜레마를 아름답게 포착하고 있다.
"그 어느 지하 감옥이 우리 자신의 마음보다 더 어두울까! 그 어느 간수가 자기 자신보다 더 무정하리요!"

이 어두컴컴한 지하 감옥을 탈출해서 축복 속에 살아갈 수 있는 유일한 길은 희망과 믿음의 사람으로 살아가기 시작하기만 하면 되는 것이다. 과거를 보내 버리고 현재에서 위험 부담을 무릅쓸 때, 우리 삶에 역사하시는 하나님의 그 신실함을 맛보게 될 것이다. 이런 경험들이 쌓이고 쌓여서 장래에 당신을 위한 능력의 수원지가 될 것이다.

사랑하는 하나님,

중풍병자가 신체적으로 불구였듯이 나는 정서적으로 또 영적으로 불구인 것처럼 느껴질 때가 종종 있습니다. 낙심과 침체가 결코 끝나지 않을 것 같다는 기분 때문에 나도 달라질 수 있다는 생각은 곧잘 잊어버리곤 합니다.

나는 믿음이 더 필요합니다. 희망도 더 필요합니다.

내 자신의 무능함을 인정하게 도와주시옵소서. 그리고 성령의 인도하심을 사모하게 하여 주시옵소서. 내 낙심의 원인이 무엇이며 그 근원지가 어디인지 하나님은 알고 계십니다. 이 원인들을 하나님께서 다 처리하시도록 맡길 수 있게 하여 주시고, 나를 가두어 두려고 하는 그 세력들을 다 물리쳐 주시기를 간구합니다.

하나님과의 관계에서 생겨나는 인내심을 주시옵소서. 견인불굴의 정신이 나에게 현실로 나타날 것을 인하여 미리 감사드립니다. 하나님께서 하게 하신 그 경주를 끝까지 마치기를 원하나이다. 나를 도우사 내 인생의 어려운 일을 만났을 때 그것을 균형잡힌 관점에서 바라볼 수 있게 하여 주옵시고, 공연히 그 문제를 부정적인 관점에서만 보지 않게 하여 주옵소서.

예수님의 이름으로 기도합니다. 아멘.

11
'생존자'의 특징 닮기

▌하나님이 당신을 아시고 사랑하신다는 것을 알고 있다고 해서 이 땅에서의 어려운 일과 고통이 면제되는 것은 아니다. 과거를 잊어버리고 미래를 향하여 전진하고 있음에도 불구하고 애통의 골짜기를 지나가고 있는 중이거나 삶의 위기를 맞이하고 있는 많은 사람들을 상담하게 된다. 그럴 만한 때가 지났을 것 같은데도 여전히 계속해서 고전하고 있는 사람들도 있다. 그러나 또 어떤 사람들은 그것을 뚫고 나가 고통스런 경험을 배움과 성장의 시기로 변화시키기도 한다. 나는 이런 사람들을 "생존자"라고 부른다. 이 사람들은 축복 받은 사람들이다.

만약 물질적인 축복, 관계적인 축복만을 찾고 있다면 하나님이 당신을 축복하시는 또다른 중요한 방편을 놓치게 될는지도 모른다. 사실 자신에게 닥친 고난이나 문제들을 축복이라고는 전혀 생각하지 않고 있을 수도 있다. 자기에게 닥쳐온 일들이 축복의 진정한 보금자리(나는 하나님의 것이라는 확신)로 인도하는 한 그것은 진정 당신을 위한 축복이 되는 것이다.

흔히는 다른 사람들이 또는 이 사람들과 결부된 우리의 경험이, 하나님이 축복의 원천으로 사용하시는 도구가 될 수 있다. 예를 들어보면, 우리 아들 매튜는 지진아이지만, 이 아이가 우리 부부에게는 엄청난 축복의 근원지가 되고 있다. 우리의 가치가, 인생에 대한 시각이, 인격적 자질이, 통찰력이, 여러 가지 솜씨가, 그리고 하나님과의 관계가, 이 정신장애 아이가 우리 삶에 존재함으로써 성장하고 세련되어졌던 것이다.

1990년 3월 15일 매튜는 하나님 나라로 갔다. 그래서 우리 삶에는 텅빈 공간이 생기게 되었다. 몸은 22세였으나 정신적으로는 18개월이었다. 정신장애의 정도가 아주 심하였기 때문에 매튜는 말도 겨우 한두 마디 밖에 못하였으며, 무슨 반응을 보이는 경우는 매우 드물었다. 그 아이를 찍은 짤막한 필름이 있는데, 거기에는 아무 소리도 녹음이 되어 있지 않았다. 이것 말고는 매튜에 관해 남아있는 것이라고는 우리의 기억뿐이었다. 그래서 우리 기억의 창고에 무엇인가를 보탠다는 것은 대단히 가치있는 일이었다.

매튜라는 생명을 통한 하나님의 축복은 그 아이가 죽은 이후에도 계속되었다. 예를 들자면, 이 책을 쓰고 있는데 8월

15일이 왔다. 이 날은 매튜의 생일날이어서 그 애를 잃었다는 상실감이 더욱 사무쳤다.

그 날 저녁 매튜가 죽기 전, 11년 동안 살았던「세일럼 크리스챤 홈」에서 매튜를 돌보아 주었던 한 간병인과 연락이 닿았다. 이 간병인이 매튜와 겪었던 일들을 우리에게 이야기해 주고 싶어한다고 한 친구가 우리에게 말해 주었던 것이다.

전화로 그 분과 통화하는 동안, 우리가 전에는 들어보지 못했던 매튜의 생활의 여러 면모를 들을 수 있었다. 매튜는 아주 간단한 퍼즐을 맞출 줄 알았다고 한다. 우리는 이러한 사실을 전혀 모르고 있었다. 자기가 매튜를 산책하러 데리고 나갈 때에는 자기보다 몇 발자국 앞서 가서는 이 아줌마가 보이지 않는 곳에 숨으려 했다는 이야기도 해 주었다. 매튜가 그러는 것을 우리는 본 적이 없었다. 매튜가 자기 머리를 말리기 위해 헤어 드라이어 잡는 법을 어떻게 배우게 되었는지도 이야기해 주었고, 드라이어를 빙 돌려서 이 간병인의 머리를 날리게 했던 이야기도 우리에게 해 주었다.

그 간병인이 해 준 이야기 중 가장 믿을 수 없었던 것은(적어도 그것은 우리에게는 믿기 어려운 것이었다), 이 간병인이 6개월 된 자기 아기를 학교 기숙사로 데리고 왔을 때에 매튜가 보여 준 반응이었다. 지진아들이 부족한 면이 있음에도 불구하고, 이 간병인은 아이들 하나 하나에게 자기 아기를 안아 보게 하였다. 이 간병인이 불러주는 자장가에 맞춰 매튜가 어린아기를 품에 안고 어르는 동안, 매튜의 얼굴에는 눈물이 주르륵 흘러내리고 있었다는 것이다. 우리는 그 말을 듣고 놀라지 않을 수 없었다.

장애자를 키워 본 경험이 없는 사람들에게 이 이야기는 대단치 않은 것으로 들릴지 모르겠다. 그러나 장애의 정도가 아주 심한데다 일상 생활에서 흔히 있을 수 있는 것도 하지 못했던 우리 아들 매튜가 이런 일들을 했다는 것을 알게 된 것은 우리에게는 크나큰 축복이었다.

생존하기 위한 자질

내가 "축복받은 생존자"라고 부르는 그 사람들은 많은 특징을 공통으로 가지고 있다. 인생의 여러 힘든 일들을 가장 효과적으로 처리한 후, 앞으로 전진하는 삶을 살 차비가 되어 있는 사람은 다음 특징들을 개발하는 일에 노력한다. 과거를 뒤로 떠내려 보내자는 말을 앞에서 하면서 이 특징들을 약간 언급한 바는 있다. 그러나 이 특징들은 매일 매일 어려운 상황을 처리해야 하는 문제에도 그대로 적용할 수 있다.

첫째로, **생존자들은 인생의 전환기에 효과적으로 대처하기 위해서 미리 미리 계획을 세우는 경향이 있다.**

상실과 위기는 어느 누구의 인생에도 불청객으로 찾아온다. 생존자들은 미래에 문제가 생길 수 있는 가능성을 예상하고 그 일을 어떻게 처리할까 미리 생각을 해둔다. 대처 방법을 계획해 두고 그 계획을 고수한다.

앞으로 몇 년 안에 겪게 될 몇 가지 일들을 미리 예상해 본 적이 있는가? 그것은 예상치 못했던 이사일 수도 있고, 사업 실패일 수도 있으며, 가족의 죽음일 수도 있고, 결혼을 일찍 하게 되어서 집을 떠나게 될지도 모를 자녀 문제일 수도 있고, 이혼이라든가 다른 사유로 인해서 다시 집으로 돌아오게 될 성인 자녀 문제일 수도 있다. 이렇게 갑작스럽게 찾아오는 문제들을 처리할 계획들을 세워놓고 있는가?

둘째로, 생존자들은 미리 계획을 세우는 것이 불가능할 때에는 어려운 일들을 이미 겪어본 경험이 있는 다른 사람들로부터 배운다.

경험을 통해서 곤경을 이겨내고 성장을 해온 사람 누구를 당신은 알고 있는가? 그 사람은 당신이 개인적으로 친히 알고 있는 사람일 수도 있고, 아니면 책에서 읽은 사람일 수도 있다. 전신이 마비된 조니 이어릭슨 테이다(Joni Eareckson-Tada)같은 사람이나, 암 때문에 1991년 한쪽 팔과 어깨를 절단해야 했던 메이저 리그 야구선수였던 데이브 드레베키(Dave Dravecky) 같은 사람이 그 좋은 예이다.

셋째로, 생존자들은 자기가 받은 상처나, 노여움, 적개심들을 적절하게 표현할 수 있는 건강한 수단을 찾아내었다.

상처 받은 자기 감정 따위를 속에 품고 있지도 않고, 불평을 터뜨리거나 자신의 나쁜 기분을 남에게 쏟아놓지도 않는다. 자신의 감정을 어떻게 처리하고 있는가? 당신은 불평꾼인가?

넷째로, **생존자들은 혼자서만 살아가지 않는다.**

자기 자신의 장점과 재능을 이끌어 내어서 효과적으로 사용하는 법을 배울 뿐만 아니라, 다른 사람의 도움을 청하거나 다른 사람이 도움을 주려 할 때 그것을 받아들일 줄도 안다. 또한 생존자들은 다른 사람들에게 관심과 따뜻한 마음도 표현할 줄 안다. 당신이 의지할 만한 사람은 누가 있는가? 어째서 다른 사람의 도움이 필요한가를 좀더 잘 이해할 수 있기 위해 자기 자신의 장점과 재능의 목록을 만들어 본 적이 있는가?

다섯째로, **생존자들은 자기들이 바라볼 수 있는 좋은 모델들을 가지고 있다.**

이런 사람들을 알고 또 그들이 행한 일들을 앎으로써 내적인 힘을 얻는다. 당신의 역할 모델은 누구인가? 성경의 위대한 인물들의 좋은 본보기를 연구해 본 적이 있는가? 요셉이나 아브라함, 이삭, 다윗, 엘리야, 예레미야나 다른 사람들한테서 배울 점은 무엇인가?

여섯째로, **생존자들은 배우는 일과 성장하는 일을 갈망하는 사람들이다.**

그들은 죽는 날까지 계속 성장하기를 원한다. 인생의 이 시점에서 당신은 어떤 성장을 하고 있는가? 당신의 배움이 중단되지 않도록 당신이 의식적으로 지금 하고 있는 일은 무엇인가?

일곱째로, **생존자들은 자기 인생에 일어난 일에 대해서 책임감을 갖는다.**

그들은 회피하지 않고 문제에 직면해서 그 장애물들을 극복하려고 애를 쓴다. 그들은 죄를 피한다. 당신은 어떤가? 당신이 극복했던 것은 무엇이 있는가? 당신이 현재 이겨 내려고 노력하고 있는 것에는 어떤 것이 있는가? 죄가 당신의 생각을 지배하고 있는가 아니면 이따금 스쳐 지나가는 방문객에 불과한가?

　여덟째로, **생존자들은 낙관적이다.**

그들의 낙관주의는 어려운 시기에 더욱 강해진다. 당신은 낙관적인가 비관적인가? 특별히 어려운 시기에 당신은 어떤 성향을 보이는가?

　아홉째로, **생존자들은 인생을 즐긴다.**

울퉁불퉁한 지점을 통과하는 동안에도 그들은 여전히 웃을 수 있다. 웃음이 당신의 특징이기도 한가?

　열째로, **생존자들은 시련과 위기를 더 강해지고 더 현명해지는 성장의 시기로 삼을 줄 안다.**

당신의 인생에서 이런 자질의 예를 생각해 낼 수 있겠는가?

열한째로, **생존자들은 여유가 있으며, 탄력성이 있으며, 적응력이 있다.**

이런 특징들은 인생에서 겪는 여러 가지 일들을 헤쳐 나가는 데 많은 도움을 준다. 사람이 완고하면 완고할수록 그 사람의 인생은 소망이 줄어들기 마련이다. 완고한 성격은 방향을 바꾸기가 어렵기 때문이다. 완고함과 융통성 이 두 말 중에 어느 것이 당신의 특징이라고 사람들이 말하고 있는가? 확실히 모르겠으면 자기 배우자나 친구들에게 물어보아도 좋을 것이다.

열두째로, **생존자들은 포기하지 않는다.**

용기와 단호함이 그들의 특성이다. 이것이 당신의 특성도 되기를 바란다. 용기와 단호함은 소망과 믿음의 사람임을 나타내 주기 때문이다.

살아남기 위한 자세

때때로 우리는 생존자들을 특별한 사람들이라고 생각하기가 쉽다. 그들 중 소수는 그럴 수도 있다. 그러나 대부분의 사람들은 그렇지 않은 사람들이다. 소망과 믿음을 가지고 있는 사람들도 실수와 결점을 가지고 있기는 매한가지이다. 그 사람들이라고 다른 사람들과 다를 리는 없다 한 가지 예외만 빼놓고서는. 그 사람들은 사고방식이 좀 남다르다. 축복받은 생존자들의 특징이라고 할 수 있는 몇 가지 점들을 알아보기로 하자.

첫째로, "나는 장래를 응시할 것이다. 그래서 내가 현재 하고 있는 일을 그 미래가 인도하도록 할 것이다."

많은 사람들이 중년에 도달하거나 노년에 도달하면 실망에 빠진다. 자기들이 살아온 방식에 대해서 후회하고 있으며 그것을 바꿀 시간이 많지 않은 것을 깨닫게 되는 것이다. 좀더 젊은 시절에 우리의 우선순위와 가치관들을 점검해 봄으로써 우리 인생의 방향을 좀더 나은 쪽으로 틀 수가 있으며 결국 말년에 만족한 삶을 살 수가 있는 것이다.

성경에 의하면, 앞날을 내다보면서 사는 삶은 건강하고 희망에 차 있다. 예수께서 말씀하시기를, "내가 진실로 진실로 너희에게 이르노니 나를 믿는 자는 나의 하는 일을 저도 할 것이요 또한 이보다 큰 것도 하리니 이는 내가 아버지께로 감이니라 너희가 내 이름으로 무엇을 구하든지 내가 시행하리니 이는 아버지로 하여금 아들을 인하여 영광을 얻으시게 하려 함이라 내 이름으로 무엇이든지 내게 구하면 내가 시행하리라"(요 14:12~14)고 하였다.

하나님은 아브라함에게 장래를 바라보라고 하셨다. 창세기 13장 14~16절에서, 하나님께서 아브라함에게 주시기로 하신 그 땅에서 동서남북을 바라보라고 아브라함에게 말씀하셨다. 그리고 나서 17절에서는, 그 때 당시는 아브람이라고 불렸던 아브라함에게 하나님은 이상한 것을 하라고 지시하셨다. "너는 일어나 그 땅을 종과 횡으로 행하여 보라 내가 그것을 네게 주리라."

로이드 오길비 박사는 그것을 이렇게 주석하고 있다.

> 아브라함의 마음속에 모험을 두려워하지 않는 사람으로서의 자신감을 심어 주시기 위해, 아브라함이 일견 불가능한 것처럼 보이는 현실을 자기 것이라고 주장할 수 있도록 하나님이 도와주셔야 했다. 하나님은 아브라함에게 비전을 주셨을 뿐만 아니라, 그것이 정말로 자기 것이 될 때까지 그 비전을 통해 살아가도록 하셨다.
>
> 하나님은 당신과 나에게도 똑같은 일을 하신다. 먼저 하나님은 우리에게 불가능한 꿈을 주신다. 그리고 나서 그것이 우리 것이 되었으면 하는 바램을 갖도록 하신다. 그리고 나서는 우리의 상상력을 통해서 그 실재의 모습(완전히 우리 소유가 된 모습)을 그리도록 도우신다. 당신을 위한 꿈은 무엇인가? 자신의 미래를 생각해 본 적이 있는가? 없었다면 오늘 생각해 보는 것이 어떻겠는가?(『불가능을 가능하게 하는 하나님』, 20쪽)

둘째로, "패배는 결코 용납하지 않겠다. 나는 계속 노력할 것이고 절대로 포기하지 않을 것이다."

인내는 소망과 믿음의 표시이다. 그것은 축복을 현실화하는 데 없어서는 안 되는 것이다. 당신은 끝까지 인내하면서 노력하겠는가?

셋째로, "내가 어떤 일을 겪었느냐에 상관없이 나는 행운아이다."

당신 주위에는 하나님의 축복으로 가득 차 있다. 그런데 자신이 얻은 것보다는 자신이 잃은 것에 더 초점을 맞추고 있기 때문에 그것을 알아차리지 못하고 있을 따름이다. 소망과 성장의 가능성은 항상 있다. 당신은 지금 현재보다 훨씬 더 못했을 수도 있다. 생존자들은 언제나 자기가 가지고 있지 않은 것의 명세서를 만들기보다는, 자기가 가지고 있는 것들의 재고 조사를 끊임없이 한다. 마지막으로 그런 재고 조사를 해본 적이 언제였는가?

넷째로, "나는 가능한 모든 기회를 선용할 것이다."

창조적이고도 성장에 도움이 될 만한 기회라면 어떤 것이라도 찾고 있는 장애인들과 이야기를 나눈 적이 있다. 아마도 장애의 정도가 크면 클수록 자기가 체험할 수 있는 것들에 대한 감사는 더욱 넘치는 것 같다. 우리는 감사하는 눈으로 인생을 바라볼 필요가 있다. 그리고 우리 앞에 있는 기회를 잡아야 한다. 지금 당장 활용할 수 있는 기회로서 좀더 풍성한 희망을 얻기 위해 이용해 볼 수 있는 기회가 당신 주위에는 어떤 것들이 있는가?

다섯째로, "나는 나 자신이 완전한 존재가 아님을 인정할 줄 알며, 인생을 즐기며 다른 사람에게 베푸는 법을 배운다."

생존자들은 완전주의자가 되려고 하지 않는다. 완전해지려고 하는 것은 불가능함을 그들은 알고 있다. 그러나 그들은 탁월해지려고 노력한다. 당신의 부족한 점은 무엇인가? 이런 부족한 점만 골똘히 생각하고 있는가? 아니면 변화시킬 수 없는 것을 받아들이는 한편 개선될 수 있는 것은 개선하려고 자신의 에너지를 거기에 쏟아 붓는가?

여섯째로, "고난과 커다란 상실이 개입되어 있는 일이나 상황에서도 나는 의미를 발견할 수 있다."

무의미함을 느끼는 곳에는 소망도 없고 축복에 대한 의식도 없다. 부정적이거나 고통스런 사건이 주는 의미는 처음에는 찾기가 힘드나 시간이 지나면 알 수 있다. 23년이라는 세월이 지나서야 나와 나의 아내는 이 교훈과 이 자세를 배웠다. 정신박약아인 우리 아들 매튜의 삶과 죽음을 통해서.

물론 우리가 사랑하는 사람을 잃었을 때에는 슬퍼해야 한다. 그러나 그런 다음 "왜?"라는 질문을 "어떻게?"라는 질문으로 대체하는 자리로 돌아와야만 한다.
"이 경험을 통해 내가 배울 것은 어떤 것일까? 이것을 통해 어떻게 내가 성장할 수 있나? 이것을 통해 다른 사람에게 도움이 될 만한 것은 무엇일까? 이 일을 통해 어떻게 하나님께 영광을 돌릴까?"

지금 당신이 겪고 있는 고통이나 상실에서 의미를 발견할 만한 일은 어떤 것이 있는가? 어떻게 하면 그 의미를 발견할 수 있겠는가?

일곱째로, "나는 내 자신이 피해자처럼 처신하는 것을 용인하지 않겠다."

인생의 어렵고 고통스런 일 그 와중에서도 생존자들은 앞으로 나아갈 줄을 알며, 자기 자신을 어쩔 수 없는 피해자로 보는 짓은 하지 않는다. 여기에는 대부분 사고방식의 전환도 포함되어 있다. 자신을 피해자로 보고 있는가? 만일 그렇다면, 그런 태도가 자신에게 피해 의식을 더 많이 안겨 주고 있는가?

여덟째로, "나는 계속 앞으로 밀고 나가기로 마음 먹었다."

생존자들은 전심전력하기로 결심한다. 이들은 자기들의 생활을 예레미야서 29장 11절과 33장 3절에 따르고, 하나님께서 자기들을 인도해 주시도록 바란다.
"너희를 향한 나의 생각은 내가 아나니 재앙이 아니라 곧 평안이요 너희 장래에 소망을 주려 하는 생각이라."
"너는 내게 부르짖으라 내가 네게 응답하겠고 네가 알지 못하는 크고 비밀한 일을 네게 보이리라."
당신은 과거에 어떤 식으로 살았는가? 앞으로는 어떤 식으로 살 결심이 섰는가?

아홉째로, "나는 기꺼이 성장하고 변화하고 새 역할을 배울 것이다."

이혼을 하고 나서 혼자서 자기 아이들에게 엄마와 아빠 노릇을 둘 다 해야 하는 사람들한테서 이런 태도를 흔히 본다. 사람들과의 관계에서 자상하고 감정을 중요하게 여기며 자기 감정을 표현하려고 하는 남성들에게서도 이런 자세를 본다. 우리 모두는 성장과 확장의 기회를 가지고 있다. 만일 그렇지 않다면, 우리가 선택할 수 있는 것이라고는 침체뿐이다. 어떤 면에서 당신은 성장과 변화를 하고 있는가? 자신과 주변 사람들에게 도움이 되기 위해 어떤 식으로 확장이 될 필요가 있는가?

열째로, "나를 세워 주고 나의 성장을 도와줄 수 있는 사람들과 관계를 맺고 싶다."

우리는 결코 혼자 살아가게 만들어지지 않았다. 그렇다고 해서 부정적인 말만 하고 바람직하지 않은 본보기가 되는 사람들로 자신을 에워싸게 만드는 것은 어리석은 짓이다. 병든 사람들과 어울려서 시간을 늘 보낸다면 당신은 성장도 할 수 없고 축복도 누릴 수 없다. 건강한 사람들이라야 당신을 마모시키지도 않고 소모시키지도 않을 것이다. 당신은 살면서 자신에게 힘을 주는 사람이 필요하다. 용기를 주는 사람이 필요하다. 당신의 인생에서 의미가 있는 중요한 사람은 누구인가? 어떤 면에서 그 사람들은 당신의 성숙과 성장을 돕고 있는가? 당신은 누구를 위해서 기도하고 있는가? 당신을 위해 기도하고 있는 사람은 누구인가?

 열한째로, "나는 인생에 도전해 오는 문제들을 피하지 아니하고 직면할 수 있으며, 인생의 스트레스와 위기들을 부인하거나 포기하는 일 없이 감당할 수 있다."

나는 특히 이 마지막 자세가 마음에 든다. 중요한 것은 우리에게 무슨 일이 닥치느냐가 아니라 우리에게 닥친 일에 우리가 어떤 식으로 대응하느냐가 중요하다. 그것은 야고보서 1장 2,3절을 우리 생활에 적용할 수 있느냐 없느냐의 문제이다.
"내 형제들아 너희가 여러 가지 시험을 만나거든 온전히 기쁘게 여기라 이는 너희 믿음의 시련이 인내를 만들어 내는 줄 너희가 앎이라."

불가능을 가능하게 하는 하나님

생존자들의 이러한 자세들을 생각하고 있노라니까, 우리 교회 목사님이신 로이드 오길비 목사님이 몇 년 전에 쓰신 책의 제목 『불가능을 가능하게 하는 하나님』이 생각난다. 만일 이 책 제목이 생존과 소망과 축복에 대해 당신에게 시사해 주는 바가 없다면, 다른 어떤 것이 그것을 할 수 있을지 나로서는 의심스럽다.

 하나님의 아들 예수 그리스도와 아무런 관계를 갖지 않고서도 희망을 가지고 살아가는 사람들이 많이 있다. 그렇다면 하나님과 관계를 가지고 있는 우리는 얼마나 더 소망으로 가득

찰 수가 있겠는가. 소망은 하나님의 축복을 충만하게 경험할 수 있게 하는 전주곡에 해당한다.

자신의 상황이나 배경, 환경은 불가능하다고 여전히 생각하고 있을는지도 모른다. 인간적으로 말해서, 얼마든지 그럴 수 있을 것이다. 그러나 우리는 불가능을 가능하게 만드는 하나님을 섬기고 있다. 우리 혼자서는 할 수 없는 일이 수도 없이 많다. 그러나 내가 하나님의 임재 가운데서 하나님의 인도를 따를 때에는 모든 것이 가능해진다. 생존도 가능해진다. 소망도 생긴다. 하나님은 불가능을 가능하게 하는 하나님이시기 때문이다.

소망을 갖게 되는 출발점은, 하나님의 말씀에서 비롯된 소망의 진리가 당신의 생활에 충만하게 스며들게 하는 데서 시작된다. 내가 그렇게 했듯이 당신도 자신의 삶 속에 이런 일이 일어나도록 해보지 않겠는가? 하나님의 말씀 속으로 나와 함께 여행을 떠나겠는가?

두 주간 동안 해야 할 것이 있다. 두 주간이래 보았자 겨우 14일에 불과하다. 그러나 이 짤막한 숙제를 하면 자신의 태도와 미래 전망에 급격한 변화가 일어날 것이다. 이것은 아주 간단한 것이다. 다음 두 주간 동안 다음에 나오는 성경 구절을 매일 소리내어 읽으라. 감정을 넣어서 읽으라. 강세를 넣어서 읽으라. 이 말씀이 주는 의미를 파악하라. 그리고 나서 자신의 미래에 대해 생각해 보라. 이 말씀에서 오는 축복들을 체험하라.

"그러므로 우리가 믿음으로 의롭다 하심을 얻었은즉 우리 주 예수 그리스도로 말미암아 하나님으로 더불어 화평을 누리자 또한 그로 말미암아 우리가 믿음으로 서 있는 이 은혜에 들어감을 얻었으며 하나님의 영광을 바라고 즐거워하느니라"(롬 5:1,2).

"우리가 소망으로 구원을 얻었으매 보이는 소망이 소망이 아니니 보는 것을 누가 바라리요 만일 우리가 보지 못하는 것을 바라면 참음으로 기다릴지니라"(롬 8:24,25).

"소망의 하나님이 모든 기쁨과 평강을 믿음 안에서 너희에게 충만케 하사 성령의 능력으로 소망이 넘치게 하시기를 원하노라"(롬 15:13).

"그런즉 믿음, 소망, 사랑, 이 세 가지는 항상 있을 것인데 그 중에 제일은 사랑이라"(고전 13:13).

"우리가 성령으로 믿음을 좇아 의(義)의 소망을 기다리노니"(갈 5:5).

"너희 마음 눈을 밝히사 그의 부르심의 소망이 무엇이며 성도 안에서 그 기업의 영광의 풍성이 무엇이며"(엡 1:18).

"이는 그리스도 예수 안에 너희의 믿음과 모든 성도에 대한 사랑을 들음이요 너희를 위하여 하늘에 쌓아둔 소망을 인함이니 곧 너희가 전에 복음 진리의 말씀을 들은 것이라"(골

1:4,5).

"하나님이 그들로 하여금 이 비밀의 영광이 이방인 가운데 어떻게 풍성한 것을 알게 하려 하심이라 이 비밀은 너희 안에 계신 그리스도시니 곧 영광의 소망이니라"(골 1:27).

"우리 구주 하나님과 우리 소망이신 그리스도 예수의 명령을 따라 그리스도 예수의 사도 된 바울은"(딤전 1:1).

"모든 사람에게 구원을 주시는 하나님의 은혜가 나타나 우리를 양육하시되 경건치 않은 것과 이 세상 정욕을 다 버리고 근신함과 의로움과 경건함으로 이 세상에 살고 복스러운 소망과 우리의 크신 하나님 구주 예수 그리스도의 영광이 나타나심을 기다리게 하셨으니"(딛 2:11~13).

"우리가 이 소망이 있는 것은 영혼의 닻 같아서 튼튼하고 견고하여 휘장 안에 들어가나니 그리로 앞서 가신 예수께서 멜기세덱의 반차를 좇아 영원히 대제사장이 되어 우리를 위하여 들어가셨느니라"(히 6:19,20).

"그러므로 너희의 마음의 허리를 동이고 근신하여 예수 그리스도의 나타나실 때에 너희에게 가져올 은혜를 온전히 바랄지어다"(벧전 1:13).

두 주간 동안이다. 이 진리를 하나님께서 당신의 마음에 새기시기를 위해 기도하라. 그리고 나서 어떤 일이 생기는지 보라!

사랑하는 하나님,

모든 상황에서도 능히 살아남는 생존자가 되고 싶습니다. 그리고 계속해서 배우고 성장하는 그런 사람이 되고 싶습니다.

내가 배울 만한 점을 가지고 있는, 긍정적이고도 용기 있는 그런 사람들과 사귈 수 있게 하옵소서.

내 자신의 감정을 죽이지 않게 하여 주시옵소서. 나의 감정을 건전한 방법으로 다른 사람에게 전달할 수 있게 하여 주시옵소서.

남의 탓을 하는 사람이 되지 말게 하여 주옵시고, 다만 내가 한 선택과 행동에 대해 책임을 질 줄 아는 사람이 되게 하여 주시옵소서.

하나님께서 우리에게 주신 웃음의 선물을 어떻게 사용해야 하는지 가르쳐 주시옵소서.

문제와 시련들을 통해 성장을 체험하게 하옵소서.

불가능을 가능하게 하는 하나님을 맛보면서 인생을 살아가게 하옵소서.

소망과 믿음의 자세를 저에게 주시니 감사합니다.

축복을 주시려고 저를 선택해 주셨으니 감사합니다.

예수님의 이름으로 기도합니다. 아멘.

제 4 부
내일에 대한 기대를 가지라

12. 사랑 만들기
13. 끝없는 사랑 베풀기
14. 눈높이 사랑 베풀기

12
사랑 만들기

■ 나는 상담가로서 나에게 도움을 요청하러 온 사람들의 삶을 돌보아 주라는 사명을 받았다. 그것은 내가 다른 사람을 위한 사역으로 주님께로부터 받은 역할이다. 그러나 최근 나의 사무실에서 일어나는 것처럼, 이따금 상담시에 그 역할이 뒤바뀌는 수가 있다.

릭은 자기가 가지고 있는 문제점들을 나와 상의하기 위해 찾아왔다. 이야기를 나누던 도중 릭은 내 사무실에 놓여있는 최근에 찍은 우리 가족 사진을 눈여겨 보았다. 릭은 우리 가족에 대해서 물었다. 그래서 매튜가 지금은 하늘나라에 가 있음을 말하게 되었다. 릭은 매튜에 대해서 이것 저것 많은 것을 물어왔다. 그래서 그 아이가 할 수 있는 것이 얼마나 제한되어 있었는지를 알게 되었다. 그리고 나서 릭은 이렇게 말했다.
"아버지라면 누구나 자기 아들과의 사이에서 겪었을 그런 일을 당신은 경험해 보지 못했겠군요. 안 그런가요, 박사님? 매튜와 공놀이도 못해 보았을 테고, 아이를 데리고 낚시도 못 갔을 것이고, 그리고 다른 아이들이 자라면서 자기 아빠에게 하는 말들을 당신은 한 번도 들어보지 못했겠군요. 겨우 그 아이가 몇 차례 당신을 껴안았을 뿐이었을 것 같군요, 맞지요?"
나는 매튜에 대한 생각이 새로워져서 눈물을 머금고 말없이 고개를 끄덕였다.

릭은 계속해서 말했다.
"하지만, 박사님, 이걸 한번 생각해 보세요. 박사님이 세상을 떠나서 하늘나라에 갔을 때, 이제 모든 것이 온전케 된 박사님의 아들 매튜가 박사님께로 뛰어 와서 두 팔로 박사님의 목을 얼싸안고 '아빠, 사랑해요' 하고 말할겁니다."

그 때 나는 눈물이 주루루 흘러내리고 있었다. 나는 이렇게 말했다.
『그렇게 말해 주시니 정말 감사합니다. 릭. 그런 말을 내게 해 준 사람은 이때껏 아무도 없었습니다.』
릭은 미소를 짓더니 자리에서 일어나 내게로 와 나를 꽈악 껴안아 주었다. 상담받으러 온 사람 또한 상담가를 도와줄 수 있다는 사실을 깨달았을 때, 그 날 우리 두 사람 간에 새로운 유대감이 형성되었다. 나는 릭의 말과 그 행동에 깊은 감동을 받았다.

내가 릭을 통해 경험한 사실은 다른 사람들이 하나님의 축복을 우리 생활에 부어 주시는 일차적인 통로가 된다는, 성경 진리를 예증하는 사례(事例)라 할 수 있다. 이 다음에 온전케 된 매튜를 보게 된다고 친절하게 격려해 준 사람은 릭이었다. 형제간의 따뜻한 포옹으로 나를 위로해 주었던 사람도 릭이었다. 릭이 이런 일을 했을 때 그가 내게는 정말 예수님과 같았다. 나중에 가서 릭의 문제를 듣고 도움이 될 만한 권면을 해 주었을 때는 내가 릭에게 예수님이 될 수 있는 기회였다. 우리는 예수께서 우리 가운데 역사하시도록 맡겼다. 우리는 그 축복된 만남에 대해 하나님께 감사했다.

축복된 가정

우리가 받는 큰 축복 중에 어떤 것들은 그리스도의 몸된 교회 안에서 우리가 다른 사람들과 갖는 관계를 통해 받기도 한다. 축복의 핵심은 우리가 하나님의 것이라는 확신에 있음을 기억하라. 하나님이 그 안에 내주해 계시는 사람보다 이 확신을 더 잘 전달할 수 있는 사람이 이 세상에 누가 있겠는가? 하나님은 하늘에 계신다. 그러나 그리스도를 믿음으로 성령이 내주해 계시는 우리들의 모임인 하나님의 몸된 교회는 여기 이 땅 위에 있다. 예수께서 "두세 사람이 내 이름으로 모인 곳에는 나도 그들 중에 있느니라"(마 18:20)고 말씀하셨을 때 그것은 무슨 신비하고도 이상한 임재를 말씀하고 계시는 것이 아니다. 그리스도께 속한 사람들이고 성령께서 내주해 계시는 사람들이라는 이유로 두세 사람의 믿는 사람들이 함께 모였을 때 그들은 서로에게 예수님이 되는 것이다. 그리스도인들이 함께 모이면 하나님의 축복이 흘러넘칠 가능성은 무한한 것이다.

만일 당신이 그리스도인이라면, 당신은 이 세상에서 가장 큰 가족의 한 식구가 된 것이다. 그것은 축복된 가정이요 그 식구의 숫자는 수억을 넘고 있다. 어떤 형제 자매는 당신과는 다른 피부색을 가지고 있다. 그 형제 자매들이 당신에게 말을 걸어 온다 할지라도 당신은 그 말을 알아듣지 못할 것이다. 왜냐하면 그 형제 자매들은 다른 문화를 가지고 있고 다른 말을 쓰기 때문이다. 그러나 예수 그리스도라는 공통된 접착제 때문에 당신은 그들과 연결되어 있다.

축복을 받은 전세계적 가정 안에는 "교회"라고 불리우는 소규모의 지역 식구들이 있다. 정기적으로 함께 모여 예배하고 교제하는 각 교회는 서로 서로에게 하나님의 축복을 전달하는 통로가 되라고 부르심을 받은 곳이다. 어떻게 축복의 통로가 되는가? 한 가지 길은, 신약성경에서 말하는 "서로"의 의미를 삶으로 나타냄으로써 가능하다. 성경에서 말하는 "서로"의 개념은 하나님의 권속 안에서 상호간에 축복이 되는 생활 방식을 말한다. "서로"라는 뜻을 가진 헬라어가 신약에서만도 100번쯤 사용되고 있다. 이것으로 보아서도, 믿는 자들이 서로를 축복하는 일이 얼마나 중요한 것인지 알 수 있지 않겠는가?

우리가 서로에게 축복의 길이 될 수 있는 길을 한번 모색해 보기로 하자.

1. 서로 사랑하라.

"형제를 사랑하여 서로 우애하고"(롬 12:10).

2. 먼저 존경하라.

"존경하기를 서로 먼저 하며"(롬 12:10).

3. 서로 권면하고 격려해 주라.

"그러므로 피차 권면하고 피차 덕을 세우기를 너희가 하는 것 같이 하라"(살전 5:11).

4. 한 뜻을 품으라.

"이제 인내와 안위의 하나님이 너희로 그리스도 예수를 본받아 서로 뜻이 같게 하여 주사"(롬 15:5).

5. 서로 받으라.

"이러므로 그리스도께서 우리를 받아 하나님께 영광을 돌리심과 같이 너희도 서로 받으라"(롬 15:7).

6. 서로 가르치라.

"내 형제들아 너희가 스스로 선함이 가득하고 모든 지식이 차서 능히 서로 권하는 자임을 나도 확신하노라"(롬 15:14).

7. 서로 섬기라.

"너희가 자유를 위하여 부르심을 입었으나 그러나 그 자유로 육체의 기회를 삼지 말고 오직 사랑으로 서로 종 노릇 하라"(갈 5:13).

8. 서로 도우라.

"너희가 짐을 서로 지라 그리하여 그리스도의 법을 성취하라"(갈 6:2).

9. 서로 용서하고 친절하게 대하라.

"서로 인자하게 하며 불쌍히 여기며 서로 용서하기를 하나님이 그리스도 안에서 너희를 용서하심과 같이 하라"(엡 4:32).

10. 서로 복종하라.
"그리스도를 경외함으로 피차 복종하라"(엡 5:21).

진실로 그리스도 안에서 형제와 자매가 된 사람들이 사랑과 존경과 격려와 인정과 친절함으로 당신을 대한다면 그것이 당신에게 어떤 역할을 하겠는가? '하나님이 나를 사랑하고 계시는구나' 하는 느낌과 '나는 하나님께 속한 사람이다' 하는 확신을 주지 않겠는가? 영적인 축복은 이런 식으로 보통, 피와 살을 가진 사람들을 통하여 전달되는 것이다. 나도 그런 축복이 필요하고, 당신도 필요하며, 다른 사람들 역시 필요하다. 우리가 독처하는 것이 좋지 않다고 하나님이 말씀하셨을 때 (창 2:18을 보라) 아마도 하나님의 마음속에는 사람들이 함께 모여 교제하고 예배드림으로 축복된 한 가족을 이루어야 한다는 생각을 하고 계셨을지 모르겠다.

다른 믿는 사람들과의 사귐에서 당신은 축복의 근원이 되고 있는가? 같은 교회에 다니는 다른 교우들의 수고를 통하여 하나님의 축복을 받고 있는가? 다른 신자들과 사귐을 가지라. 당신의 삶을 그들에게 열어 놓으라. 하나님의 축복은 바로 거기서 당신을 기다리고 있다.

친구는 큰 축복이다

우리를 필요로 하는 모든 사람들을, 특별히 우리 주위에 있는 그리스도인들을 돌보아 주라고 우리는 부르심을 받았다. 바울은 갈라디아서 6장 10절에서 이렇게 말했다.

"그러므로 우리는 기회 있는 대로 모든 이에게 착한 일을 하되 더욱 믿음의 가정들에게 할지니라."
그러나 복된 대가족 외에도 하나님은 우리에게 특별한 관계를 주신다. 그것은 친밀한 친구 사이인데, 우리는 친구들에게 축복이 되고 친구들은 우리들에게 축복이 된다. 예수께서는 많은 무리들을 축복하셨다. 그러나 열두 제자들과는 좀더 친밀한 우의의 관계를 유지하셨고, 그 중에서도 베드로, 요한, 야고보와는 더욱 더 가까운 유대를 가지셨다. 우리도 서로 축복을 주고 받을 수 있는 아주 친밀한 친구들을 만들어나갈 필요가 있다.

친구 관계는 교회 식구들과 일반적으로 사귀는 관계보다는 훨씬 더 선별적이고 또 상호간의 헌신의 정도도 다르다. 우정에는 서로 신뢰를 다짐하는 맹세가 담겨 있다. 거기에는 이기적인 경쟁이라고는 없다. 서로를 도와주고 서로를 귀하게 여기는 것이 친구들이다.

서로가 다른 사람이지만 우정 속에는 상호 신뢰와 수고와 충성이 담겨 있다. 친구란 당신의 고통의 울부짖음 소리를 듣고 거기에 반응을 보이는 사람을 말한다. 친구란 당신이 힘들어 할 때 그것을 감지하고 그 짐을 함께 지려고 달려오는 사람이다. 잠언 18장 24절에 이르기를 "어떤 친구는 형제보다 친밀하니라"고 말씀하고 있다. 우리가 하나님의 소유이고 하나님은 우리를 사랑하시고 우리를 돌보신다는 확신을 줄 수 있는 어떤 친구가 있어야 한다면, 그것은 우리와 가장 친한 그리스도인 친구여야 한다.

당신이 결혼한 사람이라면, 우정이라는 축복의 첫번째 근원은 거의 틀림없이 자신의 배우자일 것이다. 한 인간으로서 우리는 여러 면에서 부족한 점이 많다. 부부 사이의 우정이야말로 우리의 부족함을 메꾸는 데 큰 도움이 된다. 창세기 1장과 2장에서 하나님이 만드신 것은 배우자 없는 아담만 빼놓고는 모든 것이 좋았고 완전하였다(창 2:18). 우리 모두는 살면서 우리의 부족함을 보충하기 위해 배우자나 친구 등 돕는 자가 필요하다. 만일 당신이 미혼자라면, 하나님의 축복의 통로가 될 만한 친구가 적어도 한 사람은 필요하다. 결혼한 사람이라면, 자신의 배우자 외에 다른 친구들이 필요하다. 필요한 관계 욕구를 한 사람이 모두 충족시켜 줄 수는 없기 때문이다.

몇 년 전, 어떤 사람이 나에게 털어놓은 이야기가 생각이 난다. 자기 아내가 우정으로 자기를 얼마나 잘 보살펴 주었는지 자기는 정말 행복한 사람이라고 말했다.

30대 남자인 필은 몇 주간씩이나 심한 압박과 스트레스를 받아오고 있었다. 그가 새로 취업한 직장은 한마디로 재난이었다. 자기 상사가 까닭없이 지체하기도 했다가 독촉하기도 했다가 하는 바람에 필은 거의 기진맥진한 상태가 되었다. 설상가상으로 필과 그의 아내는 이 일자리를 얻기 위해 3,000킬로미터나 이사해 왔던 것이다. 거기다가 양가 부모님들은 그렇게나 멀리 이사를 갔다고 못마땅해 하고 계셨다.

어느 날, 직장에서 하는 일마다 모두 엉망이었다. 직장 일로 골치를 썩고 있는데, 필의 부모님들이 직장으로 전화를 걸어 자기들을 버리고 가버렸다고 한바탕 불만을 털어 놓으셨다.

퇴근 시간이 되어 걸어 나오는데, 토요일에 나와서 일하라고 필의 상사가 통고하였다(미국은 토요일이 공휴일이다).

  필이 집에 왔을 때는 완전히 기분이 엉망이었다. 말은 하지 않았어도 그의 안색은 엉망이었다. 필은 나중에 내게 이렇게 말했다.
"나는 갈기갈기 찢겨진 기분이었고, 너무나 낙심한 상태에 있었습니다."
필은 곧장 자기 의자로 가서 푹 파묻힌 채 말이 없었다.

  필의 아내가 그 방으로 들어왔을 때 그녀는 남편의 신호등을 읽을 수 있었고 별로 기분 좋은 하루가 아니었음을 알 수 있었다. 필은 이렇게 말했다.
"아이린은 나 있는 쪽으로 오더니 내 뒤로 가서 나의 머리카락을 부드럽게 쓰다듬어 주기도 하고, 나의 축 처진 어깨를 주물러 주었습니다. 아내가 한 말이라고는 '지금 저녁 드실래요 아니면 나중에 드실래요?' 하는 말과 '무슨 일이 있었는지 말해 줄래요 아니면 말하고 싶지 않아요?'가 전부였습니다. 아내의 센스, 아내의 부드러운 손길, 내게 말을 할 수도 있고 안 할 수도 있는 자유를 주려는 아내의 마음, 이런 것들이 나에게 용기를 북돋우어 주었습니다. 이젠 더 이상 나 혼자라는 기분이 들지 않았습니다. 낙심이 되어 힘들 때에 내 곁에 있어 줄 사람이 내게 있다는 것을 나는 알았습니다. 하나님의 축복을 나는 느꼈습니다. 그런 아내가 있다는 사실 때문에 나는 내가 축복받은 존재임을 알고 있습니다."

그리스도 안에서 나는 누구인가 또는 한 인간으로서 나는 누구인가 하는 것을 친구들과의 관계 속에서 우리는 더 잘 이해할 수 있다. 친밀한 공유 관계에 들어가 있을 때 그리고 감추는 것 없이 서로를 다 내어보일 때, 가면은 떨어져 나가버릴 것이고, 그래서 자신의 진짜 모습을 새롭게 대면할 수 있게 된다. 친구 관계에서 얻는 축복 중의 하나는 개인의 성장이며, 또한 그리스도를 따르는 사람으로서도 성장을 하게 되는 것이다.

친구 관계는 또한 자신의 의문점에 해답을 얻는 데도 도움을 주며, 문제 해결에도 도움이 된다. 친구는 서로에게 듣는 귀가 되며, 자기 혼자서는 보지 못할 수도 있는 것을 볼 수 있도록 서로 도움이 되기도 한다. 어렵고 힘들 때에 혼자라는 기분을 더 이상 느끼지 않아도 되며, 내 곁에 누군가가 있다는 것을 알면 위안이 되기도 한다.

아키볼드 하트(Archibald Hart) 박사는 우정의 가치에 대해 다음과 같이 말하고 있다.

> 우정 관계는 영적으로 심리적으로 치유를 제공한다. 영적인 치유와 영적인 성숙은 우리에게 격려와 확신을 심어주는 사람들과 우리에게 하나님의 길을 가르쳐 주는 사람들에게서 온다. 원만한 관계들이 주는 눈물과 웃음의 도움으로 심리적인 치유가 된다. 얻어맞아 멍든 기분이 되었을 때, 남의 오해를 받고 다른 사람에게 거절을 당했을 때, 진정한 친구는 삭막한 사막에서 만난 오아시스와 같다. 진정한 우정이란 당신

곁에 있어 당신을 돌봐주는 누군가가 있다는 것이다[『행복해지는 15가지 비결들』(Fifteen Principles for Achieving Happiness), 150쪽].

누군가를 보살펴 주는 친구는 하나님의 사랑의 축복과 돌보심의 축복을 전달해 준다. 도움을 베풀어 주는 친구는 우리가 필요로 하는 것을 채워 주시겠다는 하나님의 약속의 축복을 전달해 준다. 베푸는 친구는 하나님의 풍성하신 은혜의 축복을 전달해 준다. 친구가 있다는 것은 정말 대단한 축복이다!

격려파-인생의 발코니에 나와 있는 사람들

어느 날 두 사람이 하는 이야기를 무심결에 들은 적이 있다. 한 사람이 자기 친구에게 물었다.
"자네는 어떻게 그걸 해냈나? 작년에 갖은 고초를 겪지 않았나? 그런데도 그 문제들 때문에 주저앉지 아니하고 여전히 힘차게 앞으로 전진하고 있는 것처럼 보이니 말일세."

그 친구가 대답하였다.
『한마디로 요약할 수 있을 것 같네. 격려였지. 다른 사람들로부터 많은 격려를 받았다네. 내가 내 자신을 믿지 못할 지경이 되었는데도 다른 사람들이 나를 믿어 주었고, 또 나를 믿고 있다는 것을 끊임없이 나에게 일러 주었다네. 모든 것이 산산조각이 날 것처럼 보이는 때에도 나는 내가 축복받은 사람임을 여전히 알고 있었다네. 내 주위에 있는 사람들이 그것 말고 다르게는 생각하지 않도록 붙들어 주었기 때문이지. 그래서 사람이 살아가려면 다른 사람들이 필요하다는 것을 나는 배웠지. 특히 나를 격려해 주는 사람들이 필요하다는 것을 배웠다네.』

이 사람은 혼자가 아니다. 격려파란 우리가 잘 되도록 축복해 주고 우리 삶이 잘 풀려 나가도록 힘을 북돋워 주는 사람들을 말한다. 당신을 격려해 주고 긍정적인 방향으로 인도해 주는 사람들이 당신 주변에 있는가? 또 당신 자신은 다른 사람들의 힘을 돋구어 주고 긍정적인 말로 용기를 북돋워 주고 있는가? 서로의 삶에 데살로니가전서 5장 11절의 말씀을 성취하려고 애쓰는 사람들의 모임 속에 당신은 속해 있는가?
"그러므로 피차 권면하고 피차 덕을 세우기를 저희가 하는 것 같이 하라."

격려파들은 일명 "발코니에 나와 있는 사람들"이라고 한다. 그 사람들은 언제나 우리 인생의 발코니에 나와 윗몸을 앞으로 쑥 내밀고서는 "넌 할 수 있어. 가서 쟁취하라. 난 너를 믿는다. 내가 너를 위해 기도하고 있다는 것 잊지 말아라"고 외치며 격려해 주기 때문이다. 격려파는 하나님의 축복을 전달하는 사람들이다. 왜냐하면 하나님 자신이 발코니에 나와 계신 분이시기 때문이다. 하나님의 말씀은 그분의 사랑과 격려로 가득 차 있다. 우리 또한 우리 주변에 있는 다른 사람의 인생에 격려를 보내는 사람이 될 수 있다. 그러면 우리도 하나님의 축복의 통로가 되는 것이다.

격려를 해줌으로 내가 다른 사람을 축복하고 있다는 것을 어떻게 알 수 있는가? 다른 사람들이 당신에게 이런 말을 하는 것을 아마 들은 적이 있을 것이다.

- "내가 잘했다 못했다 판단하지 않고 내 말에 귀를 기울여 들어주시는군요."
- "내가 그것을 할 수 있는 능력을 가진 사람이라고 당신은 계속 말씀해 주시는군요."
- "내가 마음에 큰 고통을 당하고 있었을 때 당신은 말없이 나를 꼭 끌어 안아 주셨지요."
- "당신에 대한 내 생각을 솔직하게 말했을 때 당신은 펄쩍 뛰지 않고 잠자코 들어 주었지요. 당신이 날 받아주고 있다는 기분이 들었었지요."
- "내 믿음과 소망이 더디게 자라고 있었을 때 당신은 내게 당신의 믿음과 소망을 빌려 주겠다고 말했지요. 내 것으로 다시 돌려드릴 수 있을 때까지요."

우리 인생에서 가장 위대한 격려파는 우리의 영적 성장을 격려해 주는 사람들이다. 당신의 인생에는 이런 사람들이 누가 있는가? 당신을 위해 기도하고 당신과 더불어 기도하는 사람들, 영적 진리를 당신과 함께 나누는 사람들, 당신이 영적인 무장을 할 수 있도록 도움을 줄 만한 자료들을 제공해 주는 사람들, 그리고 신령한 은사들을 개발할 수 있도록 도와주는 사람들이 있는가? 또 당신은 누구의 영적 성장을 격려해 주고 있는가? 하나님을 아는 것에 자라가도록 서로 돕고 인생에 좋은 열매를 맺도록(골 1:10) 서로 돕는 것이야말로 최대의 축복이라 하지 않을 수 없다.

한 사람을 믿어 주는 것이 어떻게 그 사람의 인생을 변화시켜 놓을 수 있는지 그 좋은 예가 전(前) 로스엔젤레스 경찰 서장이었던 대럴 게이츠(Daryl Gates)의 자서전에서 찾아 볼 수가 있다. 하이랜드 파크 관할 구역의 책임자로 임명받았을 때의 이야기를 대럴은 하고 있다. 거기에 해리라는 이름으로 통하는 나이든 경감 한 사람이 있었는데, 그는 한때 강력계 형사로 이름을 날렸던 사람이었다. 그런데 어떤 사건에 자기 직권을 남용한 일로 유니폼을 입는 순찰 경찰로 물러나 앉은 사람이었다. 게이츠 서장이 세 사람의 경감과 처음으로 회의를 하던 날, 해리는 커피잔과 받침 접시를 들고 들어왔다. 해리는 커피잔과 접시를 한시도 조용히 들고 있질 못했다. 마치 작은 지진이라도 일어난 것처럼 커피잔은 계속 달그락 달그락거렸다. 그러나 사실 흔들리고 있는 것은 해리 자신이었다. 해리는 알콜 중독자들이 가지고 있는 그런 증상들을 모두 가지고 있었다. 그러나 해리는 술이 취한 것은 아니었다. 그는 신경이 몹시 곤두 서 있었다. 게이츠 서장과 만날 때마다 해리는 언제나 똑같은 반응을 보였다. 해리를 잘 감시하라고 자기를 그 곳에 보냈을 것으로 해리가 믿고 있을지도 모른다는 생각이 게이츠 서장 머리에 퍼뜩 스쳤다. 그래서 해리는 무서워 벌벌 떨고 있었을지도 모른다. 그런 것이 아니라고 해리에게 아무리 말해 주었어도 해리는 믿지 않았다.

그럴 때쯤 해서 그 관할 구역에는 백주 강도 문제로 골치를 앓고 있었다. 그 강도는 하루에도 서너 건씩 일을 저지르고 있었다. 하루는 게이츠 서장이 해리를 불러서, 다른 누구보다도 해리가 경찰 일에 대해서는 제일 잘 알고 있는 사람이라고 말했다. 그리고 해리가 이 강도를 잡아 주었으면 좋겠다는 말을 했다. 만일 해리가 수사 계획안을 마련해 오면 그것은 반드시 효과가 있으리라는 것을 게이츠 서장은 알고 있었다. 밖으로 걸어 나가는 해리의 얼굴에는 묘한 미소가 번졌다. 이틀 후 해리는 게이츠 서장의 사무실로 들어와 그 강도를 검거했다는 보고를 하였다. 게이츠는 해리를 바라보며, 자기 마음속에는 해리가 그것을 해낼 것이라는 점에 대해 한 점의 의심도 없었다는 말을 해 주었다. 그리고 아주 멋지게 잘 해내었다고 칭찬해 주었다. 그리고 그 후에도 게이츠 서장은 기회가 있을 때마다 사적으로든 공적으로든 해리를 칭찬하는 것을 아끼지 아니하였다. 해리는 하룻밤 사이에 다른 사람으로 변하였다. 그는 술과 담배를 끊었다. 그의 외모가 달라졌고, 게이츠 서장이 지금껏 겪었던 부하들 중에 가장 유능한 경찰관이 되었다. 게이츠 서장이 해리에게 어떻게 대했는지는 모르겠지만 아무튼 그것이 해리의 인생을 바꿔 놓았다고 해리의 아내가 게이츠 서장에게 말했다.

　게이츠 서장은 해리가 과거에 실수가 있었음에도 불구하고 그를 믿어 주었다. 그리고 그것이 해리의 인생을 전환시켜 놓았던 것이다.

　내가 지금껏 들은 이야기 중 가장 감동적이고 가슴 뭉클했던 이야기는 혼전(婚前) 상담 시간에 참가했던 한 청년으로부터 들은 이야기였다. 그 청년은 평화 봉사단으로 아프리카의 한 부족에게 봉사했던 자기 사촌 이야기를 들려 주었다. 그 부족은 아주 먼 오지에서 오두막을 짓고 그 안에서 살아가는 사람들이었다. 그래서 이 젊은 청년도 그 사람들이 하는 대로 그렇게 살았다. 얼마 안 가 그가 알게 된 한 가지 사실은, 이 부족 사람들은 나이가 먹은 사람들은 별로 가치가 없는 사람으로 친다는 사실이었다. 그런 사람들 중의 하나가, 늙어서 거동이 자유롭지 못하므로 오두막 안에서만 기거해야 하는 한 노파였다. 사는 데 필요한 것은 사람들이 가져다 주었으나, 이 노파는 자기 부족에게 이바지하는 바가 전혀 없었다. 그래서 그런지 이 청년 외에는 이 노파에게 와서 말을 거는 사람조차 없었다. 청년은 자주 이 노파를 찾아가서, 마루에 걸터앉아 손짓 발짓을 다 동원해 가며 이야기를 나누곤 하였다. 청년은 할머니가 어떻게 살아 왔는지도 알게 되었고, 또 그 부족 사람들의 역사와 풍습에 대해서도 알게 되었다. 그리고 할머니는 이 청년이 어떻게 살아 왔는지 알게 되었고 청년이 사는 나라에 대해서도 알게 되었다.

2년이 다 되어갈 무렵 이 청년이 떠나야 할 때가 왔다. 청년은 이 부족 사람들에게 귀염을 받아왔다. 그래서 부족 사람들은 환송 잔치를 열고 작별 인사를 하였다. 잔치가 한창 무르익어 갔을 때 이 할머니가 발을 절뚝거리며 오두막에서 나와서는 이 청년이 서 있는 곳으로 왔다. 그 자리에 있던 사람들은 양쪽으로 갈라져서 그 할머니에게 길을 내주었다. 청년은 노파가 자기 쪽으로 오는 것을 보고 뒤돌아서서 미소를 띠고 있었다. 할머니가 청년에게 다가왔다. 청년은 할머니보다 키가 훨씬 컸으므로 할머니는 청년을 높이 올려다 보면서 자기 손을 청년의 가슴에다 대고는 단지 이 한마디만 하였다.
"이보게 젊은이, 젊은이와 함께 있을 때가 내게는 가장 좋은 때였네."
다른 사람들이 우리에게도 이런 말을 해줄까?

성을 짓고 사는 사람들과 지하실에서 살고 있는 사람들을 조심하라

당신에게 경고해 주고 싶다. 당신의 인생에서 만나는 모든 사람들이 다 축복의 근원인 것은 아니다. 그것은 교회 안에서도 마찬가지이다. 어떤 사람들은 다른 사람들에게서 뚝 떨어져 있거나 고립되어 있다. 그 사람들은 당신이 접근해 오는 것을 원치 않는다. 그리고 당신에게 접근하려고 하지도 않는 사람들이다. 당신의 인사도 받으려 하지 아니하고 또한 당신에게 인사를 하려 하지도 않는다. 특히 남들이 보는 데서는 더욱 그러하다. 그 사람들은 대부분의 시간을 고립된 채 자신이 만든 감옥에서 살아간다.

이런 사람들은 마치 수세기 전 중세 시대에 성곽에서 살던 사람들과 같다. 그들은 높은 담을 쌓고 다른 사람들과 친해지는 것을 피하여 자기를 보호하려고 자기 인생의 둘레에 해자(垓字)를 파놓는다. 그 성에 들어가는 다리는 주로 닫혀 있는 때가 많다. 누구를 자기 인생에 들어오도록 허락할 것인가를 이 사람들은 정해 둔다. 그리고 어느 정도나 들어오게 할 것인가도 미리 정해 둔다. 그러나 이들이 깨닫지 못하고 있는 것은, 자기가 자기 자신의 방어라는 감옥의 수감자가 된다는 것이다. 성을 짓고 사는 사람들은 다른 사람에게 사랑을 주지도 못하고 받지도 못한다. 이런 식으로 다른 사람들과 뚝 떨어져서 살고 있기 때문에 자기들이 어떤 축복을 놓치고 있는지 생각조차 못하는 사람들이 많이 있다.

따로 떨어져 살 뿐만 아니라 적대감까지 가지고 있는 다른 부류의 사람들이 있다. 그런 사람들을 잠언 12장 18절은 이렇게 묘사하고 있다.
"혹은 칼로 찌름같이 함부로 말하거니와."
나는 이런 사람들을 "유독한 사람들"이라고 부른다. 이 사람들은 다른 사람들을 축복하기는커녕 그 관계를 오염시키는 아주 독특한 능력을 가지고 있다. 이 사람들은 또한 "지하실 사람들"이라고 부르기도 한다. 어둡고, 습하며, 음침한 지하실에서 살면서 누군가를 움켜잡아서는 자기들의 지하 감옥으로 끌고 내려가려고 웅크려 기다리는 사람들이다. 이들은 아주 위험한 사람들이다. 이 사람들은 사람을 세워 주지 않는다. 오히려 사람들의 기운을 빼어 놓는 사람들이다. 가까운 인간관계를 만들려 하지 않으며 그 반대로 친구들을 이간시켜 놓는 사람들이다. 이 사람들은 파괴시키는 데서 기쁨을 찾는 사람들이다. 참으로 슬픈 일이기는 하지만, 어쩌면 당신의 식구들 중에도 이런 지하실 사람들이 있을지도 모른다. 그들의 부정적인 말들을 받아 넘기느라 이미 기진맥진해 있을는지도 모르겠다.

그러나 다행인 것은, 누가 우리 인생에 축복의 근원이 될지 또 누구는 아닌지 그 사람의 부류를 알아볼 수 있도록 하나님의 말씀이 우리를 돕고 있다는 사실이다. 성(城)에서 살고 있는 사람들과 지하실에서 살고 있는 사람들에게 우리가 그리스도의 사랑을 전해야 하는 것은 의심할 바 없는 사실이다. 그러나 우리는 또한 우리를 마모시키기보다는 우리를 세워 주는 건강하고 긍정적이며 유능한 사람들이 우리 주변에 필요하다.

지하실 사람들의 부정적인 행위 때문에 이런 류의 사람들을 피하라고 하나님의 말씀은 분명히 우리에게 가르치고 있다. "노를 품는 자와 사귀지 말며 울분한 자와 동행하지 말지니 그 행위를 본받아서 네 영혼을 올무에 빠칠까 두려움이니라" (잠 22:24, 25).

몇 가지 예를 더 들자면, 그리스도의 가르침을 전적으로 거부하는 자들을 피하라고 말씀하고 계시며(마 10:14), 잘못된 교리를 가르치는 사람들을 사귀지 말고(마 7:6), 어린 그리스도인들에게 걸림돌이 되고 있는 사람들을 피하고(마 18:6), 끝끝내 회개하지 않는 사람들을 피하며(마 18:15~17), 무정하게 용서하지 않는 사람들(마태복음 18:21~35)을 피하라고 한다. 신약의 모든 서신서들을 살펴보면, 극단적인 불순종과 반항의 사람들은 결코 우리에게 축복의 사람이 될 수 없음을 발견하게 된다. 이런 류의 사람들을 피할 때에 하나 조심할 점은, 스스로를 의롭게 여겨서는 안 된다는 점이다. 다만 우리는 이 지하실 사람들이 우리 삶에 부정적인 영향을 끼치지 않도록 조심하는 것이 우리의 본분일 뿐이다.

축복에 굶주린 사람들

많은 사람들을 상담하면서 만나 본 사람들 중에 가장 서글픈 사람들은 굶어 죽어가고 있는 사람들이다. 길거리에서 자는 사람들이나 집이 없는 사람들을 말하는 것이 아니다. 집도 훌륭하고 수입도 좋으며 식구들과 함께 기거하고 있는데도 굶어 죽어가고 있는 사람들이다. 왜냐하면 긍정적이고도 친밀한 관계에서 얻을 수 있는 축복을 마음속으로 갈망하고는 있지만 그것이 채워지지 않고 있기 때문이다. 다른 사람과의 친밀한 관계를 바라고 있지만 그렇게 되지를 못하는 사람들이 많이 있다. 또 어떤 사람들은 다른 사람들에게 축복을 가져다 주는 사람이 되고 싶어하지만 이 노력이 상대방의 인정을 받지 못한다. 그럴 때 이들의 마음은 상처를 입게 된다. 이 사람들은 여전히 다른 사람이 친밀하게 대해 주기를 바라고 다른 사람의 격려를 갈망하고는 있지만, 그들의 과거에 있었던 그 경험 때문에 마음 문을 열지 못하고, 두려운 나머지 자신을 닫아버리는 것이다.

이런 종류의 굶주림으로 고생하고 있는가? 친분 관계의 축복을 받지 못해 허덕이고 있는 사람이 당신 주변에 있지는 않은가? 축복을 주고 받고 싶어하는 그 갈망이 당신의 두려움을 쫓아내게 하라. 다른 사람에게 복을 주려고 할 때 또는 복을 받으려는 그런 시도를 할 때 겪을 수도 있는 상처는 고립되어 혼자 살면서 속으로 고통을 씹는 그것에 비하면 아무것도 아니다. 우리는 다른 사람들과 친분 관계를 만들어 갈 수 있으며, 사람들을 통해 주시는 하나님의 축복을 체험할 수가 있다. 이것은 대단히 느린 여행길이 될지도 모르겠다. 그리고 시간과 노력을 요하기도 한다. 때로는 유쾌하지 않은 일이 생길 수도 있다. 그러나 결국은 우리를 축복으로 인도한다.

축복을 받고 싶어하는 내적인 갈망을 충족시켜 줄 수 있는 잠재력을 가진 관계란 어떻게 만들어 갈 수 있는가? 가이 그린필드(Guy Greenfield)가 쓴 『우리는 서로를 필요로 한다』(*We Need Each Other*)라는 저서에는 다음과 같은 지침이 들어 있다.

서로 돌보아 주고, 함께 나누며, 친밀한 관계 수준에 들어가기 위해서는 전적인 헌신이 요구되며, 나 자신이 먼저 주도해야 되며, 시간을 들여야 하며, 거부당할 수도 있고 실수할 수도 있으며 당황스런 일도 생길 수 있다는 것을 인정해야 되며, 꾸준한 노력을 기울이지 아니하면 안 된다. 신뢰가 곧 헌신이다. 당신의 마음 가장 깊숙한 곳에 있는 감정을 다른 사람에게 털어놓을 수 있기 위해서는, 이것이 인간 관계의 깊이를 더해 가는 제일 중요한 수단임을 진실로 확신할 수 있어야 한다. 아주 친밀한 관계는 우연히 얻어지는 것도 아니요 우연의 일치로 도달되는 것도 아니요 오직 그렇게 하고 싶다는 의도와 결심에 의해서만 이루어지는 것이다. 친밀한 인간 관계를 이루기 위해서 때로는 희생이 따를 수도 있다. 매일 매일 해야 하는 잡다한 일들을 제쳐 놓고, 친밀해지고 싶은 그 사람에게 시간과 에너지를 쏟아야 하는 수고를 해야 하는 것이다(35쪽).

그렇다면 그 사람들이란 누구를 말하는 것인가? 자신의 인생에서 하나님의 축복의 통로 역할을 하고 있는 사람들이 누구 누구인지 알고 있는가? 그 사람들은 당신 주위에 있는 사람들이다. 인간 관계 속에 있는 축복을 아직 충분히 쌓아놓지는 않았을지 모르지만, 아무튼 그 가능성은 여기에 있는 것이다. 다른 사람들과 친밀하게 지내라. 그래서 하나님께서 그 사람들을 통해서 당신을 마음껏 축복하시게 하라.

사랑하는 하나님,

　저는 요즘 친구에 대해서 생각해 보고 있습니다. 현대인들은 누구나 관계가 중요하다고 말하고, 서로를 진실로 아는 것이 중요하다고 말은 하고 있지만, 실제로 노력을 하고 있는 사람은 많아 보이지 않습니다. 사람들이 갖고 싶어하는 친구는 다 같습니다. 여러 사람들 앞에 두각을 나타내는 사람입니다. 지극히 평범한 사람들과 흔쾌히 인간 관계를 맺고자 하는 사람들은 그리 흔하지 않은 것 같습니다. 어린아이가 셋이나 딸린 버림 받은 가정주부라든가, 자신감이 결여되어 있는 뚱뚱한 십대 소녀, 사람들 속에 끼지 못하고 빙빙 도는 숫기없는 사람들과 사귐의 관계를 가지려 하는 사람은 좀처럼 보기가 힘듭니다. 주님, 주님의 친구는 누구였습니까? 주님은 많은 사람들을 알고 있었지요. 함께 사역을 하였던 열두 사도들도 있었지요. 하지만 누가 주님의 친구였나요? 속마음을 털어놓았던 사람 말입니다. 말 한마디 한마디를 조심하지 않아도 되고, 끊임없는 기대치를 만족시키지 않아도 되는 그런 사람말입니다. 주님, 그 특별한 친구가 나사로였나요? 어쩌면 그랬을지도 모른다는 생각을 해봅니다. "저에게도 그런 친구를 주세요" 하고 기도를 시작했지만, 더 좋은 기도말이 있지 않을까 생각해 보았습니다. 그래서 이렇게 기도합니다.
　"내가 그런 친구가 되게 해주세요."
　예수님의 이름으로 기도합니다. 아멘.

13
끝없는 사랑 베풀기

■ 길에는 아무도 없었다. 그러나 언제나 늘 그런 것은 아니었다. 이 길을 다닐 때는 누군가 꼭 눈에 띄게 마련이었다. 그러나 웬일인지 오늘은 달랐다. 그래서 이 나그네는 발걸음을 재촉하여 빨리빨리 걸었다. 여기가 자기 동네라고는 할 수 없었다. 과거 이곳 주민들과 문제가 있었던 적도 있었다. 이 동네 사람들은 자기같은 사람을 좋아하지 않았다. 여기 이 동네에 살고 있는 어떤 사람들의 마음속에는 편견이 뿌리깊게 자리잡고 있었다. 그리고 불행스럽게도 그 편견이 나쁜 쪽으로 표현되는 일이 흔히 있었다.

좀전에 이 나그네는 가던 길을 멈추고 나무 그늘 밑에서 잠시 쉰 적이 있었다. 두 사람을 본 것은 바로 그때였다. 한 사람은 목사였는데, 이 사람은 자기에게 아무 말도 걸지 않았다. 심지어 안녕하십니까 하는 인사조차 없었다. 신앙심이 깊은 사람이 자기를 못본 척하다니 참으로 이상하기도 하다는 생각을 이 나그네는 하였다. 잘만하면 새신자를 한 명 얻을 수 있는 좋은 기회였을지도 모르는데 말이다.

잠시 후에 두번째 사람이 지나갔다. 이 사람은 교회 사무장이었다. 그런데 이 사람도 똑같이 말 한마디 없이 지나쳐 가버렸다. 아마 무엇인가 오늘까지 꼭 해놓지 않으면 안 될 일이 있어서였는지도 모르고, 아니면 걸음을 멈출 수 없는 무슨 급한 사정이 있었을지도 모르겠다.

나그네가 시골길로 접어들었을 때, 저 앞 길모퉁이에 뭐가 있는 것이 보였다. 멀리서는 그것이 무엇인지 확실히 알 수 없었다. 그러나 거리가 가까워질수록 허여스름한 살이 보였다. 그것은 사람이었다. 남자였다. 그리고 그 사람은 벌거벗고 있었다. 죽은 것 같았다.

나그네는 깜짝 놀라 그 사람이 쓰러져 있는 곳으로 달려갔다. 피를 본 것은 바로 그 때였다. 그 남자는 머리와 가슴 할 것없이 온통 피범벅이었다. 팔은 이상한 각도로 꺾여져 있었다. 이 근처에 사는 사람이 분명한데 이 꼴을 당하고 있었다. 이 남자는 강도를 당해서 매를 맞고 옷까지 빼앗긴 뒤 아무렇게나 방치된 것이었다. 사방을 둘러보았으나 아무도 보이지 않았다. 자기보다 앞서 갔던 그 두 사람은 벌써 사라진 지가 오래 되었다. 길은 이 길 밖에 없어서 틀림없이 그 두 사람도 이 길로 지나갔을 것이다. 그런데 이 사람이 쓰러져 있는 것을 못 보았단 말인가? 틀림없이 보았을 것이다. 어째서 가던 길을 멈추고 이 사람을 도와주지 않았단 말인가?

　나그네는 이 불쌍한 피해자를 도와주어야 하나 말아야 하나 하는 생각은 해보지도 않았다. 혹시 지나가던 딴 사람이 자기를 보고 이 남자를 폭행했다고 생각하면 어쩌나, 아니면 자기가 이 사람을 돌봐주는 동안에 죽어버리면 어쩌나 하는 따위의 생각은 해보지도 않았다. 이 사람을 돌봐주는 동안에 불상사가 생기면 이 사람의 가족들이 나를 고소하지는 않을까 하는 생각도 들지 않았다. 어쨌든 상처 투성이의 이 남자는 자기의 도움이 필요했다. 나그네에게는 남을 불쌍히 여기는 마음과 관심이 있었기 때문에 결국은 손을 뻗어 이 사람을 돕기로 하였다.

　나그네는 가까운 개울에 가서 물을 좀 가져와서 상처를 씻어 주었다. 그리고는 자기 옷을 찢어서 붕대를 만들어 그 강도 만난 사람의 팔을 붙잡아 매주었다. 그리고 나서 자기 옷을 벗어서 그 사람의 벌거벗은 몸뚱이를 가려 주었다. 그 사람은 의식을 되찾았으나 너무나 고통스러워서 신음을 토하였다.

　절름 절름 두 사람은 그 다음 마을까지 간신히 갔다. 두 사람이 오는 것을 보고 동네 사람들은 이상하다는 듯 구경을 하였다. 두 사람 다 몰골이 말이 아니었다. 둘 다 옷은 반만 걸치고 있는데다 온통 피범벅이었다. 나그네는 자기들을 유숙시켜 주고 치료해 줄 사람을 찾아 내었다. 자기 길을 떠나기 전에 나그네는 치료하는 데 드는 비용과 먹고 자는 데 드는 비용조로 얼마간의 돈을 주었다. 자기가 며칠 안으로 다시 와서 피해자를 볼 것이며 그 때 필요하다면 돈을 더 주겠다고 말했다. 그리고 나서 나그네는 길을 다시 떠났다.

"당신을 여기로 데려다 준 그 사람은 틀림없이 당신의 제일 친한 친구겠지요."
강도 만난 사람을 돌봐 주던 사람이 그렇게 말했다.
"모르는 사람이라면 그렇게 할 리가 없지요."
부상을 당한 사람이 대답했다.
『아니오. 난 그 사람을 전에는 한 번도 본 적이 없습니다. 나는 노상강도를 당해서 거반 죽을 뻔하였지요. 그런데 그 사람이 나를 도와주었어요. 나 역시 얼마나 놀랬는지 모릅니다. 나 같은 사람을 도와주는 사람은 거의 없거든요. 그런데 그 사람은 그렇게 했단 말입니다. 나는 유대인이고 자기는 사마리아 사람인데도 말입니다. 얼마나 다행인지 모릅니다. 난 정말 복이 많은 사람이예요』(눅 10:25~37을 보라).

그렇다. 예수님의 비유에 나오는 강도 만난 그 사람은 참으로 축복받은 사람이었다. 만일 그 선한 사마리아 사람이 아니었던들 그 사람은 죽었을지도 모르는 일이었다. 그런데 이 이야기 속에는 축복받은 사람이 또 한 사람 있었다. 그것은 제사장도 아니고 레위인도 아니다. 이 두 사람은 강도 만난 그 사람을 못 본 체한 사람들이었다. 이 사람들의 마음은 꽉 닫혀 있었고 자기 자신 밖에 몰랐으며, 부정한 사람은 만져서는 안 된다는 종교적 관습에 사로잡혀 있었던 사람들이었다. 그렇게 했다가는 자기들의 삶을 하나님께서 축복하시지 않을지도 모른다는 불안감 때문에 그 불쌍한 사람을 도와줄 수 없었던 것이다.

착한 사마리아 사람은 복된 사람이었다. 그것을 어떻게 알 수 있는가? 그 사람이 다른 사람에게 축복을 베푼 것을 보면 알 수 있다. 하나님과의 관계에 상당히 자신이 있었기 때문에 그는 편견이나 두려움, 그리고 의심 따위는 얼마든지 무시할 수 있었고, 그래서 자기 주변에 있는 사람들에게 복을 베푸는 일을 사랑으로 실천할 수 있었던 것이다. 하나님께로 말미암은 우리의 축복이 다른 사람에게 전달될 수 있는 통로는 바로 나와 하나님과의 관계에서부터 시작된다. 우리는 하나님께 속한 사람이라는 사실을 알고 있는 것이야 말로 참으로 복된 자신감의 근원이라 할 수 있다. 그러나 그것은 나만을 위한 그런 것은 아니다. 우리가 축복받은 것은 다른 사람들의 축복의 근원이 되기 위해서이기도 한 것이다.

여기서 어디로 가야 하나?

이 단계쯤에 왔을 때 당신이 무슨 생각을 하고 있는지 한번 예상을 해보고 거기에 대한 나의 해결책을 제시해봄으로써 축복의 실제적인 면을 소개해 보기로 하자.

친애하는 노먼 박사님.
앞에서 언급하신 박사님의 글을 잘 읽었습니다. 그리고 덕분에 몇 가지가 정리되기 시작했습니다. 나름대로 수고가 따르기는 하지만 나의 삶에도 변화가 올 수 있음을 깨달아 가고 있는 중입니다. 전에도 변화를 시도해 본 적은 있습니다만, 별 차이를 가져오지 않는 그런 방법이었습니다. 변화를 가져오는 첫번째 단계는 바로 내 마음의 결정에 달렸다는 이 제안은 납득이 가는군요.

박사님이 "어제에 살고 있는 사람"에 대해 말씀하셨을 때 나는 그만 의자에서 벌떡 일어나고 말았습니다. 그것은 바로 나 자신의 모습을 적나라하게 묘사하고 있는 것이었기 때문이었습니다. 나 자신의 모습이 그렇다는 것을 잘 깨닫지 못하고 있었을 따름이었지요. 아침에 잠자리에서 일어났을 때 과거가 나를 다스리기보다는 미래가 나를 다른 모습으로 만들어 줄 것을 나는 의식적으로 기대하고 있습니다. 그렇다고 해서 앞으로 전진하는 것이 언제나 편하게 느껴지는 것만은 아닙니다. 하지만 위험 부담을 안고서라도 한번 모험을 해보는 것이 더 낫겠다는 생각을 해봅니다. 물론 하루 하루 조금씩 해나가야 한다는 것을 잘 알고 있습니다.

이제 나의 인생과 장래에 대해 꿈을 꾸기 시작했습니다. 이것은 내게는 아주 뜻밖의 일입니다. 전에는 꿈을 꾼다는 것이 두려웠습니다. 그런데 박사님께서 인생의 비전을 창조하라고 말씀하면서 꿈 이야기를 했을 때, 나도 긍정적인 꿈을 가질 수 있음을 깨달았습니다. 그리고 언제나 다른 사람에게 대해 수동적인 입장에 서거나 어떤 상황에 피동적으로 대처하지 않아도 된다고 생각하니 기분이 훨씬 좋아졌습니다. 내가 어떻게 달라졌는지 다른 사람에게 물어보고 싶으면 그렇게 해도 좋습니다. 다른 사람에게 유익이 될 만한 일거

리도 찾아냈습니다. 내가 전에는 "목표"라고 했었는데 이제
는 나의 "비전"을 갖도록 노력하고 있습니다. 그리고 이 면에
서 하나님의 뜻을 알게 해달라고 기도하고 있습니다.

 이런 과정을 통해 여러 가지를 알게 되었으니 참으로 놀라
지 않을 수 없습니다. 이것이 지금 이 시점까지의 내 삶에 대
한 보고서입니다. 그러나 이 말을 하려고 이 편지를 쓴 것은
아닙니다. 좀더 실제적인 것을 물어보려고 합니다. 내가 선
택받은 사람이라는 것은 알겠습니다. 그리고 축복받은 사람
이라는 것도 이해가 됩니다. 축복받기로 선택되었다는 것이
어떻게 나의 일상 생활을 달라지게 할 수 있는지 좀더 구체
적으로 말씀해 주셨으면 합니다. 특별히 다른 사람들과의 인
간 관계에 그것은 어떤 의미를 주는 것인가요? 예를 들어, 직
장 사람들과는 어떤 식으로 사귀어야 하며, 이웃 사람들(특
별히 이사 가버렸으면 하고 바라는 사람들)하고는 어떻게 지
내야 하는지, 배우자나 사사건건 간섭하는 부모님하고는 어
떻게 해야 하는지 말씀해 주시기 바랍니다.
 답장을 기다립니다.

독자 올림

 자기들은 축복받기로 선택된 사람이라는 사실을 깨닫게 된
많은 사람들이 이와 똑같은 간증과 질문을 내게 해온다. 그
사람들이 묻는 질문은 기본적으로 다음과 같다.
"자 이제 어디로 가야 하나? 이 모든 것을 어떻게 조화롭게 짜
맞출 것인가?"

이것은 아주 중요한 질문이다. 앞으로 남은 과(科)에서는 나의 대답을 당신과 함께 나누려고 한다.

많은 축복을 주심은 베풀라는 뜻이다

축복의 선택을 받았다는 것은 지금이 삶의 모든 상황에서 하나님의 축복을 받은 사람으로서 살아가기를 배워야 할 때라는 뜻이다. 사는 동안 무슨 일이 생기든지, 사고를 당했든지, 실직을 했든지, 암에 걸렸든지, 가족을 잃는 고통을 당했든지 간에, 자신이 축복의 선택을 받았다는 사실을 자기 자신에게 늘 상기시키지 않으면 안 된다. 이것들은 다소 심한 예가 될는지는 모르겠으나 그것이 또한 현실 세계이기도 하다. 어떤 일이 생기더라도 당신은 언제나 축복받은 사람이다. 살면서 만나는 모든 사람들에게 또 어떤 상황에서도 당신은 축복받은 사람으로 생각하고 행동해야 한다는 것을 잊어서는 안 된다. 사도 바울이 말한 바대로 "내가 너희를 권하노니 너희가 부르심을 입은 부름에 합당하게 행하지"(엡 4:1) 않으면 안 된다.

그랜드 테튼 국립공원에서 하이킹을 할 때 보면 등산객들이 정해진 길을 따라 가지 아니하고 초원지대를 이리저리 왔다갔다 하는 모습을 종종 보곤 한다. 축복받은 우리는 목적없이 헤매는 방랑자가 되어서는 안 된다. 예수 그리스도께서 우리를 위해 정해 주신 그 길을 이탈해서는 안 된다. 주님께서 바라시는 바는, 우리의 기분이 어떠하든지 또는 우리 삶에 어떤 일이 생기든지, 우리가 축복의 자녀답게 살아가는 것이다. 마태복음 5장 3~12절의 팔복(八福)은 이것을 분명히 보여 주고 있다. 본문에 나오는 "복이 있나니" 하는 말은 "행복하나니"로도 번역할 수 있다. 그것은 우리 인간의 가장 핵심적인 것과 관계된 행복이다. 모든 일에서 하나님을 기쁘시게 하고 싶은 우리의 바램에서 나오는 그런 행복이다.

우리가 이렇게 살면, 다른 사람들도 축복을 받게 될 것이다. 그래야 온전한 축복이 된다. 축복이란 우리만의 전유물이 아니다. 축복은 다른 사람과 함께 나누어야 하는 것이다. 축복을 받은 그 사람에게만 축복이 머물러 있게 해서는 안 된다. 우리가 지금까지 말해 온 모든 것은 바로 여기서 종합이 되는 것이다. 축복에 대해 모든 것을 알고 있을지라도 다른 사람과의 관계에서 그 축복이 나타나지 않는다면 당신이 축복받은 사람임을 아무도 믿지 아니할 것이다.

"하나님의 축복이 나의 삶에 나타날 것이라고 어떻게 확신할 수 있습니까?" 하고 당신은 물을 것이다. 모든 사람에게 적용해도 좋을 세 가지 일반적인 원칙이 여기 있다.

첫째로, 날마다 예수 그리스도께서 당신의 삶의 중심에 계시게 하라.

예수님을 인생의 최고 통치자로 모셔 들이라(골 1:18). 그리스도의 사랑에 당신의 뿌리를 깊이 내릴 때, 다른 사람에게 하는 당신의 말과 행동이 그리스도의 사랑을 반사하고 있음을 발견하게 될 것이다. 사람들을 편애하기가 쉽다. 가족 간에도 마찬가지이다. 그러나 축복받은 사람이 되었다는 것은, 우리가 사랑할 수 있으리라고는 꿈에도 생각해 본 적이 없는 그런 사람들 모두를 위한 사랑과 용납이 그리스도 안에 있음을 깨닫게 되는 것을 말한다. 직장에서건, 동네에서건, 심지어는 교회에서조차 매력있고, 똑똑하며, 또 "무언가를 가지고 있는" 그런 사람들과 함께 많은 시간을 보내기가 쉽다는 것을 나도 알고 있다. 그러나 하나님은 모든 사람을 똑같이 사랑하신다. 그러니 우리도 당연히 그렇게 하지 않으면 안 된다.

둘째로, 당신이 다른 사람에게 무슨 말을 하는지 잘 살펴보아야 한다(엡 4:29).

말에는 실로 엄청난 힘이 있다. 말은 감정을 상하게 할 수도 있고, 마음을 기쁘게 해 줄 수도 있다. 그 어떤 것보다도 자기가 내뱉은 말 때문에 곤욕을 치르는 사람들이 많이 있다. 당신의 말로 다른 사람을 기운이 빠지게 하기보다는 오히려 힘을 주는 그런 말을 하도록 하라. 당신이 하는 말이 하나님의 은혜를 담고 있으면 사람들은 저절로 당신에게로 끌려 오게 될 것이다. 다른 사람에 대해서 어떤 생각을 하고 있는지 그것도 조심하라. 왜냐하면 생각은 반드시 말 속에 나타나기 때문이다.

셋째로, 다른 사람을 대할 때 인자하게 대하라(엡 4:32).

사람은 과거의 상처를 가지고 있기 때문에 자존심이 상하기가 쉽다. 그럴지라도 분노에 함몰되는 일이 없도록 하라. 사람들은 모두 생각하는 바가 다르고, 행동도 다르게 하지만, 그리스도의 사랑이 당신 안에 있다면 그것들을 모두 받아들일 수 있다는 것을 기억하라.

다른 사람들이 당신을 실망시키고 상처를 줄 수 있을 것이다. 그러나 그 사람들이 잘못한 것을 마음에 담고 있지 말라. 혹은 되로 받고 말로 갚으려 하지도 말라. 아무리 받은 상처가 깊더라도 그렇게 하는 것은 곤란하다. 그렇게 하지 말고 대신 주님 앞에 당신의 상처 받은 감정을 털어 놓으라. 그리고 당신의 마음을 아프게 했던 그 사람을 인자하게 대하라. 자기에게 상처를 주고 자기를 거부했던 사람에게 스스럼없이 대해 주는 그런 사람을 사람들은 더 좋아하는 법이다.

옆에 가기조차 꺼려지는 그런 사람을 참아내야 하는 그런 때도 있다. 사실 어떤 사람은 정말 밉살스럽다. 하지만 그 사람들을 사랑과 친절과 관심에 굶주려 있는 사람들이라고 생각하라. 그 사람들에게는 격려와 인정(認定)이 필요하다. 당신을 통해 예수 그리스도께서 그 사람들이 필요로 하는 것들을 충족시키게 하라.

지금까지 말한 것들이 전혀 처음 들어보는 것들인가? 그렇지는 않을 것이다. 이것이 효과가 있을까? 물론 있다. 선현(先賢)들의 인생 독본(讀本)에서 나온 말들인가? 아니다. 필자가 만들어 낸 말인가? 아니다. 그렇다면 어디서 나온 정보인가? 성경에서 나왔다. 이것들은 모두 성경적인 가르침에서 나왔다. 단순한 충고가 아니다. 축복받은 사람은 이렇게 살라고 부르심을 받았다. 다른 사람을 복되게 하는 것은 그리스도인인 우리에게 선택의 여지가 없는 당위(當爲)인 것이다. 그것은 하나님의 명령이다. 사마리아 사람이 강도 만난 그 사람에게 친절하게 대했듯이 우리도 그렇게 하지 않으면 안 된다. 그렇게 하면 우리의 인간 관계가 달라질까? 물론이다!

남에게 복을 전달하는 사람이 되라

"그렇지만 어떻게 해야 이 원칙들이 나의 삶의 한 부분으로 정착할 수가 있을까요?"
이렇게 묻고 싶을 것이다. 비전을 창조해야 하는 중요성이 바로 여기에 있는 것이다. 하나님의 축복을 받은 사람이 어떤 식으로 다른 사람을 축복해 줄 수 있는지 성경 구절을 찾아 그것들을 나의 것으로 하는 일부터 시작하라. 가령 갈라디아서 5장 22,23절(성령의 열매)라든지 마태복음 5장 3~12절(팔복)같은 것이 좋을 것이다. 그 구절을 각각 카드에 옮겨 적은 후, 그 말씀을 다른 사람들에게 어떤 식으로 실천할 수 있는지 너댓 가지 방법을 적어보라. 하기 쉬운 방법도 몇 가지 적어보고 다소 어려워서 큰 마음을 먹지 않으면 안 될 그런 방법도 적어보라. 매일 아침마다 이 카드를 소리내어 읽는 일에 2, 3분쯤 투자하라. 이것을 한 달 동안 계속하라. 그러면 그 차이를 알게 될 것이다.

다른 사람을 복되게 하는 그런 사람이 되는 일은 자신의 힘과 자원만으로는 되지 않는다. 당신 안에 살아 계시는 그리스도의 임재와 능력을 통해서만이 가능한 것이다. 우리가 하는 모든 일은 예수 그리스도의 충만하신 은혜로 되어지는 것이다. 우리가 어떻게 하면 그리스도의 충만으로 덧입혀질 수 있는지에 대해 골로새서 3장 15~17절은 우리에게 이렇게 말씀하고 있다.

"그리스도의 평강이 너희 마음을 주장하게 하라 평강을 위하여 너희가 한 몸으로 부르심을 받았나니 또한 너희는 감사하는 자가 되라 그리스도의 말씀이 너희 속에 풍성히 거하여 모든 지혜로 피차 가르치며 권면하고 시와 찬미와 신령한 노래를 부르며 마음에 감사함으로 하나님을 찬양하고 또 무엇을 하든지 말에나 일에나 다 주 예수의 이름으로 하고 그를 힘입어 하나님 아버지께 감사하라."

첫째로, 그리스도의 평강이 너희 마음을 주장하게 하라.

여기서 말하고 있는 "평강"은 갈등이 없기 때문에 느끼는 그런 평강이 아니다. 그것은 온전하다는 의식 그리고 행복하다는 의식을 말하는 것이다. 그리스도께서 주장하실 때 우리는 완전하구나 하고 느끼게 된다. 이 말을 다른 말로 바꾸어 보면 이렇게 말할 수 있을 것이다.
"인생의 여러 가지 좌충우돌 가운데서도 그리스도께서 주시는 평강이 너희 마음에 심판관 역할을 하게 하라. 네 속에 있는 그리스도의 평강이 옳은 쪽으로 결정하신다. 그리스도의 평강을 너의 상담역으로 삼으라."

누가 혹은 어떤 것이 당신의 인생을 주장하고 있는가? 그리스도의 평강이 우리 마음을 주장하게 하기만 하면, 우리가 다른 사람과 다툴 때 하기 쉬운 그런 나쁜 말은 하지 않게 될 것이다. 내 속에 내주하시는 그리스도의 평강은 우리가 다른 사람을 복되게 하는 데 없어서는 안 될 필수불가결의 것이다.

둘째로, 그리스도의 말씀이 너희 속에 거하게 하라.

어떻게 해야 하나님의 말씀이 우리 안에 거하는가? 말씀을 읽고, 연구하고, 암송함으로써 그렇게 된다.

노기가 등등했던 사람이 하나님의 말씀 때문에 달라지는 것을 나는 보았다. 풀이 죽었던 사람이 하나님의 말씀 때문에 다시 살아나는 것을 보았다. 걱정 근심으로 가득 찼던 사람이 하나님의 말씀 때문에 변화되는 것을 보았다. 미움을 받고 있던 사람이 하나님의 말씀 때문에 달라지는 것을 보았다.
하나님의 말씀은 우리를 변화시킨다. 하나님의 말씀을 읽을 때는 그 말씀이 자신의 삶의 한 부분이 되게 해달라고 성령께 간구하라.

성경의 진리는 우리 자신이나 하나님, 또 다른 사람들에 대해 우리가 잘못 생각하고 있는 점들을 바로잡아 줄 수 있다. 우리가 과거 잘못 배웠든지 잘못 알고 있든지 하는 것들을 바로잡아 줄 수 있다. 케네스 보어(Kenneth Boa) 박사는 다음과 같이 말하고 있다.

성경 말씀은 우리가 믿음으로 행해야지 느낌에 따라 행해서는 안 된다고 권면하고 있다. 그리고 우리의 감정이나 문화 또는 신학이 어떻게 보느냐에 관계없이 실제로 존재하는 사물의 양식에 대해서 가르치고 있다. 하나님이 우리 일을 주관하고 계시며 우리에게 가장 유익한 것들을 가지고 계시다는 진리에 우리를 전적으로 맡기지 못하게 하는 것이 우리의 처지이기는 하다. 그럼에도 불구하고, 성경은 이런 근본 원리를 우리에게 단언하고 있으며, 인생의 고통스런 순간에도 그 원리를 고수할 것을 가르치고 있다.

이러한 확언은 그랬으면 얼마나 좋을까 하는 그런 생각의 문제가 아니다. 그것은 예수 그리스도에게 소망을 두는 모든 사람에게 다 해당되는 것이다. 그리스도 안에서 우리가 어떤 존재인가를 강조하고 있으며, 과정이 결과보다 더 중요하다고 가르치고 있으며, 목적보다는 관계를 더 가치있게 여기도록 촉구하고 있다. 우리의 업적이 우리의 됨됨이를 결정하는 것이 아니라, 오히려 우리의 됨됨이가 우리의 행동을 결정한다고 가르치고 있다. 우리는 이 세상의 시민이 아니라 나그네요 순례자라는 현실적인 시각을 더욱 강화해 주고 있다. 그래서 외적(外的)인 통제를 받으며 살아가지 말고, 육신의 통제를 받으며 살아가지 말고, 그 대신에 성령의 능력 속에 살아가며 은혜로 살아가라고 말씀하고 있다. 성경의 가르침과 원리들을 적용해 보라고 권하고 있으며, 우리의 소망을 이 세상의 사람들과 소유물과 명예에 두지 말고 하나님의 인격과 약속에 두라고 권면하고 있다〔『밤의 빛』(Night Light), 2쪽〕.

셋째로, 모든 것을 주 예수의 이름으로 하라.

우리가 하는 모든 것은 우리 삶에 예수 그리스도를 반사시킨다. 이 사실을 잊지 말라. 순종하며 사랑하는 우리의 행위는 그리스도가 임재하고 계심을 반사한다. 그러나 성경의 가르침과 어긋나게 행동할 때, 예수 그리스도와의 관계에 맞지 않게 행동할 때, 그것은 우리가 그리스도의 다스림을 온전히 받고 있지 않다는 것을 나타내는 것이다. "모든 것을 주 예수의 이름으로 하라"는 사도 바울의 명령은 골로새서 3장 5~14절의 명령을 따르고 있는 것이다. 우리가 벗어버려야 할 행위, 선택받은 사람임을 나타내지 않는 행위에 대해서 바울은 경고하고 있다. 음란과 부정과 사욕과 악한 정욕과 분과 악의와 훼방과 부끄러운 말과 거짓말을 하지 말라고 권면하고 있다(5~9절). 그리스도께서 우리 삶에 살아 계심을 반영해 주는 행위는 이것들 중에 아무것도 없다. 이것들은 우리가 그리스도 밖에서 살았을 때 옛 생활의 한 부분이었던 것들이지, 그리스도와 함께 사는 새 생활에는 해당되지 않는 것들이다. 우리 자신에게서 이런 것들을 제거해 버려야 모든 것을 예수 그리스도의 이름으로 행할 준비가 된 것이다.

이러한 악한 행위들을 벗어 버리고, 그 대신에 우리가 그리스도를 알고 있는 사람임을 분명히 예증하는 그런 행위들, 즉 긍휼과 자비와 겸손과 온유와 오래 참음과 용서(10~14절)로 대체해야 한다. 이러한 것들이 인간 관계 속에 나타나 있다는 것을 어떻게 알 수 있는가? 이와 같은 변화의 비전이 자신의 삶에 적극적으로 살아 있는 것들이 되게 하기 위해서는, 다음 문장을 카드에 옮겨 적어서 빈 칸을 완성하라. 각각의 사람에 대해 따로 따로 카드를 만들라. 배우자, 부모, 자녀, 직장 상사, 직장 부하 등등. 두 주일 동안 매일 이 카드를 소리내어 읽으라.

_____에게 나의 긍휼을 표현할 수 있는 길은 _____
_____ 이다.
_____에게 나의 자비(kindness)를 표현할 수 있는 길은 _____ 이다.
_____에게 나의 겸손을 표현할 수 있는 길은 _____
_____ 이다.
_____에게 나의 온유를 표현할 수 있는 길은 _____
_____ 이다.
_____에게 나의 오래 참음을 표현할 수 있는 길은
_____ 이다.

몇 년 전 어느 저녁 예배 시간에 나는 "친절"(kindness)이라는 제목으로 설교를 하고 있었다. 다음 한 주간 동안에 자기 식구들에게 어떤 식으로 친절하게 대할 것인지 써보라고 교인들에게 시켰다. 그리고 나서 몇 사람에게 자리에서 일어나서 자기가 쓴 것을 전교인에게 발표해 보라고 부탁하였다.

한 어머니가 발표한 내용을 나는 결코 잊지 못할 것이다. "이웃집 아이에게 말할 때처럼 상냥하게 우리집 아이들에게 말을 함으로써 우리 아이들에게 친절을 보여 줄 것이다." 300명 교인들이 모두 고개를 끄덕였다. 실천 가능한 방법으로 그 부인은 핵심을 찔렀다. 바로 그것이 성경을 우리 삶에 실천하는 길인 것이다.

당신의 삶의 질을 높여 줄 수 있는 성경 구절들은 이 외에도 많이 있다. 잊지 말라. 성경을 상고한다는 것은 그 말씀 안에서 살아간다는 것을 의미하고, 그 말씀을 묵상한다는 것을 의미하며, 그 말씀을 정말 자기 자신의 것으로 만드는 것을 의미하며, 그리고 그 말씀을 어떻게 자신의 삶에 표현할 것인가를 생각해 보는 것을 의미한다.

이쯤까지 왔으면, 다른 사람에게 복을 베푸는 사람이 되기 위해서는 참으로 많은 수고가 따른다는 생각이 들 것이다. 사실이다. 그러나 그리스도인의 삶은 의식적으로 부지런히 노력해야 하는 계속되는 과정이다. 직업을 얻기 위해서, 집을 건축하거나 수리하기 위해서, 또는 우리의 여가 선용을 하기 위해서 우리는 얼마나 많은 시간과 노력을 기울이고 있는가? 우리가 텔레비전을 시청하는 시간의 십 분의 일만 투자해서 다른 사람을 복되게 하는 데 필요한 자질들을 갖추기 위해 쓴다면, 우리들이 맺는 인간 관계에 아주 드라마틱한 변화가 일어나는 광경을 목도하게 될 것이다. 그리고 길거리에는 더욱 더 많은 선한 사마리아인들로 가득 차게 될 것이다. 한번 생각해 볼 만한 문제이다.

사랑하는 하나님,

저를 선택해 주시고, 기업을 주시며, 하나님께 가까이 할 수 있는 권세와 은혜를 주시니 감사합니다.

저의 삶이 다른 사람들과의 관계에서 하나님의 말씀의 진리를 나타낼 수 있게 하여 주시옵소서. 부지런히 하나님의 말씀을 적용할 수 있게 하여 주시고, 그리하여 하나님의 말씀이 삶을 변화시키는 모습을 보게 하여 주시옵소서. 내가 하는 모든 일을 통하여 다른 사람들을 주님께로 이끄는 그런 사람이 되게 하여 주시옵소서.

내가 남을 긍휼히 여기고 친절하며 겸손하며 온유하며 오래 참고 용서하기 위해서는 하나님께서 주시는 힘이 필요합니다. 이러한 면에서 꾸준하지 못해서 걱정이기는 하나, 주님을 통해서는 성장할 수 있음을 알고 있습니다.

예수님의 이름으로 기도합니다. 아멘.

14
눈높이 사랑 베풀기

■ 우리가 선택받고 축복받은 자로서 다른 사람들에게 선한 사마리아 사람이 될 수 있는 길에는 여러 가지가 있다. 그런데 그 각각의 방법은 인간 관계를 "긍정적으로 선택할 줄 아는 시각"을 가질 것을 우리에게 요구하고 있다. 이 말이 다소 낯설기는 하겠지만 그 개념은 알 만할 것이다. 어떤 상황에 있든지 우리의 초점을 어디에다 맞출 것인가를 우리는 각자 결정하기 마련이다. 예를 들자면, 한 사람이 장미 덩쿨을 보고 있는데 이 사람은 날카로운 장미 가시만 본다. 다른 한 사람은 똑같은 장미 덩쿨을 보지만 그 사람은 아름다운 꽃송이를 주로 본다. 어떤 사람이 농장을 가 보았는데 이 사람은 냄새나는 돼지 우리에만 관심이 많다. 또 한 사람은 돼지의 크기라든가 상태, 또 경제적인 가치에만 초점을 맞춘다. 이 사람들이 각각 하는 관찰에는 바로 자기들이 어디에다 초

점을 맞추어야겠다는 그 선택의 결정이 관련되어 있다.

마찬가지로, 우리의 인간 관계에서도 어디에 초점을 맞출 것인가를 우리 모두는 각자 선택을 하게 된다. 예를 들어 보자. 한 쌍의 청춘남녀가 서로 사랑하기 시작할 때는 상대방에게 있는 결점을 보려고 하지 않는다. 그냥 서로의 결점을 묵과해 버리고 좋은 점만 보기로 선택을 하는 것이다. 그런데 불행스럽게도 이 과정이 일단 결혼을 하고 나면 흔히 거꾸로 되어 버린다는 데 있다. 서로의 장점만 보기로 하던 것을 중단해 버리고 서로의 약점에만 초점을 맞추는 것이다. 그러니까 실망이 되고, 낙심이 되며, 심하면 결혼 생활 자체가 하나의 망상으로 끝나 버리는 사례가 왕왕 있다.

격려와 인정(認定)을 해주기로 결심하라

친구나 동역자, 배우자, 부모, 자녀 등과의 인간 관계에서 우리는 흔히 이와 똑같은 결정을 내릴 때가 많다. 긍정적 선택의 시각이란 하나님의 말씀의 원리를 반영하는 것인데, 사람들의 긍정적인 특성에 우리의 초점을 맞추기로 결심하는 것을 의미한다. 그렇다고 해서 다른 사람들에게 있는 결점이나 문제들을 부인하거나 눈감아주라는 것은 아니다. 단지 다른 사람의 장점과 호감이 갈 만한 특성에 초점을 맞추기로 결심하라는 뜻이다. 어디에 집중하느냐에 따라서 다른 사람에 대한 자신의 태도와 느낌, 그리고 행동이 달라진다. 긍정적인 면에 초점을 맞추게 되면 다른 사람의 결점이라고 생각되었던 것이 다르게 재해석되어질 수가 있다. 그것은 결점이 아니라 실제로는 사람마다 다른 어떤 차이일 수도 있기 때문이다.

꼭 긍정적인 면을 보아주고 또 그렇게 대응해야 할 필요가 있는 부분이 바로 사람들에게 어떤 레테르(딱지)를 붙이는 경우이다. 어떤 경우는 우리가 결정을 잘못 했기 때문에, 사람들이 복을 받기는커녕 오히려 어깨가 축 처져서 가버리는 때도 있다. 예를 들어, 내가 주관하는 결혼한 부부들을 위한 상담 시간에 당신이 와서 지금 앉아 있다면 남편이 아내에게 이렇게 말하는 소리를 들을 수 있을 것이다.
"당신이 뭘 안다고 그래!"
그 다음엔 내가 그 남편에게 『만일 제가 당신에게 '당신이 뭘 안다고 그래!' 하고 말했다면 당신 기분이 어땠을 것 같습니까?』하고 묻는 소리를 들을 수 있을 것이다. 그러면 그 남편은 틀림없이 이렇게 대답할 것이다.
"별로 기분 좋을 것 같지가 않군요. 우리집 사람도 그런 말을 들으면 기분이 나쁠 거라는 걸 이해시키려고 그런 말씀을 하시는 줄 압니다."
그렇게 말해 주면 사람들은 재빨리 요점을 알아차린다.

긍정적으로 사람을 보려면 반드시 상대방이 우리 말을 듣고 싶은 마음이 일어나도록 말을 해야 한다. 또 우리가 해준 말로 인해 상대방이 자신감과 안정감을 느끼게 해야 된다. 우리가 요구하는 것을 고려해 볼 마음이 생기게 말해야 되고, 우리가 한 말에 대해 솔직하고도 진솔하게 자기 생각을 나타낼 수 있도록 말해야 한다. 다른 사람에게 달라지라고 요구할 수 있다. 그러나 그 말의 표현에는 격려와 인정(認定)이 담겨 있어야 한다. 예를 들어보자. "당신이 뭘 안다고 그래!"라는 말의 긍정적인 표현은 "당신은 여러 가지 문제에 대해 참 생각이 깊고 섬세하군!"이 될 수 있을 것이다.

우리가 사람들에게 붙이는 딱지는 다분히 비판적인 것이 많다. 사람들이 자기 배우자나 자녀한테 푸념꾼, 까탈꾼, 무재주꾼, 폭군, 얌체, 게으름뱅이 따위의 말로 부르는 것을 보았다. 어떤 사람의 성격이나 그 능력에 대해 별명을 붙이고 싶으면 반드시 사실과 부합되며 정확하며 긍정적인 내용으로 하라. 다른 사람의 기분을 상하게 하지 않고서도 얼마든지 사실에 맞는 말을 고를 수 있을 것이다. 몇 가지 예를 들어 보자면 다음과 같이 말할 수 있을 것이다.

잘 어지럽히는 사람에게 : "당신은 편안한 환경을 좋아하는군요."
완전주의자에게 : "당신은 깨끗한 것과 질서있는 것을 매우 좋아하시는군요."
솜씨가 없는 사람에게 : "당신은 많은 기술을 가지고 있는데 잘 개발시킨 것은 몇 가지가 안 되는군요."
의존적인 사람에게 : "다른 사람이 결정을 내리고 그 책임을 지게 만드는 걸 좋아하시나 보군요."
지배하기 좋아하는 사람에게 : "일을 만들어서 책임 맡는 게 좋으신가봐요."
느린 사람에게 : "당신은 매우 신중하시군요."
자유스런 사람에게 : "당신은 마음도 넓고 모든 사람들에게 다 공평하시군요."

조용한 사람에게 : "당신은 자신의 말을 세밀하게 살피고, 또 말을 하기 전에 많은 생각을 하시는 편이군요."
말이 많은 사람에게 : "당신은 참 친근감 있게 자기 생각을 잘 표현하십니다."
논쟁을 좋아하는 사람에게 : "당신은 생동감 있는 토론을 좋아하시나 보군요."

당신의 남편이 상당히 일찍 출근을 하는 날 당신을 깨워 "다녀 오겠다"는 말도 없이 집을 나가 버렸다. 만일 이것이 여느 때와는 다른 행동이었다면, 당신은 무시당한 기분이 들 것이다. 이런 상황에서 남편에게 당신의 기분을 알리고, 또 남편의 마땅치 않은 점을 오히려 남편에게 유리하게 해석하려면 어떻게 하여야 할까? 이렇게 말하는 것이 아마 좋을 것이다.
"당신은 참 생각이 깊으시군요. 오늘 아침 내가 새벽잠을 설치지 않게 깨우지도 않으셨으니 말이예요."
그리고 나서 아침에 출근할 때 남편이 해주는 인사말이 얼마나 듣기 좋은지 모른다는 말을 덧붙인다.

당신의 아내는 직장에 일하러 나가기 전 간단한 운동을 하기 위해 매일 아침 일찍 일어난다. 다른 방에서 들리는 운동 기구 돌아가는 소리가 새벽잠을 설치게 만든다. 푹 자고 싶어 하는 당신의 욕구를 아내는 생각지도 않는가 보다. 이럴 때는 이렇게 말할 수 있을 것이다.
"당신이 건강에 관심을 가지고 몸매를 아름답게 가꾸니 참 보기가 좋구료."
그리고 나서 자전거를 탈 수 있는 적당한 시간이 언제가 좋은

지 다른 시간을 제시해 본다.

당신은 어떤가? 앞의 예들 가운데 당신의 경우에 해당하는 것은 없는지? 살면서 당신과 관계를 맺고 있는 사람들이, 당신이 하는 말을 잘 귀담아 들으며, 자기 말에 당신이 수긍을 해주고 있다고 느끼고 있으며, 당신이 부탁하는 것을 고려의 대상으로 삼으며, 마음을 털어놓고 솔직하게 반응을 보이고 있는가?

사람에게는 훈계를 들어야 할 때와 고침을 받아야 할 때가 반드시 있다. 그래서 그러할 때 하는 당신의 말은 긍정적이어야 하며 분명해야 한다. 예를 들어보자.

- "이런 식으로 해보면 어떨지 한번 생각해 보셨나요? 아마 그쪽이 훨씬 마음에 드실 겁니다."
- "남의 칭찬을 받아들이기가 몹시 거북하신가 보군요. 당신은 칭찬을 받아들이는 연습을 좀더 하셔야 하겠고, 나는 칭찬을 해주는 연습을 더 해야 할 사람이지요."
- "당신이 알아듣기 쉽게 내가 말했는지 모르겠군요. 다시 한번 말씀해 드릴테니까 잘 들으시고 제가 무어라고 말했는지 들으신 바를 제게 다시 말씀해 주시지요."
- "다시는 그렇게 하지 않으셨으면 고맙겠어요. 대신 이렇게 하시는 것이 어떨까요."
- "당신이 왜 그런 선택을 하셨는지 좀 의아하군요. 제가 다른 가능성들을 말씀해 드릴테니 잘 생각해 보시지요."

장점을 강조하라

다른 사람들이 우리에게서 정말로 듣고 싶어하는 말은 자신들을 인정해 주는 말인데, 이러한 긍정적인 말들은 우리가 하나님의 축복을 받은 사람들이요 인정을 받은 사람이라는 사실을 반영해 주고 있다. 몇 가지 예를 들어 보기로 하자.

- "당신은 직장 동료에게 참으로 잘 대해 주시는군요. 인내심이 대단하십니다."
- "당신은 …을 잘 할 줄 아는 놀라운 능력을 가지고 계십니다."
- "시간을 내어서 세탁물을 찾아다 주시니 참 고마워요."
- "작년 이후로 당신 요리 솜씨가 날로 날로 좋아지고 있어요."
- "내 대신 내 옷장을 참 잘 정리해 놓았던데!"

다른 사람에게 칭찬을 해 줄 때에는 그 사람의 행위뿐만 아니라 그 사람 자체에도 관심을 기울여야 한다. 그리고 우리의 수긍 방식은 하나님께서 우리를 인정해 주시는 그 본을 따라야 한다. 하나님의 사랑은 우리의 장점이나 우리의 행위에 근거해서 주시는 것이 아니기 때문이다. 하나님은 단순히 우리를 사랑하시고 우리를 받아 주시는 것이다. 다른 사람들도 우리에게서 똑같은 대접을 받아야 할 것이다. 예를 들어 보자.

- "당신은 나에게 참으로 특별한 존재요."

- "난 네가 우리 가족 중의 한 사람이라는 것이 정말 자랑스럽구나. 네가 있으니까 우리 가족이 아주 더 특별해지는구나."
- "내가 널 사랑하는 건 네가 그만한 사랑을 당연히 받을 가치가 있는 사람이기 때문이야. 그러니 엄마의 사랑을 받으려고 굳이 애를 쓸 필요가 없어."
- "당신은 당신이라는 존재 자체가 내 인생을 더욱 충실하게 채워 주는구료."
- "너 같은 친구를 알게 되어서 참 기뻐."
- "… 하다고 진작 당신에게 말할 걸."

다른 사람에게 칭찬을 해줌으로써, 그 사람 자체와 또한 그 사람이 한 행위에 대해서 관심이 있고 또한 그것을 인정한다는 것을 나타낼 뿐만 아니라, 당신이 그 사람에게 긍정적인 뜻으로 해준 말은 용기를 북돋워 주어서 그 사람으로 하여금 더욱 더 성장하게 만드는 것이다.

배우자나 부모, 자녀, 친구 또는 동료를 말로 격려해 주든지 아니면 다른 방법으로 기운을 북돋워줄 수 있는 길에는 이 외에도 여러 가지가 있다. 다른 사람에게 복을 전달해 줄 수 있는 방법을 몇 가지 더 말해 보기로 하자.

- 이 사람들을 위해 하나님께 기도하고, 당신이 알고 있는 이 사람들의 특정한 자질이나 특성을 주신 것에 대해 하나님께 감사하라. 이들을 축복해 주시기를 하나님께 간구하고, 그들의 하루 하루가 어제보다는 더 나은 날들이 되도록 기

도하라.
- 그 사람의 하루 일과를 좀더 수월하게 마칠 수 있도록 힘써 도와주며, 일을 더 보태지 말라.
- 그 사람의 행복을 망가뜨리는 행위를 하지 말라.
- 그 사람의 좋은 점을 여러 사람 앞에 드러내 주되 당혹케 하지 않도록 조심하라.
- 그 사람에게 거리감없이 친밀하게 대하되 또한 성장에 필요한 공간과 생활의 긴장을 풀 수 있는 공간을 주는 것도 잊지 말라.
- 말하는 당신 자신이 성장이 멈춰 있거나 성장에 애로를 겪고 있을 때에조차도 그 사람이 성장하도록 격려해 주라. 당신 자신 또한 변화되어야 할 사람임을 잊지 말라.
- 자기들이 가장 좋아하는 건전한 활동에 적극 참여하도록 격려하고 힘이 되어 주라. '세상에 저런 걸 다 좋아하다니' 하며 도저히 이해가 가지 않더라도 그렇게 하라.
- 즉각 자신의 의견을 말하거나 자신의 입장을 변호하려 하지 말고 이 사람이 이 문제를 어떤 식으로 생각하고 있나 귀를 기울이라.
- 차이점을 어떤 식으로 메꾸어 나가는 것이 좋을지 그 방법을 모색해 보고, 충돌을 피하거나 미루려 하기보다는 조화를 이루어 나가려는 쪽으로 노력하라.
- 사람마다 가지고 있는 성격 차이를 이해하려 노력하며, 각 개인의 독특한 점을 존중해 주는 쪽으로 자신의 반응을 잘 조절하도록 하라.
- 다른 사람들과의 관계가 침체되는 것을 막기 위해서는 한 인간으로서 끊임없이 성장해 나가고자 하는 마음을 가지라.

당신은 소중한 사람인가? 물론 그렇다. 말로 다른 사람의 소중함을 나타낼 때 우리는 그 사람을 축복하는 것이 된다. 다른 사람에게 해주는 격려의 말, 칭찬의 말, 사랑의 말, 찬성의 말, 신뢰의 말 등은 그 사람의 소중한 가치를 보여 주는 하나의 방편이기도 하다.

변화될 수 있다-그것을 믿으라!

우리가 남이 잘 되기를 바라는 사람이라는 사실을 증거하는 또다른 방법이 있다. 다른 사람의 생각이나 말을 긍정해 주는 일보다는 약간 위험 부담 요인이 따르기는 하나, 그래도 그 결과를 생각해 볼 때는 한번 해 볼 만하다. 지금까지의 성적이 그렇게 좋은 편은 아니었다 할지라도 이 사람이 달라질 것이라는 것을 믿어보는 것이다. 당신의 배우자나 부모, 자녀, 친구, 또는 동료가 장래에는 다른 사람이 되어 있을 것이라고 믿으라. 하나님이 당신을 믿으시는 것처럼 당신도 그 사람을 믿으라.

내가 전에 상담한 부부 중에 수우와 짐이라는 부부가 있었다. 그 사람들이 나의 사무실에 찾아왔을 때 우리는 그 두 사람의 대화 방식에 대해 이야기를 나누었다. 그 두 사람의 대화는 서로를 무능한 사람으로 보는 불신의 전형적인 형태라고 할 수 있었다.

수우가 이렇게 말했다.
"짐이 오만상을 찌푸리고 짧고 쌀쌀맞게 말하는 것만 보아도 나한테 잔뜩 화가 나 있다는 걸 난 알 수 있어요. 그래서 '뭐가 잘못됐어요?' 하고 물으면 남편은 「아무것도 아니오」 이 말밖에 안 해요."
그래서 내가 짐에게 물었다.
『당신의 아내 수우가 두 사람 사이에 뭔가 잘못 되어 가고 있다고 감지했을 때 당신의 아내는 어떻게 해야 할까요?』
「나한테 물어보면 되지요.」
짐이 이렇게 대답했다.
『하지만 물어보아도 당신이 아무 말도 안 한다고 방금 말하지 않았습니까? 아내가 당신에게 그런 말을 해 올 때는 대개 뭔가 잘못 돌아가고 있지요? 안 그렇습니까?』
짐이 대답했다.
「그렇습니다. 대개는 아내가 애들 야단치는 방법이 마음에 안 들어서 난 화가 납니다.」
『짐. 당신은 화가 나 있는 것을 그런 식으로는 나타내면서 어째서 말로는 표현하지 않는 거지요?』
그리고 나서 나는 수우를 보며 말했다.
『수우 부인. 그럴 때마다 '무엇 때문에 기분이 언짢아요?' 하고 남편에게 매번 물으십시오.』
"하지만 남편이 지금까지 한 대답이란 고작 …" 하고 수우가 입을 열었다.

나는 수우의 말을 막았다.
『장차 어떻게 하실건지 지금 남편에게 말씀해 주시지 않겠습니까?』
수우는 무슨 뜻인지 이내 알아차렸다.

"여보, 무언가 분위기가 이상하다는 느낌이 들면 당신에게 왜 그러느냐고 묻겠어요. 그러니까 지금부터 당신은 무엇 때문에 그러는지 나한테 솔직하게 이야기를 해주었으면 좋겠어요. 그리고 당신이 내게 솔직히 말해 줄 때마다 나는 당신에게 고맙다는 말을 하겠어요."

「그거 좋은 생각이오」하고 짐이 말했다.
「그거라면 얼마든지 할 수 있지. 그리고 내가 달라졌다는 말을 당신한테서 꼭 들었으면 좋겠소. 내 기분을 당신에게 말하리다. 내 기분을 나도 모를 그럴 때가 있으면 또 그렇다고 그것도 말하겠소. 하지만 지금까지 해온 것처럼 내가 어떤 느낌을 가지든 그것에 대해서는 이렇다 저렇다 말하지 말기를 바라오.」

나는 짐의 말을 중단시켰다.
『짐, 지나간 과거지사에 대해 말하지 말고, 아내가 앞으로 어떻게 해주었으면 좋겠는지 그 점을 말씀해 주시지요.』
「박사님 말씀이 옳습니다.」
짐이 말했다.
「과거에 있었던 일 때문에 나는 무슨 일이 생기기도 전에 벌써 아내를 비난하려고 했었지요. 여보, 내가 내 기분을 당신에게 말해 주었을 때는 내 말에 귀를 기울여 주기를 바라고 또 '그렇게 말해 주어서 고맙다'고 말해 주었으면 좋겠소. 그러면 우리 두 사람은 잘 해결해 나갈 수 있을 거요.」

다른 사람이 변화될 수 있는 잠재력을 가지고 있다고 믿어 줄 때 당신은 그 사람을 축복하고 있는 것이다.

축복된 미래를 전달하는 법

『축복』(The Blessing)이라는 책에서 저자는 축복의 선택을 받은 한 사람이 어떻게 하면 다른 사람을 축복할 수 있는지 또다른 방법을 제시하고 있다. 그 사람을 위한 "특별 미래도"를 그려 주면 되는 것이다. 비록 알아차리지를 못해서 그렇지 아마 당신도 이런 일을 다른 사람에게 해 준 적이 있을 것이다. 예를 들자면, 흔히 부모들이 자기 자녀들에게 부정적으로 이런 말들을 하곤 한다. "너같은 뚱보하고는 아무도 같이 다니려고 하지 않을걸"이라든지, "공연히 시간만 버리지. 네가 어떻게 대학엘 가겠니" 하는 말들을 한다. 이런 것들은 말이 씨가 된다. 부정적인 말은 아이들에게 장래가 좋지 않다는 메시지를 전달한다. 그래서 불행스럽게도 이런 말들을 여러 번 반복해서 들으면 그것이 그 아이의 인생에 현실로 나타나기도 한다.

그러나 자기들을 위한 특별한 미래에 대한 함축적인 의미가 담긴 말을 들으면, 자기의 삶과 장래에 대한 태도가 긍정적으로 달라질 수 있다. 아이나 어른이나, 그 사람 속에 있는 좋은 점들을 칭찬해 주고, 그들의 장래에 될 수 있는 가능성이 있는 어떤 좋은 것을 예언해 주는 것은 하나의 축복이다.

구약성경에서 이삭이 자기 아들 야곱을 축복하는 말 속에서 이러한 예를 찾아볼 수가 있다.

"하나님은 하늘의 이슬과 땅의 기름짐이며 풍성한 곡식과 포도주로 네게 주시기를 원하노라 만민이 너를 섬기고 열국이 네게 굴복하리니 네가 형제들의 주(主)가 되고 네 어미의 아들들이 네게 굴복하며 네게 저주하는 자는 저주를 받고 네게 축복하는 자는 복을 받기를 원하노라"(창 27:28,29).
야곱에게 장차 고대하고 바랄 만한 어떤 것이 있다는 확신을 주기 위하여 이삭은 장차 성취될 미래도를 언어로 그리고 있다.

당신이 자라면서 어른이 될 때까지 끊임없이 자신의 자질에 대해서 긍정적인 말을 들어왔다면 당신의 삶은 오늘 어떤 모습을 하고 있을까? 다른 사람들이 우리를 믿을 때 그것은 큰 힘이 된다. 하나님은 그것을 하고 계신다. 예레미야 선지자가 한 말 중에 내가 좋아하는 성구가 하나 있는데, 예레미야 선지자는 우리에게 특별한 미래가 있음을 확신시켜 주고 있다.
"너희를 향한 나의 생각은 내가 아나니 재앙이 아니라 곧 평안이요 너희 장래에 소망을 주려 하는 생각이라"(렘 29:11).

예수께서는 자기 제자들을 위한 희망찬 미래를 다음과 같이 말씀하셨다.
"내 아버지 집에 거할 곳이 많도다 그렇지 않으면 너희에게 일렀으리라 내가 너희를 위하여 처소를 예비하러 가노니 가서 너희를 위하여 처소를 예비하면 내가 다시 와서 너희를 내게로 영접하여 나 있는 곳에 너희도 있게 하리라"(요 14:2,3).

긍정적인 미래상을 이야기해 주라는 말의 강조점은 바로 그렇게 되라는 데 있다. 그것은 성경의 사상과도 일치한다.
"또한 그로 말미암아 우리가 믿음으로 서 있는 이 은혜에 들어감을 얻었으며 하나님의 영광을 바라고 즐거워하느니라"(롬 5:2).
아키볼드 하트 박사가 이 과정을 잘 묘사해 주고 있다.

"…되어 감"(becoming)이라는 말은 연상과 이미지를 잉태하고 있는 참으로 아름다운 말이다. 이 말 속에는 우리의 성장의 방향(direction)을 함축하고 있는데, 이 방향은 미래에 어떤 목적과 위대한 가능성이 있다는 것을 보여 주고 있다. 나 다운 내가 될 자유가 있음을 주장하며 나만의 개성이 있음을 인정함으로써 나는 변화를 시작한다. 하지만 나는 또한 나를 나의 창조주 나의 구주께 맡김으로써 내 인생을 향하신 하나님의 뜻을 성취할 수가 있다.

아주 어렸을 때 나는 취미삼아 누에고치를 키웠다. 우리 마을에 사는 대부분의 아이들도 그랬다. 우리는 봄이 되기만 하면 누에고치 알이 붙어 있는 네모난 압지를 샀고, 구두 상자에 공기 구멍을 뚫어서 거기에 뽕나무 잎을 깔고는 알에서 깨어나는 애벌레를 받을 채비를 하였다. 이 애벌레가 커져서 누에고치를 만들 준비가 될 때까지 우리는 매일 싱싱한 뽕나무 잎을 따다 먹였다.

우리는 정원에서 다리가 많이 달린 애벌레들을 잡아 가지고 놀기도 하였다. 이 벌레들은 보기에도 징그럽게 생긴데다 쓸모도 없어 보였다. 이 벌레들이 이파리들을 갉아 먹었기 때문에 식물들이 보기 흉하게 되었으며 어떤 식물은 아예 죽어버리는 것도 있었다. 어린아이였을 때였는지라 하나님이 어째서 저런 걸 만드셔서 저런 데 두셨을까 하고 이상하게 생각하기도 하였다.

그런데 그 때 기적이 일어났다. 그렇게 오랫동안 고치 속에 숨어 있던 그 벌레들이 변형의 경이를 나타내면서 나온 것이다. 바로 그 때 놀라운 일이 일어났다. 우리가 키운 누에는 나방이 되었고 그 못생긴 정원 캐터필러는 아름다운 나비가 되었던 것이다.

비단나방은 나비만큼 그 색깔이 아름답지는 않았지만, 그 동안에 상자 안에 넣어둔 가지 가지 형태의 두꺼운 종이에 가느다란 비단 실로 굉장히 아름다운 모양을 만들어 놓았다. 하트 모양, 네모 모양, 그리고 둥근 모양 등이 예쁜 실크로 덮여 있었다. 한편 나비는 그 보드라운 아름다움을 현란한 날개 속에 짜넣었다. 애벌레가 못생길수록 그 나비는 더욱 아름다운 것처럼 보였다(『행복해지는 15가지 비결들』, 150쪽).

애벌레처럼 당신 눈에 못생겨 보이는 사람이 있을 것이다. 그러나 나비가 아름다운 날개를 펼치려면 당신처럼 그 사람을 믿는다는 말을 해주는 사람이 필요한 것이다.

지금까지 몇 년 동안 신학교에서 학생들을 가르치면서 나는 강의 시간에 「자니 링고」라는 영화를 꼭 보여 주었다. 그것은 추장의 딸과 결혼하고 싶어하는 한 섬 사람의 짧은 이야기이다. 신부감이 얼마나 예쁘냐에 따라 신부 아버지에게 주는 암

소의 숫자가 다른 것이 그 곳의 풍습이었다.

　불행하게도 그 아버지는 많은 것을 기대하지 않고 있었다. 자기 딸이 박색이기 때문이었다. 그런데 자니 링고가 신부집을 찾아와 청혼하는 날, 자니는 암소를 열 마리나 가지고 왔다. 이렇게 박색인 여자를 신부로 얻기 위해 그렇게나 많은 값을 치르다니 자니는 제 정신이 아닌게 틀림없다고 신부의 아버지를 포함한 모든 사람들이 생각했다. 그러나 자니는 고집을 꺾지 않았고, 그래서 흥정은 성사되었다. 신랑 신부는 배를 타고 다른 섬으로 신혼여행을 떠났다.

　그 두 사람이 신혼여행에서 돌아왔을 때 사람들은 깜짝 놀라지 않을 수 없었다. 그 못생긴 추장 딸이 아리따운 여인이 되어 돌아왔던 것이다. 신부 아버지가 자니에게 이렇게 물었다.
"아니 우리 딸이 저렇게 예쁜 여자가 되다니 도대체 무슨 일이 있었나?"
자니가 대답하였다.
『저는 단순히 제 아내를 암소 열 마리 가치가 있는 여자로 대했을 뿐입니다. 그리고 자기를 아내로 얻기 위해 암소 열 마리를 지불했다는 말을 듣고 나서부터는 아내가 자기 자신을 새롭게 보기 시작했을 따름입니다.』

　이것은 단순하면서도 유머가 넘치는 이야기이다. 그러나 참 잊혀지지 않는 이야기이기도 하다. 당신이 다른 사람을 어떻게 대하느냐에 따라 몇 년 후에 그 사람이 자기 자신을 어떻게 보느냐가 달려 있다.

축복하기 싫은 사람을 축복하라

자 이제, 도무지 축복하고 싶은 마음이 들지 않는 사람을 어떻게 축복해야 할지 한번 생각해 보기로 하자. 우리에게는 누구나 다 그런 사람이 있기 마련이다. 그런 사람들이란 어떤 사람들을 말하는가? 한마디로 문제의 인물들이다. 함께 지내기가 괴로운 사람들이다. 이들 중에는 아예 몰랐으면 좋았을 걸 하고 생각되는 그런 사람도 있을 수 있다. 눈앞에서 사라져 버렸으면 좋겠는데 그러지도 않는 사람도 들어 있다. 시간이 지나가도 달라질 기미가 전혀 보이지 않는 그런 사람도 있다. 그 사람들을 결함이 있는 사람으로 보고 싶으면 그렇게 하라. 그러나 우리는 누구나 다 어떤 면에서 결함이 있는 사람들이다. 문제의 인물들을 볼 때 다른 사람을 복되게 할 수 있는 기회가 왔구나 하고 생각할 줄 알아야 할 것이다. 그 사람들을 어떻게 생각하고 대하느냐에 대해 당신은 책임을 지지 않으면 안 된다. 그래서 이것은 축복의 선택을 받은 사람으로서 다른 사람에게 잘 대해 줄 수 있는 아주 좋은 기회라고 할 수 있다.

이 사람들의 존재를 부인해 보았자 그것은 아무 소용이 없을 것이다.
이 사람들에 대해 느끼는 당신의 감정을 아니라고 부인해 보았자 그것은 아무 소용도 없을 것이다.
이 사람들에 대해 나쁜 생각을 하고 불쾌했던 기억을 되새겨 보았자 그것은 아무 소용도 없을 것이다.

　이 사람들로부터 도망쳐 보았자 아무 소용이 없고, 사실 도망칠 수도 없다.

　축복의 말과 행위로 이 사람들은 대해 주는 것, 이것이야말로 효험을 볼 것이다.

비전을 가지고 출발하라

"문제 인물들을 포함한 다른 사람들을 어떻게 축복할 수 있나요?"
"어디서부터 시작해야 되지요?"
이 사람들을 어떻게 대해 줄 것인가에 대한 새로운 비전을 창조하는 것부터 하면 된다.

　첫째, 이제부터 새롭게, 다르게 대해 주어야겠다고 생각되는 사람이 누구인가 찾아내라. 이 사람이 누구일까? 어떤 식으로 다르게 대해 줄 것인가? 이 사람을 위해 매일 구체적으로 기도하고 있는가? 만일 그렇다면, 어떻게 기도하고 있는가?

　둘째, 종이를 한 장 꺼내 미래에 자신이 이 사람에게 어떤 식으로 말하고 행동하고 생각하고 있을지 상상을 해보고 그것들을 자세하게 써보라. 이 사람에 대해서 겁을 먹지도 않고, 주눅이 들지도 않으며, 그렇다고 오만한 자세도 가지지 않는, 적극적이고도 균형잡힌 자신의 모습을 상상하라. 그 사람을 대하는 자신의 태도에 대해 만족스러워져 가는 자신의 모습을 상상하라. 다른 사람이 어떤 반응을 보이느냐에 너무 관심을 가지지 말라. 당신의 관심은 그 사람을 변화시키는 데에 있는 것이 아니라, 예수 그리스도 안에서 당신이 어떤 사람인지를 자신의 삶으로 그 사람 앞에 나타내는 데 있다.

셋째, 날마다 하나님과 친밀한 교제를 가지라. 이 단계가 아주 중요하다. 기도와 성경 묵상을 하는 데 이 단계는 큰 도움을 줄 것이다. 그리고 자신이 하나님이 축복하시기 위해 선택한 사람이라는 것과 또 다른 사람에게 축복의 근원이 되라고 선택을 받았다는 사실을 더욱 잘 깨닫게 될 것이다. 이 단계를 잘 실천하면 예수 그리스도께서 당신의 소원에 어떻게 응답하시는지를 목격하게 될 것이다.

우선 방해받지 않고 혼자 있을 수 있는 조용한 장소를 정하라. 필요하면 문 밖에 "방해하지 마시오"라는 팻말을 걸어 두어도 좋다. 그리고 전화 코드를 빼어 두는 것을 잊지 말라.
잠시 편안한 마음을 취하라. 이 책의 앞 부분에서 배운, 나는 누구이며 나와 하나님과의 관계는 어떤가 생각해 보는 시간을 가지라. 복있는 사람이 되었으면 하고 바라는 그 사람과의 관계에 있어서 당신이 더 이상 어제의 사람으로 남아있어야 할 필요는 없다는 사실을 인정하라. 자신이 달라질 수 있다는 사실을 인정하라. 당신의 행동을 바꾸려고 하기 전에 먼저 자신이 이미 다른 사람이 되어 있다고 믿어야 한다. 자기가 바라는 것이 현실로 나타날 때까지 그것을 시각화하라고 권하는 뉴에이지 운동가들과는 달리, 하나님이 이미 성취해 놓으신 것, 자기 자신에 대해 믿음으로 받아들이고 있는 것을 단순히 인정하기만 하면 되는 것이다. 왜냐하면 하나님께서 그렇게 말씀하셨기 때문이다.

 성장과 문제 해결을 위해 당신의 상상력을 매일 이용하라. 자신의 배우자나 직장 상사 또는 고객과 하게 될 중요한 대화를 속으로 연습하라. 자신에게 있었던 일들을 속으로 다시 한 번 생각해 보라. 그래서 다음 번에는 어떻게 행동할 것인지 결정해 놓도록 하라. 우리 마음은 하나님께서 우리에게 주신 것이다. 그 목적은 하나님의 말씀에 근거해서 우리가 어떻게 처신해야 마땅한가를 마음속으로 그림을 그리는 데 도움을 주기 위해서이다. 자신이 하나님의 축복을 받는 사람이 될 것이라고 생각하는 것은 하나님의 의도하시는 바가 아니다. 당신은 이미 축복을 받은 사람이기 때문이다. 당신이 받은 축복을 어떻게 생활 속에서 그리고 인간 관계 속에서 표현할 것인가를 알기 위해서는 하나님께서 주신 상상력을 발휘하라.

 축복받은 한 사람으로서 자신이 사랑하는 사람들에게 어떤 식으로 대할까 생각해 볼 때는 마음을 고요하게 하라. 그래야 하나님의 가르침을 들을 수 있을 것이다. 하나님의 인도하심을 구할 때 축복에 대해 배운 바를 성령께서 모두 확신시켜 주실 것이다. 성령께서 주시는 확신은 당신을 위로하고 힘을 북돋워 주실 것이다. 성령께서는 아마 당신에게 이렇게 확신을 주실 것이다.
"친구여, 너에게 이것을 깨닫게 하려고 왔노라. 너는 선택받은 사람이다. 너는 축복을 받기 위해 선택을 받았고 또 축복을 주기 위해 선택받았음을 알고 믿기를 원하노라. 나의 생명이 네 안에 있으므로 너는 지금 나의 자원과 힘을 가지고 있는 것이다. 너는 다른 사람에게 줄 수 있다. 네 속에 있는 나의 풍성함을 따라 너 자신을 주기를 나는 원하노라. 내가 네 속에 저장해 둔 그 능력들을 모두 발견해 내기를 원하노라. 다른 사람들이 자기 은사들을 발견해 낼 수 있도록 네가 도와주기를 나는 원하노라. 이것을 하라.그러면 생활이 새로워질 것이다. 내가 너를 돌보며 내가 너를 사랑하노라. 다른 사람들을 축복하고 내가 너에게 하는 대로 너도 그렇게 그 사람들을 대접하라."

주님과 시간을 보내는 동안 자신의 감정을 글로 써 보는 것도 큰 도움이 될 것이다. 깊은 감정과 생각이 표면으로 떠오르기 위해서는 상당한 시간이 걸릴 때도 많다. 자기가 어떤 사람이 되고 싶은지 또 어떤 삶을 살고 싶은지, 그것을 글로 써 보고 싶은 생각이 들 수도 있을 것이다. 다른 사람들을 섬길 수 있는 비전을 달라고 하나님께 기도하라.

살아가면서 만나는 사람들을 복되게 하려면 어떻게 해야 되는지 그 구체적인 준비 방안을 몇 가지 실제적인 면에서 제시해 보겠다.

첫째, 자신이 옛날 방식의 생각과 생활로 퇴보하고 있다고 생각되어지면 자신이 경건의 시간을 잘 지키고 있는지, 경건의 시간 뒤 글쓰는 실천을 잘 하고 있는지 살펴보아야 한다.

둘째, 다음 성경 구절들을 읽고 묵상하라.

"내게 능력 주시는 자 안에서 내가 모든 것을 할 수 있느니라"(빌 4:13).

"인내를 온전히 이루라 이는 너희로 온전하고 구비하여 조금도 부족함이 없게 하려 함이라"(약 1:4).

"새 계명을 너희에게 주노니 서로 사랑하라 내가 너희를 사랑한 것 같이 너희도 서로 사랑하라"(요 13:34).

"너희가 짐을 서로 지라 그리하여 그리스도의 법을 성취하라"(갈 6:2).

"형제들아 너희가 자유를 위하여 부르심을 입었으나 그러나 그 자유로 육체의 기회를 삼지 말고 오직 사랑으로 서로 종 노릇하라"(갈 5:13).

"아무 일에든지 다툼이나 허영으로 하지 말고 오직 겸손한 마음으로 각각 자기보다 남을 낫게 여기고"(빌 2:3).

"종말로 형제들아 무엇에든지 참되며 무엇에든지 경건하며 무엇에든지 옳으며 무엇에든지 정결하며 무엇에든지 사랑할 만하며 무엇에든지 칭찬할 만하며 무슨 덕이 있든지 무슨 기림이 있든지 이것들을 생각하라 너희는 내게 배우고 받고 듣고 본 바를 행하라"(빌 4:8,9).

셋째, 다른 사람들과의 인간 관계에서 개선되어야 할 점은 무엇이 있는지 그 완전한 목록을 작성하라. 목록이 완성될 때까지 쓰기를 계속하라. 이런 점이 달라지기 위해서 당신이 가지고 있는 비전은 무엇인가?

넷째, 자신과 제일 가까운 사람 셋을 고르라. 그 사람들의 걱정거리와 필요는 무엇인가? 그 사람들이 무엇을 필요로 하고 있는지 알고 있지 못하다면 그들에게 물어보라. 그리고 당신이 도울 수 있는 방법이 어떤 것이 있는지도 물어보라. 어떻게 하면 그 사람들에게 축복의 근원이 될 수 있을까?

이런 과정을 겪는 동안 처음에는 다소 편치 못할 때도 있을 것이다. 그것은 지극히 정상적인 것이니까 걱정할 것 없다. 시간이 지나면 이런 기분은 사라질 것이고 당신은 새로운 삶의 스타일에 들어간 것을 만족스러워하게 될 것이다.

당신은 선택받은 사람인가? 그렇다.
당신은 축복받은 사람인가? 그렇다.
당신은 축복하기 위해 선택받은 사람인가? 그렇다. 그렇다. 그렇다.
받은 바 축복이 드러나는 그런 삶을 살자.

사랑하는 하나님,

나는 여기 여행의 목적지에 와 있습니다. 나 자신에 대해서도 많은 것을 알게 되었고 또 하나님에 대해서도 많은 것을 알게 되었습니다. 하나님에 대해서 내가 알아야 할 것과 하나님이 축복의 삶을 살라고 나를 부르신 그 모든 것을 잊지 않기를 원합니다. 전에는 제가 못 보고 지나쳤던 모든 것에 대해 깨닫게 하시니 하나님께 감사를 드립니다.

내 속에 가능성을 보아주시니 감사합니다.

다른 사람들을 새로운 눈으로 보게 도와주시니 감사합니다.

내가 다른 사람들의 축복의 근원이 될 수 있는 새로운 길들을 발견할 수 있게 하셨으니 감사합니다.

나를 위해 특별한 미래를 그려 주시니 감사합니다.

나를 점점 나아지는 사람으로 보아주시니 감사합니다.

내가 선택받은 사람임을 감사합니다.

내가 축복받은 사람임을 감사합니다.

예수님의 이름으로 기도합니다. 아멘.

책번호 / 가 · 3081

내일은 잘된다는 보장이 있다

발행소 ● 종합선교 - 나침반社
NACHIMBAN MINISTRIES
(등록 1980년 3월 18일 / 제 2-32호)

편집겸 발행인 ● 김　　용　　호

ⓒ1997 KIM YONG-HO

초판발행시 선교사역의 동참자들

강정림 · 김응국 · 남희경 · 이계복 · 이기쁨
이문숙 · 이부국 · 이선영 · 이헌주 · 양진선
송정규 · 정화영 · 조선아 · 최현규

(가, 나, 다 … 순)

연락처

· 우편/ ①①⓪-⑥①⑥ 서울 광화문 사서함 1641호
　　　　 K.P.O. BOX 1641, SEOUL, 110-616, KOREA
· 우체국대체구좌 / 010041-31-1201888
· 은행지로번호 / 각은행 99번 창구 3000366번
· 전화 / 본사사무용(02)279-6321~3
　　　　서점주문용(02)606-6012~4
· 팩스 / 본사사무용(02)275-6003
　　　　서점주문용(02)606-6016

지은이 / **노먼 라이트**

옮긴이 / **이영란**

제 1 판 발행 / 1997년 5월 15일
제 2 판 발행 / 1997년 6월 15일

나침반 신간안내 / 전화사서함 (02)152 - 응답후 6322

기독교 종합정보 / PC통신 천리안 · 나우콤 GO NIC

값은 뒷표지에 있습니다. · PRINTED IN KOREA

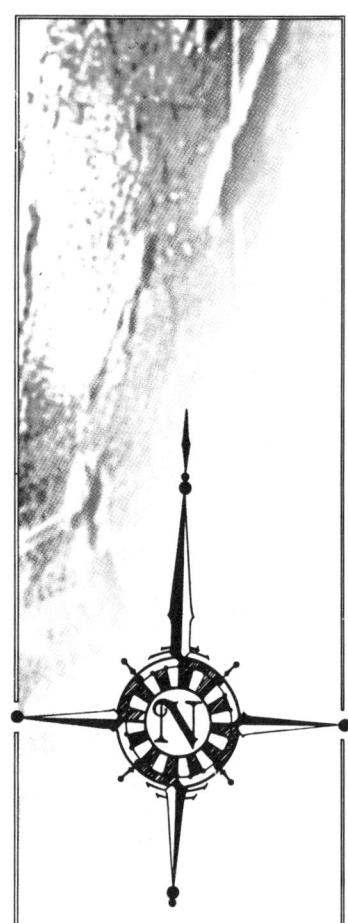

나침반社는
우리를 구원하신
아름다운 주님을
20세기 문명의
이기(利器)를 통하여
널리 전하고 싶습니다.

ISBN 89-318-1092-X